LE CHRÉTIEN PARFAIT HONNÊTE-HOMME,

OU L'ART D'ALLIER LA PIETE AVEC LA POLITESSE,

ET LES AUTRES DEVOIRS DE LA VIE CIVILE,

Ouvrage qui intereſſe tout le monde, où l'utile eſt revêtu de l'agréable, & où la fiction poëtique ſert de canal à la verité.

Par M. l'Abbé DUPREAUX, Gradué en Théologie.

TOME SECOND.

A PARIS,

Chez { VALLEYRE, rue ſaint Severin, à l'Annonciation.
HUART & MOREAU fils, Libraires & Imprimeurs de la Reine & de Monſeigneur le Dauphin, rue S. Jacques, à la Juſtice, & au grand ſaint Baſile.

M. DCC. L.

Avec Approbation & Privilege du Roi.

TABLE DES CONVERSATIONS DU SECOND TOME.

Fin de la Table.

TABLE
DES MATIERES
principales contenues dans le second Tome.

TABLE DES MATIERES.

Fin de la Table des matieres.

CATALOGUE
DES LIVRES

Qui ſe vendent chez GABRIEL VALLEYRE, Imprimeur-Libraire à Paris, rue ſaint Severin, à l'Annonciation.

L'Année Evangelique, ou Homélies ſur les Evangiles pour tous les Dimanches de l'année, *in*-12, 7 vol. par M. Lambert.

Conduite pour la Confeſſion & Communion, par un Miſſionnaire, *in*-16.

Diſſertation Eccleſiaſtique, 2 vol. *in*-12. par M. Thiers.

Diſcours de la Mere Angelique de Saint-Jean, ſur la Regle de ſaint Benoiſt, 2 vol. *in*-12.

Exercices des Religieux & Religieuſes, par un Chartreux, *in*-8o.

Epitres & Evangiles de toute l'année, avec des Reflexions, *in*-12.

Explication de l'Oraiſon Dominicale en forme de Prieres, par un Solitaire, *in*-18.

Fréquente Communion, par M. Arnault, *in*-8o.

Histoire de l'Eglise, par M. l'Abbé de Choisy, *in*-4°. 11 vol.

Le même, *in*-12. 11 vol.

Histoire suivie & complette de la Passion de notre Seigneur Jesus-Christ, avec des notes litterales pour en faciliter l'intelligence, *in*-12.

Interprétation des Pseaumes, par M. de Choisy, *in*-4°.

Méditation sur la Concorde de l'Evangile avec le texte, *in*-12.

Méditations sur le Jubilé, par M. Bossuet, *in*-12.

Motifs de conversion à l'usage des gens du monde, avec des Stances pour le Vendredi Saint, par le Chevalier de Mouhy, *in*-12.

Nouveau Testament traduit par le Pere Amelote, 2 vol. *in*-4°. & *in*-12.

Œuvres de M. Berthoneuf, Vicaire de saint Paul, *in*-12.

(Ducange) *Glossarium ad Scriptores mediæ & infimæ Latinitatis, opera & studio Monachorum Ordinis sancti Benedicti, è Congregatione sancti Mauri*, 6 vol. *in*-fol.

Heures nouvelles à l'usage de Rome & de Paris, de toutes grandeurs & caracteres.

LE CHRETIEN PARFAIT HONNETE-HOMME.

CONVERSATION XI.

L'Oraison : La maniere de la bien faire.

Me. la Marquise de TERRE-NEUVE.
Mad. de SAINT-EVREMONT.
M. le Commandeur de RICHEMONT.
MM. . . . . . .

L'ABBE' AU-VRAY.

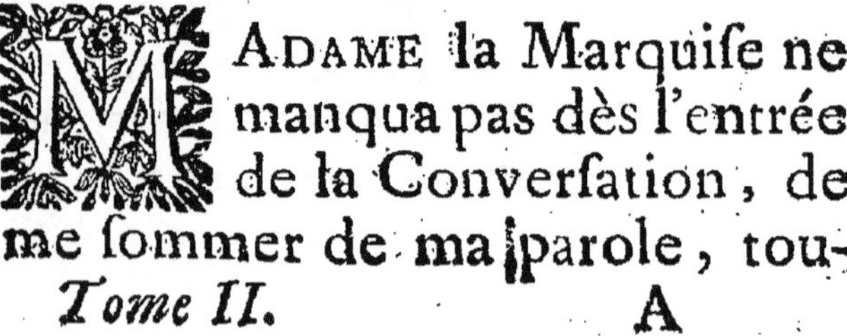

MADAME la Marquise ne manqua pas dès l'entrée de la Conversation, de me sommer de ma parole, touchant le traité que j'avois promis dans la derniere de nos Assemblées sur le fait de l'Oraison. Avez-vous pensé, mon cher Cousin, me dit-elle, à l'ouvrage de piété, que vous nous fites la grace de nous promettre dernierement? Oui, lui dis-je, j'y ai pensé, & très-efficacement pensé; puisque j'ai satisfait à mes engagemens, bien ou mal: aux autres d'en juger, à moi de me taire là-dessus, & de lire simplement mon Ouvrage, si l'on veut bien l'agréer. Nous n'attendons que cela, dit alors Monsieur le Commandeur, commencez, Monsieur l'Abbé, au plutôt, nous avons une grande envie de vous l'entendre lire; j'ai appris que vous l'aviez composé en façon de Dialogue, & je pense que vous avez très-bien fait. Cette maniére d'écrire a beaucoup de rapport à nos Entretiens ; & elle excite d'ailleurs la curiosité, & bannit l'ennui & le dégoût. Quels sont vos Personnages? Arsene, Dozithée, Agnez, lui répondis-je ; Je fais d'Arsene un Directeur, un Pere spirituel éclairé, expérimenté dans les voyes de Dieu. Dozithée est son disciple : Agnez sœur à Dozithée, est sa fille spirituelle ; tous les deux sont des novices, & des apprentifs dans l'art de la spiritualité, dans la science des Saints : leur ignorance leur déplaît, ils veulent devenir habiles dans cet art divin. Mais coupons court au préambule : L'Ouvrage est assez long, la matiére est vaste. J'ai bien des choses à lire, commençons à l'instant.

LA MANIERE
OU
L'ART DE BIEN PRIER.

DIALOGUE.

ARSENE, DOZITHÉ'E, AGNEZ.

DOZITHÉ'E.

J'Ai une grace à vous demander, très-vénérable & très-pieux Arſene, je vous prie inſtamment de me l'accorder.

ARSENE.

Quelle eſt cette grace, mon fils, quel eſt ce plaiſir que vous ſouhaitez de moi ?

DOZITHE'E.

C'eſt de m'apprendre l'art de bien prier. Je dois l'avouer, & je l'avoue ingenûment : je ſuis très ignorant dans ce grand art. Quelle obligation ne vous aurois-je pas, si vous aviez la bonté de dissiper les ténébres de mon ignorance en ce point !

ARSENE.

Le grand Maître de l'Oraison, c'est constamment l'Esprit Saint ; je ne puis, mon cher Dozithée, vous apprendre en ce fait que fort peu de chose. C'est à l'Esprit de vérité que vous devez avoir recours, avec une humble confiance: vous devez instamment & fréquemment lui demander le don d'Oraison, l'esprit de Priére, (*a*) vous devez lui dire souvent dans le secret de votre cœur, ce que les Apôtres dirent à JESUS-CHRIST ouvertement, Seigneur apprenez-nous à prier. (*b*)

(*a*) *Spiritum precum.*

(*b*) *Domine doce nos orare.* Luc. XI. 1.

DOZITHÉE.

Ce que vous venez de dire me paroît très-vrai, mon très-honoré Pere en Jesus-Christ : mais il me semble qu'il n'est pas moins vrai, que Dieu veut instruire l'homme par l'homme : Le Disciple par le Maître ; les Sauls par les Ananies ; vous êtes cet Ananie, & je suis ce Saul ; apprenez-moi donc ce que je dois faire, & comment je dois me comporter en fait de Priere & d'Oraison : Hâtez-vous, je vous prie de m'instruire là-dessus, mes désirs en ce point sont ardens, ils vont jusqu'à l'empressement & à la passion.

ARSENE.

Votre passion, mon fils, est très-louable, sur-tout à l'âge où vous êtes : les passions y ont d'ordinaire des objets bien différens. Vous êtes passionné, dites-vous, d'apprendre la ſcience pratique de la Priere ; de ſçavoir l'art divin de bien faire l'Oraiſon : que vous êtes heureux d'éprouver dans vous cette noble & ſainte paſſion ! Loin d'y réſiſter, je la ſeconderai de mon mieux. Je me rappelle, dans cet inſtant une penſée du grand ſaint Auguſtin, qui pourroit contribuer à maintenir, à augmenter même le feu de votre pieuſe paſſion.

DOZITHÉE.

Quelle eſt, mon Pere, cette penſée ? Je ſerois curieux de la ſçavoir, venant ſur-tout d'une ſi bonne ſource, & par un ſi bon canal.

ARSENE.

Vous avez raiſon, Dozithée, la ſource eſt fort bonne ; Auguſtin étoit un grand Saint, & un grand Docteur : Mais le canal eſt vil & méprisable. Quoiqu'il en soit, voici la pensée de ce Pere : tout Chrétien qui sçait l'art de bien prier, sçait aussi l'art de bien vivre : la bonne vie est une suite de la Priere bien faite. Le don d'Oraison est le pere de la vie réguliére, sainte & chrétienne. *Rectè novit vivere, qui rectè novit orare.* Rien de mieux que la bonne mort ; le chemin qui mene à une mort bonne & précieuse, c'est incontestablement la bonne vie ; or la vie bonne & chrétienne, est une fille de la Priere bien faite : jugez par-là, mon cher Dozithée, de quelle importance il est de prier, & de bien prier. Or pour bien prier, il faut d'abord établir pour principe, qu'on doit faire la guerre à ses passions : qu'on doit renfermer ses sens dans l'enceinte d'un recueillement &

d'une modeſtie convenable : & qu'on doit demander ſouvent à Dieu le don d'Oraiſon, les lumiéres & les graces néceſſaires pour bien prier. Trois choſes ſont donc requiſes, pour atteindre à la fin que vous vous êtes propoſée, qui eſt de bien prier : ſçavoir, la mortification des paſſions, le recueillement des ſens, l'invocation de l'Eſprit ſaint.

DOZITHÉE.

Cette leçon, mon cher Pere, eſt courte & abregée en paroles : mais elle me paroît longue & étendue dans ſes ſignifications; je ſuis trop jeune & trop novice pour les pénétrer à fond. Je les entrevois, mais obſcurément. Voudriez-vous bien avoir la bonté de m'en faire l'expoſition ? Vous m'obligerez ſenſiblement ; & je ſuis ſûr que ma ſoeur Agnez n'en ſera pas fâchée ; & qu'elle ne s'ennuyera pas de vous entendre.

AGNEZ.

Non sûrement, je ne ferai pas fâchée, & je ne m'ennuyerai pas d'entendre parler notre cher Pere en Jesus Christ; surtout sur un sujet si important, si avantageux, & qui me tient tant au cœur.

ARSENE.

Qui pourroit, mes enfans, se refuser à vos vœux? Je m'y prête volontiers; je vais de mon mieux vous donner les éclaircissemens que vous souhaitez.

Si les passions sont immortifiées, si on leur donne un essort libre & aisé; si l'on ne se fait violence dans le sens de l'Evangile; envain l'on prétendra devenir homme de Priere & d'Oraison. La mortification des passions est un moyen absolument néceſſaire pour parvenir à ce ſaint but : ſans cette mortification, comment pouvoir prier d'une maniere pieuſe, agréable au Seigneur, & utile à ſoi - même ? Il ne paroît pas poſſible de le faire. Les paſſions déréglées diſſipent l'eſprit, attachent le cœur, rempliſſent la memoire ; avec de tels obſtacles peut-on prier dignement, attentivement, efficacement ? Non, ſans doute, on ne le peut point. La Priere demande un eſprit préſent, un cœur libre, une memoire vuide des objets créés ; or, la paſſion eſt l'ennemie de toutes ces bonnes diſpoſitions, ainſi que je l'ai déja dit, & que l'experience ne le démontre que trop. Tirez la conſéquence avec moi, elle eſt juſte ; il faut donc mortifier ſes paſſions, réprimer ſes penchans déréglés, ſi l'on déſire efficacement & utilement vaquer au grand & au saint exercice de la Priere. Si les passions étoient compatibles avec le don d'Oraison, que suivroit-t'il delà ? Que l'on pourroit unir Jesus-Christ avec Belial : que l'esprit de sensualité pourroitcompâtir avec l'esprit de piété : que la passion qui est un instrument d'iniquité des plus efficaces & des plus funestes, pourroït subsister & aller de pair avec un exercice, qui est de l'aveu de toutes les personnes éclairées, un des meilleurs, des plus propres & des plus sûrs instrumens de salut, & de sanctification. Non la passion immortifiée, ne peut point aller côte à côte, & vivre pour ainsi dire, de concert avec l'oraison. La chose est impossible ; il faut que l'une céde la place à l'autre ; il faut que la présence de l'une, cause l'absence de l'autre : ce ſont deux ennemis, qui ne peuvent dominer, & demeurer dans la même place. Cela étant, l'unique parti à prendre, c'eſt de combattre ſes paſſions; c'eſt de leur faire une guerre ouverte, juſqu'au moment où elles ſeront éteintes ſous la cendre & la pouſſiere du tombeau. N'en doutez pas, mes chers enfans ; la violence que l'on ſe fait pour mortifier & réprimer ſes mauvais penchans, ſes paſſions déréglées ; pour les ſoûmettre & les abaiſſer ſous le joug de la raiſon & de la foi, plaît tellement à l'Eſprit ſaint, qu'il ſe plaît en récompenſe à enrichir les Chrétiens mortifiés, de bonnes penſées, de pieux ſentimens, de dons céleſtes, ſingulierement du don de la priere, & de la contemplation.

DOZITHÉE.

Ce que vous venez de nous faire l'honneur de nous dire, vénérable Arſene, me paroît trop évident, pour pouvoir être révoqué en doute. Le vrai point de la difficulté, c'eſt d'en venir à l'execution, à la pratique, à l'actuelle mortification des mouvemens dereglez. *Hoc opus hic labor eſt.* Ce petit mot de Virgile m'eſt échapé ſans preſque m'en apercevoir, Agnez me le pardonnera bien.

AGNEZ.

Il n'eſt là, mon cher Frere, aucune injure; & quand il y en auroit, votre Sœur ſe feroit un devoir de l'oublier : mais laiſſons les complimens, & prions notre Pere ſpirituel, de continuer l'expoſition qu'il avoit eu la bonté de commencer à nous faire, touhant les dispositions, & les pré-iminaires de la Priere.

ARSENE.

Ma Fille, vos souhaits sont rop pieux pour ne pas y répondre.

Outre la mortification des passions; la modestie & le recüeillement des sens, soit interieurs soit exterieurs, doivent se trouver dans le Chrétien, qui tend à devenir, comme un autre Daniel, un homme de désirs & de priere. (*a*) Vous en tomberez aisément d'accord avec moi, si vous faites réflexion, que le défaut de modestie & de recüeillement jette dans la dissipation, évapore l'esprit, répand le cœur au dehors, donne entrée aux créatures, & ferme les avenuës de notre ame aux

(*a*) *Vir desideriorum es.* Dan. cap. 9. | 23.

inſpirations céleſtes. Heureux l'homme modeſte, modéré, recuëlli ! Il pourra devenir bientôt homme d'oraiſon, de priere, de contemplation. Tous les Saints ont eu à cœur le recuëillement & la retenuë des ſens. Saint Bernard n'eſt pas le ſeul qui ait excellé dans cette ſorte de vertu & de bonne qualité. Toutes les perſonnes qui ſe tournent vers le Ciel de grand cœur, & de la bonne maniere, commencent par recuëillir & retenir leurs ſens ; ſingulierement celui de la vûë qui eſt le plus libertin, & le plus propre à nous cauſer de diſtractions au milieu de nos priéres. Dès que l'ennemi de l'Oraiſon, qui eſt ſatan, peut enlever à un ame le goût du recuëillement, l'eſprit de retenuë & de modeſtie, il eſt ſûr de lui enlever bientôt l'eſprit, l'eſprit, & le goût de l'Oraiſon; par ſuite, l'eſprit & le goût de la vraië piété. La Ville eſt bientôt priſe, lorſque les remparts ſont ouverts: & lorſqu'un arbre eſt dépoüillé de ſon écorce, il eſt bientôt propre à brûler. Agnez, Dozithée, livrez-vous à l'eſprit de recueïllement: maintenez-vous dans la modeſtie, c'eſt le moyen de réüſſir dans la Priere, & d'en conſerver le fruit: ſi vous ſuivez cet avis, vous n'aurez jamais lieu ſûrement de vous en répentir.

AGNEZ.

Comment pourrions-nous avoir lieu de nous en répentir? La choſe eſt trés bonne en elle même; elle nous vient de fort bonne part. Ainſi, vénérable Arſene, nous ſommes dans le deſſein ferme & efficace, mon frere & moi, de mettre en œuvre ces avis salutaires & pieux.

ARSENE.

La mortification des passions est nécessaire pour bien prier. Le recueillement & la retenuë des sens, singulierement de la vûë & de l'imagination, n'est pas moins nécessaire; mais cela ne suffit pas. Il faut pour prier aisément, avec fruit, avec onction, ouvrir la bouche de son cœur, pour parler dans les termes du Roi Prophête; & par ce moyen, attirer en soi l'Esprit saint. (*a*) Il faut bien prier; mais pour bien prier, il faut demander l'esprit de la Priere, le don de l'Oraison, les lumieres, les graces, l'onction dont on a besoin dans le tems de la Priere, afin de la faire chrétien-

(*a*) *Os meum aperui; & attraxi spiritum.* Ps. 118.

nement & saintement. Je l'ai déja dit, & je le répête; le grand Maître de l'Oraison, c'est l'Esprit saint; c'est à sa bonté qu'il faut avoir recours, afin d'en recevoir du secours & de l'assistance pour bien prier: car nous ne sçavons point, dit l'Apôtre des Nations, prier comme il le faut. (*a*) Nous avons besoin, pour cet effet, du secours d'en-haut. Comment l'obtenir? Par le moyen efficace de la Priere. Ah! Mes chers Enfans, que la Priere est une grande ressource pour elle-même, aussi-bien que que pour tout le reste! Faites-en l'essai, & vous verrez, que je parle conformément à la vérité, & que je ne dis rien, qui n'ait l'experience pour preuve, & pour garand.

(*a*) *Quid oremus, sicut oportet nescimus.* Rom. 8. 26.

DOZITHÉE.

Nous l'essaïerons, nous nous comporterons de cette sorte, vénérable Arsene ; il suffit que ce soit là votre avis, pour que nous le suivions.

ARSENE.

Outre ces dispositions pieuses, dont je viens de vous parler, Dozithée, il en est une autre d'une grande importance ; c'est la pureté de cœur. La grace de la Priere cherche un cœur pur, & c'est là où elle se repose, & où elle s'arrête. Cette pensée empruntée & comme parodiée d'un pieux Auteur, parlant de la divine Eucharistie, paroît parfaitement convenir ici : *Ego cor purum quæro ; & ibi est locus requietiones meæ.* (a) La pureté de cœur est un don d'un prix inestima-

(a) *Imit. Chr.* Lib. 4. c. 12.

ble ; on ne sauroit trop faire d'efforts pour s'en procurer la joüissance. Dieu, qui est la pureté même, se communique dès cette vie, d'une maniere ineffable, aux ames vraïment pures. Il est écrit : bien-heureux sont ceux qui ont le cœur pur, parce qu'ils verront Dieu : (*a*) Ils le verront même, avant que la mort ait déchiré le voile qui le cache aux yeux de leur ame ; & cela, autant que leur état de voyageur & de pelerin sur la terre, pourra le permettre : Ils le verront, *dis-je*, dans leurs oraisons, dans leurs contemplations, dans leurs communications ineffables avec Dieu : Ils le verront, sur-tout lorsqu'ils seront admis dans le beau séjour de l'Eternité bienheureuse ; &

(*a*) *Beati mundo corde, quoniam ipsi Deum videbunt.* Math. 5. 8.

alors ce ſera ſans voile ; ſans obſcurité, ce ſera évidemment, clairement, face à face. Ah ! que la pureté de cœur eſt précieuſe, puiſqu'elle nous procure un ſi grand bonheur ! Tout l'or de l'univers ne pourroit être conſtamment le digne prix d'un joyau de ſi grande valeur. (*a*) Cette pureté de cœur, qui eſt ſi brillante & ſi agréable aux yeux de Dieu, doit précéder nos Prieres ; elle doit les accompagner ; elle doit même les ſuivre. (*b*) Avec une diſpoſition ſi ſainte, que ne peut-on pas obtenir du Pere Celeſte ?

DOZITHÉE.

Mais les pécheurs qui n'ont point cette pureté de cœur, ne pourront donc pas prier ?

(*a*) *Omne aurum, in comparatione illius, arena eſt exigua.* Sap. 7. 9.

(*b*) *Volo viros orare in omni loco, levantes puras manus.* Tim. 2. 8.

ARSENE.

Les Pécheurs peuvent prier, & ils doivent le faire. Notre Divin Maître enseigna à ses Apôtres (& à nous, dans leurs personnes) comment ils devoient prier: & dans la formule de Priere qu'il leur prescrivit, il veut que ceux qui prient, supplient le Pere Celeste de leur pardonner leurs péchez, ainsi qu'eux-mêmes pardonnent & oublient les injures qu'ils peuvent avoir reçûës de la part de leurs freres. Conséquemment les pécheurs, comme les justes, peuvent & doivent prier. S'ils le font bien, s'ils le font humblement comme le Publicain au bas du Temple, comme Manassez dans le fond de sa prison, ce ne sera pas sans fruit; le Dieu des misericordes se laissera fléchir à leur égard; car tout homme qui demande, reçoit ; tout homme qui cherche, trouve ; soit qu'il soit juste, dit S. Chysostome, soit qu'il soit pécheur. (a) Il n'est donc pas défendu aux pécheurs de prier ; & lorsqu'ils prient, loin de commettre une nouvelle faute, loin de faire un nouveau péché, ils font au contraire une œuvre bonne, qui peut leur attirer des graces ; qui peut leur ouvrir le chemin à une conversion sincere & efficace. Le Publicain justifié, à l'issuë de sa Priere, n'en est-il pas une preuve convaincante ? Non, non, il n'est pas défendu aux Pécheurs de frapper à la porte de la divine miséricorde. Leur ôter cette liberté, ce seroit les jetter dans l'abîme du désespoir : ce seroit

(a) *Omnis qui petit accipit, & qui quærit invenit..... Sive sit justus, sive sit peccator.* Saint Chrysost.

tomber

tomber soi-même dans les ténebres de l'erreur : il faut, je l'avoüe, que le Pécheur, s'il veut être exaucé, prie en qualité de Chrétien, & non point en qualité de Pécheur. J'explique ma pensée ; le Pécheur prie en qualité de Chrétien, lorsqu'il demande sa conversion ; les graces qui lui sont nécessaires pour opérer son salut : la force dont il a besoin, pour rompre les funestes liens de ses habitudes vicieuses, pour éviter les occasions qui le font tomber ; pour vaincre ses passions violentes, & trop souvent victorieuses. Il prie aussi en Chrétien, lorsqu'il prie avec un air, & un esprit de religion, d'attention, de recueillement. Le Pécheur prie en qualité de Pécheur, quand il demande l'accomplissement de ses voeux criminels ; la punition & la vengeance d'un ennemi, le gain d'un Procès injuste. Il prie encore en Pécheur, lorsqu'il prie avec un cœur dissipé, un esprit distrait, des yeux égarez, & immodestes; avec un air, & un maintien qui ressent l'irréligion & l'indévotion. Or si le pécheur prie en pécheur; en qualité de pécheur; qu'il ne s'attende pas à être exaucé, dit l'Ange de l'Ecole saint Thomas, ou s'il l'est quelquefois c'est, ajoûte ce grand Docteur, *in vindictam*, en punition de ses crimes. Mais si le pécheur prie pieusement, en Chrétien, en homme qui veût le Ciel, & qui désire efficacement les moyens de l'obtenir: pour lors il pourra être exaucé; ses priéres pourront être écoutées, non pas à titre de justice, mais de charité, & de pure miséricorde;

non quaſi ex juſtitiâ, ſed ex purâ miſericordiâ (*a*) tels ſont les termes du Docteur Angelique. Sur quoi, il eſt à remarquer, que ſi les priéres des pécheurs peuvent être exaucées, ce n'eſt pas, ni ſi ſouvent, ni ſi ſûrement que celles des juſtes, leſquels étant purs & agréables au Seigneur, ayant le bonheur d'être dans la grace, & l'amitié de leur Dieu, méritent beaucoup mieux d'être exaucez que les pécheurs, qui ſont par leur état de péché, les ennemis de Dieu, les amis de Satan, des vaſes de colere, propres à ſervir d'aliment aux feux éternels. (*b*)

DOZITHE'E.

Mais, mon Pere, ſi le Seigneur daigne exaucer les pé-

(*a*) 2. 2. *q.* 85. *art.* 8.

(*b*) *Vaſa iræ in interitum.* Rom. 9. 22.

cheurs par un effet de sa misericorde toute aimable, pourquoi exiger comme une disposition nécessaire à la Priére, la pureté de cœur ? & comment peut-on concilier avec cette doctrine, cet endroit de l'Evangile : Dieu n'exauce point les pécheurs. (*a*) De même que cette Sentence du Sage ; *la Priére de l'homme qui n'écoute point la Loy, sera abominable aux yeux du Seigneur.* (*b*)

ARSENE.

Mon Fils, je suis charmé de vous entendre parler de la sorte : Les objections que vous formés, les difficultez que vous mettés au jour, marquent un esprit qui pénétre, qui entre dans les matiéres, qui désire s'instruire.

(*a*) *Deus peccatores non audit.* Joan. 9. 31.

(*b*) *Qui avertit aures suas, ne audiat legem, oratio ejus erit execrabilis.* Prov. 28. 9.

D'ailleurs elles donnent lieu à des éclairciſſemens qui peuvent être utiles. Les éclairciſſemens que vous ſouhaitez que je vous donne, au ſujet des difficultez propoſées, ne ſont pas bien difficiles, mon cher Dozithée, la pureté de cœur eſt de l'aveu de tout le monde, une diſpoſition excellente à la priere; elle eſt même dans un ſens, requiſe & néceſſaire, ainſi qu'il eſt requis & néceſſaire à un ſujet, d'être propre, de n'avoir rien de ſale ni de déchiré, lorſqu'il veut paroître en la préſence de ſon Prince, & lui demander quelque grace. De plus, la Priere étant un entretien, un commerce ſacré avec Dieu, qui eſt le Saint des Saints, & la ſource de toute pureté, n'eſt-il pas convenable, n'eſt-il pas de la bienſéance, & d'une bienſéance

Reliure serrée

infinie, d'être pur & sans tache, du moins essentielle, lorsqu'on veut vaquer à la Priere? & quoique Dieu par sa misericorde sans borne, daigne de tems en tems exaucer le pécheur, doit-on de-là, prendre occasion de le prier, sans être dans la propreté spirituelle requise, qui n'est autre que la pureté sainte? est-ce que nous devons abuser des bontez de Dieu à notre égard? devons-nous être mauvais, pour user du terme de l'Evangile, parce que Dieu est bon? Non, sans doute, mon cher Dozithée, il faut au contraire prendre occasion des bontez divines, d'en devenir meilleur, d'en être plus fidéles, & plus ardens dans le service d'un si bon Maître: efforcez-vous donc Dozithée, de vous maintenir dans la pureté de cœur, afin d'être toûjours en état de vous préſenter devant Dieu, par la priere; & ſi malheureuſement vous veniez à contracter quelque ſoüillure eſſentielle & conſidérable, lavez-vous, purifiez-vous dans le ſang de l'Agneau, par le moyen du Sacrement de la réconciliation, ou par l'efficacité de la douleur parfaite, jointe avec le déſir de déclarer humblement votre faute au Miniſtre du Seigneur. Répondons à votre deuxiéme difficulté: *Dieu n'exauce point les pécheurs*, lorſqu'ils prient, dit S. Thomas, comme pécheurs, en qualité de pécheurs, en tant que pécheurs. (*a*) Il eſt d'ailleurs queſtion dans cet endroit, des œuvres & des faveurs miraculeuſes auſquelles les hommes pécheurs ne doivent pas s'attendre; puiſque les juſtes d'une

(*a*) 2. 2. *q. Jam. cit.*

piété & d'une justice médiocre & ordinaire, n'osent pas même les demander; il n'est que des Saints, d'une sainteté singuliere & héroïque, qui prient pour de telles graces, & qui les obtiennent. Je n'ignore pas que les graces gratuites, telle qu'est la vertu d'opérer des miracles, dont il s'agit ici, peuvent être accordées à des pécheurs : mais, que cela est rare? Au surplus, cette proposition; *Dieu n'exauce point les pécheurs*, n'est pas émanée de la verité même, qui est JESUS-CHRIST, ni d'aucun Auteur sacré; mais seulement de la bouche de cet aveugle né, que le Sauveur avoit daigné guérir : Or, cet Auteur n'étoit point ni canonique, ni absolument sûr dans ses pensées : aussi Saint Augustin & S. Thomas après lui, n'admettent point cette ɔropoſition comme certaine, ıls la regardent comme apocry-he, * & comme coulée de a bouche d'un homme qui n'étoit pas inſtruit à fonds des véritez de la Religion.

Quand au Paſſage puiſé dans les Proverbes ; voici Dozithée, ce que j'en penſe; *l'Oraiſon de celui qui n'écoute point la Loi, ſera abominable devant Dieu* : Cela ſignifie, que celui qui mépriſe la Loi ſera mépriſé dans ſes demandes; que celui qui refuſe d'obéïr au ſouverain Maître, ſe verra fruſtré de l'objet de ſes déſirs & de ſes prieres; que celui qui eſt obſtiné à ne pas obſerver les Commandemens, ſera conſtamment rebuté lorſqu'il frappera à la porte de la divine miſericorde : Pour-

* C'eſt-à-dire, peu authentique, & non divinement inſpirée.

quoi? Parce qu'un tel homme ne demande pas pieuſement; il demande en qualité de pécheur, il prie avec un cœur orgueilleux, comme le Phariſien, il eſt attaché à l'objet de ſa paſſion; en conſéquence, il mépriſe la Loi qui lui défend de la contenter. Un tel homme peut-il être exaucé? C'eſt un pécheur qui prie; mais un pécheur orgueilleux, mépriſant les Ordres divins, attaché fortement à ſes plaiſirs, & à ſes volontez, par préference à celles de ſon Créateur. Dans ces diſpoſitions de péché, de ſuperbe, de déſobéïſſance, il ne doit s'attendre qu'à être puni, qu'à être rebuté, qu'à être mépriſé. Quand j'ai dit, qu'un pécheur peut être écouté favorablement dans ſes prieres, & recevoir l'effet de ſes demandes; j'ai dit, & j'ai ſupoſé, qu'il priât en humble publicain, avec un eſprit de religion & d'humilité ; en chrétien, & non point en pécheur.

AGNEZ.

Ayez la bonté, mon cher Pere en Jeſus Chriſt, de nous dire quelles ſont les diſpoſitions pieuſes, & chrétiennes, que l'on doit avoir dans le tems précieux de la Priere. Vous nous avez fait la grace, de nous expoſer celles qui doivent la précéder; vous nous avez dit & amplement démontré, que la mortification des paſſions, que le recueillement des ſens, que l'invocation de l'Eſprit Saint, que la pureté de cœur étoient des diſpoſitions préliminaires à la Priere. L'heure eſt venue où il ſemble à propos de nous inſtruire des diſpoſitions ſaintes, dans lesquelles nous devons entrer ; des vertus chrétiennes que nous devons pratiquer, dans l'exercice actuel de la Priere : Parlez-nous, vénérable Arsene, là-dessus, nous vous serons infiniment obligez.

ARSENE.

Je le veux bien, ma fille, je vais vous instruire des dispositions pieuses, dont vous venez de me parler ; c'étoit même mon dessein de le faire, avant que vous m'en priassiez. Ranimez votre attention.

L'attention du côté de l'esprit, la dévotion du côté du cœur, la modestie de la part du corps ; ce sont-là, ma chere fille Agnez, les dispositions principales qui doivent accompagner toutes nos prieres, comprises dans ces trois mots : *Attentè, devotè, dignè.*

Attente : L'attention eſt ſi eſ-entiellement requiſe à la Priere, ue ſans l'attention, la priere 'eſt plus une priere ; c'eſt une xpreſſion, un marmotement xtérieur de quelques mots ieux, s'il eſt queſtion de la riere vocale : C'eſt un repos nutile, pour ne pas dire quel-ue choſe de plus, s'il s'agit de 'Oraiſon mentale. Prier avec n eſprit diſtrait, c'eſt honorer e Seigneur du bout des lévres, ais nullement du fond du œur. C'eſt conſéquemment ſe rendre digne du juſte reproche, que le Prophete Iſaïe, & JESUS-CHRIST lui-même faiſoient autrefois aux Juifs, en ces termes : *Ce Peuple m'honore, il eſt vrai, mais c'eſt du bout des lévres ; ſon cœur eſt bien loin de moi.* (*a*) Dieu

(*a*) *Populus hic labiis me honorat ; cor autem eorum longè eſt me.* Iſa. 29. 13.

n'exauce point, dit le grand S. Gregoire, cette Priere, à laquelle, celui qui la fait, ne donne pas son attention. (a) Qui dit Priere, dit une action humaine, & conséquemment raisonnable; or elle ne sçauroit être raisonnable, s'il n'y a du côté de l'esprit une certaine attention. On prie, ou en demandant des graces, ou en rendant ses devoirs de religion à Dieu: Comment sans attention, sans application de l'esprit, pouvoir supplier, louer, glorifier le Seigneur: *Attentè*: Il faut nécessairement que la Priere soit attentive, ou pour parler plus exactement, qu'elle soit faite avec attention, & avec une attention humaine, raisonnable, intérieure; sans quoi elle n'est qu'une écorce, ou un

(a) *Illam orationem, Deus non audit, cui ille qui orat, non intendit.* S. Greg.

;adavre de priere, si l'on peut
›arler de la sorte. Hé! pour-
uoi ne le pourroit-on pas ¿
uisqu'étant privée de cette ma-
iere d'attention, elle est par
uite nécessaire, privée au même
emps de ce qui l'anime, de ce
ui lui tient comme lieu d'ame
d'esprit.

DOZITHE'E.

Mais mon cher Pere, il ne
épend pas de nous, à ce qu'il
e paroît, de faire toujours
os prieres avec cette atten-
ion que vous venez de nous
ecommander. L'esprit de l'hom-
e est d'une vivacité à ne pas
e laisser mettre à l'attache; on
beau faire, les distractions
iennent malgré nous, croiser
our à tour nos prieres : C'est
u moins ce que je souffre, &
e que j'expérimente tous les
ours dans les miennes. Les

diſtractions ôtent-elles donc tout le mérite de nos prieres? Que nous ſerions à plaindre ſi cela étoit.

ARSENE.

Mon Fils, je conviens avec vous, que nous ne ſaurions faire toujours nos prieres avec cette attention, qu'il ſeroit fort à propos, & très-naturel d'y avoir. La foibleſſe humaine eſt la cauſe, en partie, de cet inconvénient. La malice du tentateur y entre ſouvent pour ſa bonne part. Notre propre négligence, ou nos paſſions déréglées donnent auſſi lieu de tems en tems à ces diſtractions importunes. Quand la foibleſſe humaine, ou la malice de ſatan cauſent nos diſtractions; & que loin de nous y arrêter avec plaiſir, nous les rejettons, nous les éloignons de nous avec fidélité;

nos

nos prieres pour lors n'en valent pas moins : Elles ont également la vertu d'impétrer ; elles n'en sont pas moins méritoires de la vie éternelle. C'est pourquoi de telles distractions ne doivent pas nous jetter dans le désespoir, ni dans le découragement, ni dans la mélancolie. Il est vrai, que nous pouvons avec fruit en prendre occasion de nous humilier devant Dieu, & de reconnoître en sa présence, notre foiblesse, notre néant, nos miseres spirituelles. Car enfin quoique ces distractions involontaires ne soient pas des péchez, & ne nous enlevent pas absolument parlant, le mérite de nos prieres ; cependant on ne peut disconvenir qu'elles ne soient des imperfections, des défauts, des taches ; & si l'on peut parler ici en termes de Grammaire, des Lacunes facheuſes, (a) ſur-tout à l'égard de ces ames timorées, qui n'ont d'autre ambition que de plaire à leur Dieu, de ſe ſanctifier, & de faire parfaitement leurs exercices ſpirituels. Lorſque les diſtractions ſont volontaires, ou dans leurs cauſes, ou en elles-mêmes; je veux dire, quand on les nourrit & qu'on s'y arrête librement, & volontairement; ou que par ſa propre négligence, par ſa faute, on ſe les procure; alors ce ſont des péchez; les prieres faites avec ces ſortes de diſtractions volontaires, ne méritent point d'être exaucées; elles ſont plûtôt dignes de châtiment & de punition. En deux

(a) Les Lacunes ſont des lignes qui manquent dans quelques Livres, & qui interrompent la ſuite du diſcours.

mots, les diſtractions volontaires ou en elles-mêmes, ou dans leurs principes, doivent être l'objet de nos regrets & de notre aveu ſincere, aux pieds du Miniſtre ſacré : Mais celles qui ſont en nous, ſans nous, pour parler dans les termes de S. Auguſtin, (*a*) qui loin de nous plaire, nous déplaiſent infiniment ; que nous n'acceptons point, que nous rejettons même avec fidélité, elles ne doivent point nous jetter dans des inquiétudes & des embarras de conſcience ; & ſi elles peuvent utilement fournir de matiere à l'aimable eſprit d'humilité, elles ne doivent nullement en fournir à l'eſprit fâcheux & funeſte du ſcrupule.

AGNEZ.

Ces inſtructions me charment,

(*a*) *Nobis, ſine nobis.*

vénérable Arſene ; & je prévois, qu'elles me ſerviront beaucoup dans la ſuite, pour maintenir mon cœur & mon eſprit dans la paix. Souffrez cependant que je me donne l'honneur de vous expoſer une peine que j'ai là-deſſus ; c'eſt que dans le tems de la Priere, mon imagination, qui eſt vive & volage, (je ne ſerois pas fille, ſi elle ne l'étoit) me préſente ſouvent des objets agréables, & attraïans, fort étrangers, à coup ſûr, à l'Oraiſon : Ces objets me frapent ; je m'y arrête d'un goût particulier, mon eſprit s'y attache, mes penſées voltigent à l'aiſe, & à plaiſir, autour de ces objets ſenſibles & attirans. Revenuë à moi-même, je ſuis couverte de confuſion en la préſence de mon Dieu ; je lui en demande humblement pardon ;

l'Esprit de scrupule me saisit, les remords arrivent, l'obligation de confesser ces distractions se présente à mes yeux, tantôt comme sûre, tantôt comme incertaine : Il suit de-là, que le reste de ma priere ne se fait point avec goût, avec sentiment ; mais plûtôt avec sécheresse, & avec anxiété : Daignez mon Pere, me décider sur ces difficultez propres aux femmes ; & je puis le dire, à bien d'hommes aussi ; car j'en ai connu & j'en connois actuellement plusieurs qui sont fort peinez à l'occasion des distractions dont ils sont frapez, & comme attaquez dans leurs Oraisons mentales, dans leurs Prieres de dévotion, & dans le tems même de leur Office, ou de l'accomplissement de leurs Pénitences.

Vos remords, ma Fille, semblent d'abord être bien fondez: Ils ont un air de vérité & de solidité: Mais vous connoissant telle que vous êtes; sçachant quel est le fond de votre cœur, quelle est votre crainte religieuse, de déplaire à Dieu, quel est votre éloignement du péché, même léger; quel est votre zéle pour le salut, & le bien de votre ame: sçachant, dis-je, & connoissant toutes ces choses: je décide, sans hésiter, que ces peines sont fausses, que ces remords sont scrupuleux, & que vos perplexitez en ce point sont des filles de cette crainte excessive, à laquelle vous vous livrés quelquefois, contre les régles (souffrés que je vous le dise) de la vraie sagesse & de la force d'esprit. Vous craignez de tems en tems; là, où il n'y a pas un vrai lieu d'appréhender (*a*). Corrigez-vous de cette imperfection, ne donnez plus dans cet excès ; & pour en venir au détail de vos peines, j'ai le plaiſir de vous dire, que lorſque vous vous arrêtez à ces imaginations agréables & attraïantes, vous ne le faites point avec choix & avec réflexion : ce ſont des penſées & des imaginations directes, non réflechies, & nullement libres : une preuve ſenſible, que cela eſt ainſi ; c'eſt que dès que vous vous appercevez de vos diſtractions, de vos penſées étrangeres à la priere, vous en êtes très-mortifiée & très-confuſe, vous les laiſſés tomber auſſi-tôt, & vous ne les reprendriez pas avec choix & avec liberté, pour je ne ſçai quoi au monde.

(*a*) *Trepidaverunt timore; ubi non erat timor.* Pſal. 13. 5.

AGNEZ.

Cela est vrai, mon cher Pere, cela est très-sûr, je suis dans cette disposition avec le secours divin.

ARSENE.

Cela étant, tenez-vous en paix, mon cher enfant, & ne vous livrés point au trouble, & à l'esprit de scrupule, qui est le bourreau de l'ame timorée, qui est une maladie spirituelle très-difficile à guérir, qui desseche le cœur, qui agite l'esprit, qui échauffe l'imagination, qui brûle le sang, qui jette dans le délire mélancolique, qui précipite même quelquefois dans l'abîme du désespoir, ou qui ouvre trop souvent la porte au relâchement & au libertinage. Prenez garde infiniment à ne pas vous abandonner à cet esprit fâcheux, & funeste du scrupule;

pule, non-seulement par rapport à vos prieres, mais même par rapport à tout le reste de votre conduite. Il faut servir Dieu exactement & fidélement ; mais avec un cœur & un esprit libre ; avec la confiance d'un enfant, & non point avec la gêne d'un esclave. Aussi-tôt que vous vous appercevrez de vos distractions, & de vos légeretez d'imagination, revenez à vous-même ; renoncez à ces vaines pensées, remettez-vous en la présence du Seigneur ; humiliez-vous, si vous le voulez, j'y consens fort; mais au partir de-là, maintenez-vous dans la paix, ne vous troublez point, & ne pensez pas avoir offensé Dieu, ni qu'il soit absolument nécessaire de vous accuser dans le sacré tribunal, de ces sortes de fautes involontaires ; Dieu ne s'offense que des fautes libres. Il n'eſt point de péché, qui ne ſoit libre & volontaire, ou en lui-même, ou dans ſa cauſe : & l'on n'eſt obligé préciſément à confeſſer, que les péchés vraiment tels : ce qui doit s'entendre même des péchez griefs & mortels ; ou qu'on doute raiſonnablement être mortels. Sur ces principes, vous pouvez vous tranquilliſer, & prendre vos meſures pour l'avenir. Je vous dois encore là-deſſus un petit mot ; c'eſt que le plaiſir que vous reſſentés dans vos imaginations & dans vos diſtractions agréables, n'eſt pas un plaiſir du cœur & de la volonté, mais de l'imagination, & de l'appétit ſenſitif ; & pour parler en termes de l'école, c'eſt un plaiſir d'homme & non point humain ; or c'eſt le plaiſir humain, du cœur, de la volonté, qui eſt digne de châtiment, s'il eſt mauvais, ou de récompenſe s'il eſt bon.

Vous avez ajouté, ma fille, que vous connoiſſiez nombre de perſonnes de mon ſexe, qui étoient peinés & ſcrupuleux en fait de prieres, par raport aux diſtractions qu'ils y ſouffrent. J'en connois, tout comme vous, bon nombre, qui ont plus ou moins de peines & de ſcrupules en ce fait; mais cela n'affoiblit pas la force de mes réfléxions, & des avis que j'ai eû la ſatisfaction de vous donner à ce ſujet. Il faut compâtir aux miſéres des autres; prier pour eux, & ſi on le peut, leur donner du ſecours & de la conſolation; mais il ne faut pas en prendre occaſion de tomber dans les mêmes inconvéniens, & dans les mêmes miſeres : au contraire, on doit du mal d'autrui, en faire son bien, & profiter de l'expérience des au-autres, pour s'avancer dans le bien, ou se précautionner contre le mal.

DOZITHE'E.

Je dois, mon Pere, bientôt entrer dans les Ordres sacrés; vous le savez, puisque vous-même, de concert avec plusieurs de mes amis, me l'avez ainsi conseillé. Si-tôt que je serai engagé dans la milice sacrée, d'une maniere irrévocable; me voilà au même tems engagé & obligé étroitement à réciter l'Office divin : je crains d'y avoir des peines, par rapport à cette attention, qui est recommandée par les saints Docteurs; & qui est une pépiniere de scrupules, ainsi que je l'ai oüi dire, si on ne prend pas bien la chose dans le juste point: or, pour la prendre dans la vraïe justesse; il me faut, mon Pere, des lumieres d'ailleurs: je vous avoüe, que j'apréhende avec juste raison de ne pas le faire; attendu que je suis novice en tout, & singuliérement en fait de Bréviaire. Si pourtant votre charité daigne prévenir mes doutes, mes peines, mes répetitions, & me décider d'avance sur ce qui pourra me causer de la peine & de l'inquiétude, dans la récitation du divin Office: j'espere en ce cas, de ne pas donner dans l'excès, & dans le travers qui est l'objet de mes apréhensions.

ARSENE.

Il ne tiendra pas à moi, mon Fils, que vous ne soyez éclairci par raport aux peines que vous craignez avec raison.

Donnez moi votre attention la plus férieufe ; & fi ma langue fuit mon cœur ; fi mes penfées répondent à mes défirs, vous ferez fûrement décidé fur tout. Commençons & difons, qu'il eft d'une conféquence infinie de tenir ferme au commencement de la récitation du Bréviaire, contre les peines d'efprit ; contre les fcrupules, contre les répetitions inutiles. Tout dépend ici du commencement : Combien de Prêtres, & de Réligieux, qui faute de fermeté, faute de tenir bon contre l'efprit de pufillanimité & de fcrupule, dans la récitation de leur Office, font devenus les triftes & malheureux efclaves de leur imagination peinée, ou fi l'on veut, de leurs peines imaginaires ? Ces perfonnes confacrées à Dieu, & deftinées par état, à loüer sa divine Majesté, devroient le faire avec goût, avec plaisir, avec dilatation de cœur; c'est pourtant ce qu'on ne voit pas en elles, & ce qu'il est comme impossible d'y voir; par la gêne infinie, par l'excessive contrainte, que les peines, dont elles sont affligées leurs causent. Elles sont en vérité dignes de compassion, elles font pitié; on peut dire que ce sont là des martyrs, mais des martyrs involontaires de leur imagination frapée, de leur esprit de peine. Je les apelle martyrs involontaires, parce que ces gens-là très-pieux, & méritans par bien d'autres endroits, se laissent insensiblement, & sans presque s'en apercevoir, entraîner dans ce triste état: Ils se voyent enfoncez dans ces brouſſailles de l'eſprit, ſans ſavoir comment; & ils donneroient des monts d'or, s'il étoit en leur pouvoir de le faire, à qui les en feroit ſortir efficacement, & pour toûjours : c'eſt afin que vous ne donniez pas, mon cher Dozithée, dans cet écueil, que je vais vous preſcrire des régles détaillées, dont l'obſervation exacte vous fera, d'un côté, tenir le bon chemin, dans la récitation de votre Office, & de vos autres Prieres d'obligation, ou de ſurérogation; & de l'autre, cette obſervation fidéle vous empêchera de donner dans le ſentier tortueux & difficile des peines, & des perplexitez vaines & frivoles : mais au nom du Seigneur, mon fils, tenez bon; ſoyez conſtant & ferme; ſoyez obéiſſant & ſoûmis; ne ſuivez oint vos lumieres, mais celles 'autrui; la raison alors vous uidera, & non point l'imagiation & la peine.

DOZITHÉE.

Vous m'ouvrez le cœur, mon her Pere, en me parlant & en 'avertissant de la sorte : ainsi ue la terre séche attend la céeste rosée; j'attends, & je suis rêt à recevoir les régles de ratique, & les instructions en étail, que vous jugerez à pros de me donner.

ARSENE.

En premier lieu, mon cher ozithée, je dis, que durant les deux ou trois premiers mois que vous commencerez à réciter le saint Office; il convient extrémement que vous le réci tiez avec un ancien dans cette fonction, qui ne soit point peiné lui-même, ni scrupuleux. Cet avis eſt bon, il eſt important, il vous défendra fortement contre les attaques du démon, qui porte au ſcrupule & à la puſillanimité. Bien des gens ſouffrent dans leur Office, qui y ſeroient libres, s'ils avoient mis en œuvre cet avis.

2°. Faites vous une loi inviolable de ne rien répeter. Je le redis, faites-vous une régle abſoluë de ne redire, de ne répeter rien; quand même vous auriez tronqué, & ſincopé quelques mots : c'eſt l'avis du pieux & célébre Monſieur Bourdoiſe, dans le doute d'avoir dit un Pſeaume, ou une Hymne; ce que vous devez faire dans cette occaſion; c'eſt de penſer un inſtant, pour voir de quel côté ſe trouve la vérité. Si le doute ſubſiſte, il faut paſſer outre; il faut croire que vous 'avez dit, & ne plus revenir là ibsolument : car si vous l'aviez véritablement omis, vous le verriez d'abord. En un mot, il faut combattre les répetitions à un point extrême : il ne faut s'en permettre aucune volontairement; & si les simples résolutions ne suffisent pas pour arrêter une habitude naissante de répeter, vous pourrez y ajouter quelque pieux châtiment, quelque ortification salutaire : si tout cela ne suffit pas pour servir de igue au torrent de l'habitude, ui se forme avec trop de succès, employez un remede, qu'on peut apeller par analogie, l'émétique spirituel. C'est le vœu : faites vœu, par exemple de faire de certaines aumônes prudentes ; de pratiquer de certaines œuvres pieuses un peu difficiles ; si vous vous laissez aller à des répétitions. Portez même la chose au point que de faire vœu de ne rien répéter avec liberté, avec prévision, & de propos délibéré. Mais cette derniere sorte de vœu, ne doit être employée que dans la derniere extrémité; & losqu'on voit que l'imagination se rend maîtresse de la raison, & que les autres remedes inférieurs sont vains & inutiles.

3°. Quand vous voudrez réciter votre Office, retirez-vous dans quelque lieu, qui soit, ou consacré au culte divin, ou séparé du grand bruit, ou solitaire en entier, & propre au recueillement. La difference des lieux diversifie nos sentimens, nos réflexions, notre application même, & notre attention aux objets; si vous disiez votre Bréviaire dans un lieu fréquenté, dans un lieu de bruit & de tumulte; vous feriez fans doute fort distrait : mais fi c'est dans une Eglife, dans votre Cabinet, dans un Bocage, vous ferez recueilli & plus uni à Dieu, à qui l'on doit offrir, avec un respect religieux, & des difpofitions faintes, le Sacrifice de louanges; (*a*) de même que le Sacrifice des autels.

4°. N'interrompez pas aifément votre Office, quand une fois vous l'aurez commencé : fi la charité ou d'autres raifons exigent de vous que vous l'interrompiez, faites-le fans fcrupule & fans gêne, la charité étant fatisfaite; fatisfaites auffi la religion; en revenant au plûtôt à votre occupation pieufe. Il en est, qui font trop faciles en fait d'interruption; la vivacité

(*a*) *Sacrificium laudis.* Pfal. 29. 23.

de leur imagination, la legereté de leur esprit, des raisons frivoles, quelque-fois même leur peu de religion sont les causes de la facilité avec laquelle ils coupent le fil de leur Priere. Ils ont tort; ils sont blâmables; ne les imités point. Il en est d'autres, qui tiennent une route toute oposée. Ont-ils commencé? il faut qu'ils achevent; qu'on les laisse en repos; en vain on leur demanderoit le moindre signe: inutilement on exigeroit d'eux la moindre interruption. Cette conduite est la plus religieuse; mais elle n'est pas la plus charitable. La Religion est la premiere des vertus morales, il est vrai: mais la Charité est la premiere de toutes les vertus. Elle en est la Reine; elle doit dominer sur elles; elles doivent toutes lui céder le pas; entrer dans ses desseins, & la servir, plûtôt que de lui commander. Ainsi lorsque la Charité, mon cher Dozithée, exigera véritablement de vous quelque interruption; soit que vous récitiez le divin Office; soit que vous vâquiez à quelqu'autre dévote Oraison, écoutez sa voix; faites ce qu'elle vous ordonnera, vous ne risquez rien; vous quitterez Dieu, pour Dieu; & loin de déplaire à sa divine Majesté, vous ne pourrez par-là que lui agréer, & lui plaire davantage.

5°. Venons au nœud Gordien de la difficulté, ce nœud difficile à dénouer regarde l'attention requise dans la récitation du divin Office: Or, mon cher Enfant, afin de délier plus aisément ce difficile nœud; il faut remarquer, que tous les casuistes distinguent, après Saint Thomas, trois sortes d'attentions, par raport au saint Office. L'attention aux paroles : *attentio ad verba.* L'attention au sens des paroles : *attentio ad sensum verborum.* L'attention à la fin de l'Oraison : *attentio ad finem Orationis.* (*a*) L'attention aux paroles consiste à être soigneux de prononcer bien tout ; de ne pas dévorer & manger, comme l'on dit, les mots ; de ne pas syncoper & laisser des sillabes ; de ne pas réciter les versets & les répons hors de leur place ; non plus que les Pseaumes, & les autres parties de l'Office ; en un mot, d'articuler tout, de dire tout, dans l'ordre qu'il faut, dans le rit prescrit, & d'une maniere humaine & exacte : il n'est point de Docteur, qui ne

(*a*) 2. 2. q. 83. a. 13.

soutienne

outienne la nécessité absolue e cette attention : & qui ne ombe d'accord, que tout ceux ui en manquent, du moins ssentiellement, non-seulement échent & offensent le Seineur; mais même qu'ils sont enus à la restitution des fruits des revenus Ecclesiastiques nt ils jouissent; & cela au ugement d'un homme prudent sage. Ce n'est donc pas la ecture des yeux, mais la prononciation articulée, & convenable, qui est nécessaire dans a récitation de l'Office divin. ette attention à bien prononer, & à bien dire tout, qu'on eut apeller extérieure & verale, est essentiellement requise our satisfaire à la loi de l'Elise, qui oblige les Ministres acrez à chanter les louanges e Dieu, & à réciter les Heures canoniales. Mais ſi cette attention extérieure aux paroles & aux mots ſacrez dont l'Office eſt compoſé, eſt néceſſaire; elle n'eſt pourtant pas ſuffiſante: Il faut encore une autre maniere d'attention, qu'on peut nommer intérieure & mentale; telle eſt celle qu'on apporte, lorſqu'on ſuit le ſens & la ſignification des paroles qu'on prononce: & c'eſt là, cette ſeconde ſorte d'attention, dont j'ai fait mention ci-deſſus, laquelle eſt bonne, & très-ſuffiſante pour ſatisfaire au précepte de la Priere, & pour la rendre méritoire & efficace. Cette maniere d'attention au ſens des paroles, quoique ſuffiſante, & très-naturelle (quoy de plus naturel que de penſer à ce qu'on demande) n'eſt cependant pas abſolument néceſſaire; il en eſt une troisiéme, qui suffit, & qui est excellente : sçavoir, l'attention à la fin de l'Oraison. C'est-à-dire à Dieu même, ou à quelque chose de pieux & de divin : Dieu est la fin de toutes nos actions, & singulierement de nos prieres. On ne sçauroit mieux faire en priant, que de s'occuper intérieurement de Dieu & de ses adorables perfections. Il n'est là aucun inconvénient ; il ne se trouve là au contraire que du bien, de la perfection, de la vertu. On peut même méditer, dans le cours des Prieres vocales, telles que la récitation du Bréviaire, ou du saint Rosaire, &c. sur les mystéres de la vie, & de la mort du Sauveur divin ; ou de sa sainte Mere ; ou sur les vertus des Saints, dont on chante les hymnes & les éloges. En un mot, on peut en priant, nourrir son esprit de quelque objet pieux, quel qu'il soit. Cette sorte d'attention intérieure est constamment suffisante, pour rendre les prieres bonnes & agréables au Seigneur, & utiles à nous-mêmes. Mais direz-vous, mon esprit ne pourra point toûjours ainsi méditer; s'occuper, penser à Dieu, à des bonnes choses, ou au sens des paroles de l'Office; il est trop volage, il est trop vif, pour que je puisse le fixer; surtout à des objets, qui, quoique très-bons en eux-mêmes, ne sont pas, comme étant surnaturels, si à la portée, & si au goût de l'esprit humain, que les objets naturels, qui frappent les sens, & qui sont comme de plein pied avec l'esprit, & les sentimens de l'homme. Ah!

Qu'il me paroît difficile, ajouterez-vous, mon fils, de s'entretenir ſans ceſſe intérieurement de ces ſaints objets ! l'attention intérieure eſt excellente, mais qu'elle eſt mal-aiſée, ſelon moi, du moins s'il eſt queſtion de l'avoir continuellement & ſans relâche ! Telle eſt ſans doute, Dozithée, votre peine & votre objection ; en voici la réponſe, & la ſolution conſolante.

Il eſt vrai, mon cher enfant, que l'eſprit humain étant auſſi vif qu'il l'eſt, ne peut ſe fixer à des objets, ſoit naturels, ſoit ſurnaturels ; ſoit pieux, ſoit profanes ; ſans rélâche, ſans interruption, ſans diſtraction : les objets même ſurnaturels, le frapent moins que ceux qui ſont dans l'enceinte de la nature. De là vient que les diſtractions dans nos priéres ſont plus fréquentes que dans nos autres occupations. Celles qui ſont involontaires, auſquelles nous ne prenons nul plaiſir, que nous chaſſons, que nous laiſſons tomber dès que nous nous en appercevons; loin de nous décourager, & de nous jetter dans l'abattement, elles doivent au contraire nous animer, & nous donner lieu d'avancer dans la perfection. Nous animer, diſ-je, à prier avec plus d'ardeur, pour réparer le tems perdu, ou comme perdu par la diſtraction; nous donner lieu d'avancer dans la vertu, en prenant occaſion de ces imperfections, de ces défauts de l'eſprit; de nous humilier, & de nous mépriſer ſaintement nous-mêmes, d'exalter, d'admirer, d'aimer le Dieu de bonté, qui nous ſouffre en ſa divine préſence, dans cet état de foibleſſe & de pauvreté ſpirituelle : enſorte que les diſtractions ne doivent pas nous enlever la paix du cœur, & nous jetter dans le trouble ; mais ſeulement contribuer à la connoiſſance de nous-mêmes, de notre petiteſſe, de notre néant. Au ſurplus, les diſtractions, qui ne ſont point volontaires ni en elles-mêmes, ni dans leurs cauſes, ne rendent point nos priéres vicieuſes & criminelles : ces diſtractions ne ſont pas des péchez, mais des imperfections, & des foibleſſes de notre nature, dont nul homme dans cette terre d'éxil, ne ſçauroit être parfaitement exempt ; ſans un privilege tout ſingulier, tout ſurnaturel, & miraculeux : ces abſences de l'eſprit, que le cœur ne goûte & ne veut point, ne dépouillent point la priére de sa force, de son efficacité. La priére faite avec des distractions de nécessité, & nullement de choix, peut constamment obtenir du Ciel des graces & des faveurs; elle peut sûrement mériter le Ciel, ainsi que les autres sortes de bonnes œuvres: En un mot, elle a pour parler en termes propres, la vertu de mériter & d'impetrer: telle est la Doctrine de S. Thomas; (a) qui ajoûte que si la priére faite avec distraction peut mériter & impetrer; elle ne peut pas cependant nourrir, rassasier, & consoler l'homme intérieur, de même que la priére qui est faite avec l'attention convenable. Cela ne souffre nulle difficulté: Car pour nourrir l'ame, ou l'homme intérieur, il faut de bonnes pen-

(a) 2. q. 83. 2. a. 13. o.

sées,

sées, des illustrations, des sentimens pieux, de saintesaffections; or ce n'est pas ce qui se trouve dans la Priére qu'on fait avec beaucoup de distractions : dans le cas pourtant où les distractions déplaisent, il n'est pas possible que dans la Priére, l'on n'ait quelques bonnes pensées, quelques pieux sentimens, quelques mouvemens de dévotion, & conséquemment il ne se peut faire qu'il n'y ait, en ce cas, quelque nourriture spirituelle; qu'il n'y ait une certaine érfection sainte : *Refectio mentis* : c'est le terme de l'Ecole.

Revenons sur nos pas, mon cher Dozithée, & disons encore un coup, que les distractions dès qu'elles ne sont pas libres & volontaires, ne doivent pas nous jetter dans la peine, dans le scrupule, dans le trouble intérieur ;

mais ſeulement, qu'elles doivent nous humilier & nous faire ſentir notre petiteſſe & notre néant. Ajoutons que les diſtractions involontaires n'empêchent pas qu'on ne puiſſe remplir, & qu'on ne rempliſſe en effet le précepte de la Priére. Hé que deviendrions-nous, ſi les diſtractions, même involontaires, empêchoient de remplir ce précepte? Dieu eſt la bonté même; il eſt le meilleur des peres, il pardonne, ainſi que s'exprime S. Baſile à ſes enfans, ces ſortes de diſſipations de l'eſprit, qui ne ſont pas libres, & qui ſont comme des appanages de notre foible nature. Il me ſouvient, mes chers enfans, de vous avoir parlé il n'y a pas bien longtems touchant l'attention en général qu'on doit avoir dans les priéres; Mais cette exposition étoit plus courte & moins détaillée ; celle-ci est plus ample, plus étendue, & conséquemment plus propre à vous éclaircir sur ce sujet. Cette matiére est assés importante, pour ne pas ennuyer, traitée plus d'une fois. En précis, & en trois mots, voici mon cher Dozithée, & ma chere Agnez, ce que vous devez penser, ce que vous devez sentir & pratiquer, au sujet de l'attention requise dans la récitation du divin Office, du Rosaire, ou de quelque autre priére vocale que ce puisse être.

Il faut avoir attention à bien prononcer & à bien articuler les paroles, les versets, les répons, les Pseaumes, les Hymnes, dont l'Office est composé; mais sans gêne, & sans scrupule.

Vous éleverés votre cœur à Dieu, avant de commencer l'Office, vous lui demanderez humblement son secours & ses graces pour remplir votre devoir, & pour bien prier; vous pourrés dans cette vûe, réciter cette priére si connue & si usitée, qui commence par ces mots: *Aperi Domine os meum ad Benedicendum* ...... vous pourrés de plus vous unir aux louanges de toute la cour céleste; dans le cours de la récitation de votre Office, maintenez-vous dans la modestie, dans le sérieux, & dans le recueillement; récités avec un air de piété, & dans un esprit de réligion; si les distractions viennent fraper à la porte de votre esprit, il faut sur le champ la leur fermer; si elles y entrent à la dérobée, vous devés promptement les en chasser ; & si mille fois elles se présentent pour entrer chez vous, mille fois vous les écarterez, vous les rejetterés, & vous leur dirés fortement de vous laisser en repos, & de ne pas vous importuner.

Quand vous vous serés comportés de la maniére que je viens de vous exposer, dans la récitation de votre Office, ou de vos autres priéres d'obligation ou de dévotion, tenés-vous en paix ; maintenez-vous dans la tranquillité ; n'écoutez point l'esprit de scrupule ; étouffez les remords de la conscience, qui pourroient s'élever dans vos cœurs timorés & délicats ; & soyez persuadez, je le répete ; soyez persuadez, que vous avez satisfaits à la loi du Breviaire, ou de toute autre Priere que ce ſoit : Car dans la ſuppoſition que je viens de faire, vous avez rejetté toutes les diſtractions & les penſées des créatures ; vous avez prononcé & récité les paroles ſaintes de la maniére qu'il convient ; vous avez élevé votre eſprit & votre cœur à Dieu au commencement de votre priere ; en voilà aſſez pour ſatisfaire à l'eſſentiel de la priere vocale : puiſque là, ſe trouve d'un côté l'attention extérieure & verbale, & de l'autre, l'attention mentale & intérieure ; ſi ce n'eſt point l'actuelle & continuelle, c'eſt du moins l'attention virtuelle, morale & humaine, laquelle eſt ſans contredit ſuffiſante, de l'aveu de tous les Théologiens, pour remplir la loi de la Priere : or, que vous ayez eu l'attention intérieure, virtuelle, morale & humaine ;

il conste, & par la résistance fidéle aux distractions, & par la raison de source, que je vais exposer.

Dès lors qu'une personne refuse de penser aux objets créez ; qu'elle rejette les distractions, & toutes les pensées vaines & étrangéres à la Priere ; qu'elle ne veut point s'entretenir intérieurement de tout ce qui n'est point divin & céleste ; cette personne, dis-je, dès-lors qu'elle en use ainsi, pense indubitablement à Dieu, en faisant sa priere, ou au sens des paroles, ou à des bonnes choses, du moins de tems en tems, ce qui suffit pour avoir l'attention mentionnée ci-dessus. Que cette personne pense ainsi à Dieu, ou à des choses divines ; il n'est nul doute, car à mesure qu'elle s'éloigne des créatures ; qu'elle ne veut point penſer à elles ; elle ſe tourne conſéquemment du côté de ſon Créateur, elle s'humilie en ſa préſence, elle ſe rappelle quelque objet pieux : il faut que l'eſprit penſe ; s'il ne penſe pas aux vains objets, il penſe aux objets ſolides ; s'il ne penſe pas aux créatures, il penſe à Dieu ; s'il ne penſe pas aux choſes profanes, il penſe aux choſes ſaintes. L'eſprit eſt comme le vif argent ; s'il ne tourne pas à gauche, il tourne à droite ; il eſt toujours dans l'agitation, dans le mouvement plus ou moins grand, ſelon le caractere des génies & des tempérammens : Cela étant, l'eſprit qui rejette & qui écarte les penſées vaines, les diſſipations, les diſtractions, ne peut dès-lors que ſe tourner du côté de Dieu & des choſes divines : il lui faut ou l'un, ou l'autre ; ne se livrant pas aux pensées frivoles & dissipantes ; il admet les bonnes pensées, il s'en nourrit, il s'en entretient, selon la facilité qu'il en a, selon le dégré d'Oraison où il est, selon qu'il le peut & qu'il le sçait.

DOZITHÉE.

Voilà, mon cher Pere, bien des choses sur le sujet de l'attention requise dans la récitation de l'Office divin, ou des autres Prieres vocales. Vos avis & vos leçons, vénérable Arsene, sur ce point important ne seront pas inutiles ; ma sœur & moi, nous en profiterons ; de même que de ce que vous aurez la bonté de nous dire touchant la dévotion & la modestie qui sont à désirer dans ceux qui vâquent à la Priere.

ARSENE.

Sur la dévotion & la modestie requises dans la Priere ; je n'ai pas, mon fils, beaucoup de choses à vous dire. Un peu de bon sens, & de pénétration fait assez voir, ce qu'il en doit être. Cependant voici deux mots là-dessus.

La dévotion que nous devons apporter, & qui doit nous accompagner dans la Priere : *Devotè*, consiste en deux choses : l'une est, de prier sans ennui, sans nonchalance, sans dégoût ; mais plutôt avec goût, avec plaisir, avec joie. L'autre, c'est de prier avec un certain zéle, une certaine ferveur, qui serve comme d'aîle & de soutien à la Priere ; de soutien, pour l'empêcher de tomber, de cesser avant le tems. D'aîle, pour la soulever & la porter jusqu'au Trône du Tout-puissant ; d'où elle puisse nous attirer les rosées & les bénédictions céle-stes, si nécessaires à l'homme foible & mortel. Je sçai, mon fils, oui je le sçai, & par l'ex-périence d'autrui, & par l'expé-rience que j'en ai faite, ou plu-tôt que j'en ai soufferte moi-même, que ce goût, que cette ferveur, que cette joie dans la Priere, dont je viens de faire mention, ne dépendent pas toujours de nous : Car il m'est arrivé souvent, que dans la ré-citation de mon Office, & de mes autres Prieres, tandis que j'aurois souhaité ardemment de sentir ce que je disois, de me réjouir saintement & tendre-ment en Dieu, dans le cours de ma priere ; la tristesse, mal-gré mes efforts, étoit mon par-tage ; la sécheresse, l'aridité ſpirituelle étoit mon pain de larmes, & ma nourriture inſipide. Quel parti prendre dans ces triſtes conjonctures ? L'unique parti qu'il faut embraſſer, c'eſt d'un côté, de patienter, ſi l'on peut uſer de ce terme, & de s'humilier profondément ſous la main toute-puiſſante de Dieu, qui nous frappe, pour nous guérir : (a) & qui nous dépoüille pour nous enrichir : de l'autre, de faire de tems en tems, au milieu de notre triſteſſe & de notre aridité de cœur, de certaines prieres courtes & ferventes, qu'on nomme en termes propres, Oraiſons jaculatoires, ou aſpirations ſaintes, au moyen deſquelles nous pourrons attirer du Ciel quelques goûtes de la roſée céleſte, quelquelques étincelles du feu ſacré

(a) *Percutiendo ſanas.* Orat. Eccl.

de l'amour divin, quelques douces & pieuses consolations, avec quoi notre priere sera plus moëleuse, plus animée, plus fervente. Sur le tout, Dozithée, il est bon de vous faire remarquer que le goût agréable, la ferveur particuliére, la consolation, la joie sensible dans la Priere, ne se communiquent guéres, du moins dans un haut point, qu'aux ames très-pures, (*a*) très-mortifiées, (*b*) & parfaitement détachées des créatures. (*c*) Prenez là-dessus vos mesures.

Les sentimens & les dispositions d'humilité, mais d'une humilité profonde; d'une tendre & filiale confiance; d'un amour

(*a*) *Puritas apprehendit, & gustat.* Imitat. lib. 2. c. 4.

(*b*) *Secundum multitudinem dolorum meorum consolationes tuæ lætificaverunt animam meam.* Psal. 93. 19.

(*c*) *Effunde ut impléaris.* S. Aug.

ſincere, d'une vive reconnoiſſance, d'une conſtante perſéverance; ces diſpoſitions, dis-je, pieuſes & chrétiennes ſont des filles ou des compagnes de la dévotion, qui eſt requiſe dans la Priere.

Humilions-nous donc profondément, lorſque nous portons nos vœux & nos prieres aux pieds du trône de la divine miſericorde; ne nous défions jamais de la puiſſance de notre Dieu; eſperons qu'il nous éxaucera, ſi ce que nous demandons eſt propre à opérer notre ſanctification, & à contribuer à ſa gloire. Aimons notre Pere céleſte qui nous aime, plus que nous ne nous aimons nous-mêmes (*a*) & dont le cœur tendre, & infiniment liberal ne ſouhaite rien tant, que de répan-

(*a*) *Deus magis amat nos, quam ipſi nos amemus.* S. Chriſ.

dre des graces, & des bienfaits sur ses Enfans soûmis, & ses Serviteurs fidéles qui les lui demandent, pour pouvoir se sanctifier dans le tems ; & chanter à jamais dans le sein de la felicité & de la gloire céleste, ses aimables & infinies misericordes. (*a*) Rendons avec exactitude & avec zéle, nos actions de graces, pour les faveurs déja reçûes ; & ne nous lassons jamais de demander celles que nous souhaitons recevoir à l'avenir ; car si la perseverance couronne l'œuvre, elle remplit aussi nos vœux ; ainsi que les Paraboles de la veuve importune ; & de l'ami perseverant, dont parle S. Luc (*b*), nous le démontrent évidemment. Les

(*a*) *Sicut parturiens cupit, ennitti fœtum ita & Deus cupit effundere misericordiam* id.

(*b*) *Misericordias Domini in æternum cantabo*, Ps. 88. 1.

ſentimens de piété & de dévotion conviennent ſi fort à la priére, que ſi l'on en eſt privé, la priére ne peut être que foible & languiſſante, & ſi elle eſt telle, comment pourra-t-elle s'elever & parvenir jusqu'au trône du très-haut.

La modeſtie & le reſpect extérieur ne ſont pas à négliger dans la Priére : *digne*, il faut prier avec une certaine dignité, gravité, modeſtie, qui ſoit édifiante devant les hommes & qui ſe reſſente de la majeſté redoutable, de l'être ſouverain que l'on prie.

La modeſtie eſt ſi fort réquiſe & néceſſaire dans le tems de la priére, que ſi l'on vient à manquer de cette vertu, la priére, loin de perfectionner celui qui prie, elle le rend plus impàrfait & plus coupable; loin d'édifier, elle ſcandaliſe; loin de plaire au Seigneur, elle

elle l'offense. En effet, n'est ce pas offenser Dieu, que de lui adresser des priéres avec des yeux égarés, d'un air tout dissipé, dans une posture indécente, d'un ton de voix qui ressent le superbe, ou l'insensé; d'entremêler aux termes saints de la priére, des paroles profanes, jettées comme au hazard à des passans, à des animaux, ou par rapport à d'autres objets qui ne le meritent pas? Oui sans doute, c'est offenser la divine & redoutable majesté, que d'en user ainsi: loin de vous à jamais, Dozithée, loin de vous aussi ma fille Agnez, une conduite pareille; faites plutôt ensorte que la modestie paroisse peinte dans vos maniéres; qu'elle éclate sur votre face; qu'elle brille dans vos yeux; (a) & cela

(a) *Modestia vestra nota sit omnibus hominibus*, Saint Paul, Philipp. 4. 5.

dans la vûe de plaire au très-haut, qui voit tout, d'édifier les hommes qui nous voyent souvent dans nos priéres; d'être semblables aux Anges, à qui la modestie est attribuée d'une façon toute singuliere, quoiqu'ils n'ayent point de corps, pour marquer le respect prófond, l'anéantissement sans borne, dans lequel ils sont continuellement en la présence du Dieu qu'ils adorent, qu'ils voyent, & qu'ils louent sans cesse.

AGNEZ.

Cette édifiante vertu de la modestie, vénérable Arsene, me paroît ressembler aux habits dont nous nous revêtons; à l'écorce, dont les arbres sont entourés; aux remparts qui environnent les Villes, & qui les défendent; je ne sçai si mes idées sont fausses.

ARSENE.

Vous pensez juste, Agnez, la

modestie, sur-tout dans la priére, sied bien comme les habits ; elle est necessaire, comme l'écorce à l'arbre ; elle repousse mille traits des ennemis, comme les remparts : vos idées ne sont nullement fausses, ces comparaisons sont fort justes.

J'aurois continué la lecture de mon dialogue sur la Priére, n'eût été l'arrivée de Madame la Comtesse de L'isle-Bonne ; dès qu'elle fut annoncée, toute attention, & toute lecture cessa, on ne pensa plus qu'à accueillir avec empressement cette digne Comtesse, & la conversation tomba & finit là.

CONVERSATION XII.

L'ORAISON.

La maniere de la bien faire.

Me. la Marquise de TERRE-NEUVE.
Madame de SAINT-EVREMONT.
Monsieur le COMMANDEUR.
Me. la Comtesse de LISLE-BONNE.
MM. . . . . .

L'ABBE' AU-VRAY.

A L'arrivée de Madame la Comtesse de Lisle-Bonne, tout cessa dans l'assemblée, la Conversation tomba en entier, ainsi que j'ai déja eu l'honneur de vous le dire, mon cher Théophile ; cette Dame fût reçûe & accueillie avec tout l'empresseent possible, sur-tout de la part e Madame la Marquise de Ter-Neuve, & de Madame de S. Evremont sa parente & son amie particuliere ; elle vouloit partir le lendemain de son arrivée : mais ces Dames, & même nos Messieurs, priérent & sollicitèrent tant, qu'enfin elle se laissa gagner, & nous promit même d'assister à nos entretiens, ce qu'elle fit pendant tout le tems qu'elle fut en visite chez Madame la Marquise. Du reste, sa conversation est des plus agréable, & des plus spirituelle.

Comme elle avoit été la cause, quoiqu'innocente, de l'interruption de ma lecture dans la derniére conversation, elle voulut être dans celle-ci la cause de la continuation de cette même lecture. M. l'Abé, me dit-elle de bonne grace, vous me pardonnerez bien la faute, dont je fus ces jours passez la cause innocente; je me flatte que vous voudrez bien l'oublier; & pour nous marquer que vous n'en avez nul ressentiment, que vous voudrez bien aussi avoir la bonté de reprendre le fil de cetre utile & agréable lecture, que vous faisiés dans votre assemblée, lorsque j'arrivai chez Madame la Marquise notre illustre hôtesse. J'eus l'honneur de répondre à cette Dame le plus poliment qu'il me fut possible; & je me mis en devoir tout de suite, de lui obéir. Je pris en main mon manuscrit, & je repris la lecture en question.

LA MANIERE
OU
L'ART DE BIEN PRIER.

DIALOGUE.
SUITE.

AGNEZ.

VOus nous avez instruit, vénérable Arsene, des dispositions qu'on doit apporter à la Priére; les dispositions aussi & les vertus qui doivent l'accompagner nous ont été marquées & exposées d'une maniére étendue par un effet de votre charité à notre égard; il ne nous reste plus qu'une difficulté à vous proposer touchant l'Oraison, ou la Priére en général: sçavoir, comment on doit se comporter après la Priére, quelles sont les dispositions pieuses dans lesquelles on doit, après la Priére, entrer & se maintenir? Aurez-vous la bonté, mon Pere, de nous en instruire?

ARSÈNE.

Je le veux bien, ma fille, mais ce sera en peu de mots.

Après la Priére, il faut revenir aux affaires humaines, & se prêter aux créatures avec paix, avec tranquillité; il faut prendre garde de ne pas laisser répandre son cœur sur les objets créez, aux dépens de la recollection, du recueillement de la vûe d'un Dieu présent: avis qui regarde sur-tout l'issue de l'Oraison mentale, dans laquelle on se remplit d'ordinaire plus aisément, & plus copieusement de sentimens pieux, de pensées saintes; après laquelle on doit particuliérement veiller sur son cœur, afin qu'il ne se vuide de pas par des effusions imprudentes, & par des épanchemens trop prompts, trop humains, & trop naturels.

AGNEZ.

Mon Pere, vous venés de nous faire mention de l'issue de l'Oraison mentale; je voudrois bien en sçavoir les avenues, le corps, en un mot, tout ce qui la concerne: j'ai oui dire tant de bien de cette sorte d'Oraison, que je serois en désir d'y vacquer; je souhaiterois même me rendre habile dans l'art divin de méditer, & de faire, ce qu'on appelle, Oraison. Vous avez eû la bonté de nous parler beaucoup de la Priére en général; vous nous avés dit même bien des choses qui conviennent en particulier à la Priére, mais quand à l'Oraison mentale, nous n'avons pas eû le bonheur de recevoir là-dessus vos avis & vos instructtions; mon cher pere en Jesus-Christ, ayez la bonté de nous aprendre la maniére de la faire, & de nous dire sur ce sujet, tout ce que vous jugerez être propre, à nous y faire réussir, mon frere & moi.

ARSENE.

Vos pieux desirs, ma chere Agnez, sont très-louable; je veux les seconder, & je ne m'y épargnerai pas, à coup sûr. Proposez vos doutes en toute liberté; que Dozithée en use de même; je me ferai un plaisir, & une espéce de loi, d'y répondre avec zéle & avec netteté.

Je commence par vous dire, que bien des choses que j'ai avancé touchant l'Oraison & la Priére en général, peuvent convenir parfaitement à l'Oraïson mentale en particulier; vous vous en apercevrez souvent, lorsque vous

vous rapellerez en idée la plûpart des choses que nous avons eû le plaisir de vous exposer sur le sujet de la Priére. Je me tairai donc sur toutes ces mêmes choses maintenant, & je ne m'attacherai qu'à deux chefs principaux: l'un est, de vous prémunir contre les obstacles & les écueils de l'Oraison mentale: l'autre est, de vous enseigner quelques methodes aisées pour bien faire l'Oraison mentale. Ce sera à vous de choisir celle qui vous agréera, & qui vous conviendra le mieux.

DOZITHE'E.

Vous nous ferés un plaisir sensible, vénérable Arsene, de nous parler un instant sur les fruits & les avantages de l'Oraison intérieure & mentale, nous en avons le goût, Agnez & moi, mais notre goût en sera plus ferme & plus vif, lorsqu'il sera éguisé, &

ſoûtenu par vos inſtructions & vos lumiéres.

ARSENE.

Je le veux, mon fils, je le veux ; je vais vous contenter ; mais en paſſant, & comme à la volée.

L'Oraiſon mentale produit, en mére feconde, des fruits infinis de Sainteté & d'immortalité. Elle ouvre les yeux de l'ame ; elle fait apercevoir les vrais biens ; elle découvre l'illuſion des biens aparens ; elle détache de tout ce qui eſt mauvais, ou dangereux ; elle tourne l'eſprit du côté de la vérité ; le cœur du côté de la vertu, tout l'homme du côté de la céleſte félicité.

L'Oraiſon mentale, eſt comme l'élement des Saints ; C'eſt là, où ils reſpirent, & où ils vivent à plaiſir ; de même que les poissons dans les eaux, & les oiseaux dans les airs. C'est là où ils acquierent de l'embonpoint ; c'est là où leur cœur se dilate, où leur esprit s'éclaircit, où leurs forces reviennent, où leur zéle se ranime ; en un mot, c'est là, où les justes deviennent toujours plus justes, toujours plus intérieurs, toujours plus célestes, & plus divins.

Est-il rien de plus doux à l'esprit & au cœur de l'homme, que l'Oraison, que la contemplation ? l'Oraison est un miel qui adoucit toutes les amertumes de la vie ; c'est un sucre qui, étant bien pris, ne gâta jamais rien ; c'est une huile, une onction sainte qui dispose, & qui prépare à tout. Les personnes qui savent l'art de méditer, qui sont fidéles à vâquer au pieux & suaves exercices de l'Oraison, sentent ce que je dis; elles goûtent par une heureuse experience combien le Seigneur est doux à l'égard de ceux qui le cherchent, qui l'aiment, & qui s'unissent d'esprit & de cœur, à lui, dans l'Oraison, dans la contemplation. (*a*)

DOZITHEE.

En voilà bien assés, mon cher pere, pour réveiller mon appétit & mon goût pour l'Oraison mentale; heureux si au lieu de m'en dégoûter, dans la suite, j'augmente toûjours plus en désir de la faire & de la mieux faire!

ARSENE.

Ce qui pourroit vous en dégoûter, mon fils, à l'avenir, ce ne seroit que les dictractions importunes, ou les ariditez spirituelles, ou les occupations extérieures: mais nulle de ces

(*a*) *Bonus Dominus, animæ quærenti illum.* Thren. 2. 25.

raisons, ou plutôt de ces prétextés, ne doit vous inspirer efficacement de l'indifference, & du dégoût pour l'Oraison mentale.

On ne sçauroit disconvenir que les distractions ne viennent souvent comme croiser & embarasser nos pieuses méditations. Il faut l'avouer, l'exercice de l'Oraison mentale n'est que trop sujet à de pareilles infirmités. L'expérience de tous les jours, & de toutes les heures, chez toutes les nations, dans toutes les Communautez, même les plus pieuses; dans tous les hommes les plus saints & les plus exacts, ne nous permet pas de douter un instant de ce triste principe. Mais que s'ensuit-il de cette vérité humiliante? qu'il faille ne pas entreprendre de faire l'Oraison, ou de cesser de la faire, & de ne pas perséverer dans ce Saint & noble exercice? nullement ; ce n'eſt pas la conſéquence qu'il eſt de la prudence de tirer de ce fâcheux principe ; il enſuit ſeulement, que nos œuvres, même les meilleures, ſont imparfaites ; que les actions de l'homme mortel ſont comme parſémées de défauts ; que la bonté & la perfection humaine n'eſt point pure & ſans nul mélange de foibleſſes ; que notre or n'eſt point ſans alliage, & que notre conduite, même réguliére & loüable, eſt ſujette à bien des fragilités & des vuides ; de même que l'éclat de la lune eſt terni par bien de taches & des obſcurités : voilà ce qui ſuit tout naturellement de la vérité affligeante des diſtractions dans les méditations chrétiennes : mais il ne s'enſuit pas, je le répete, qu'il ſoit prudent & à conſeiller d'abandonner, ou de négliger l'exercice pieux de l'Oraiſon mentale ; de même qu'il n'eſt pas prudent ni à conſeiller , de laiſſer la recitation de l'Office divin du Roſaire, d'une priére de pénitence , de la Priére du matin ou du ſoir, de ſe diſpenſer de l'aſſiſtance à la ſainte Meſſe, de la célébration de l'adorable ſacrifice, parce qu'on a des diſtractions importunes dans ces ſacrées fonctions. La parité eſt entiére , la conſéquence , la conduite doit donc être la même dans les deux cas.

Les diſtractions ne doivent pas nous faire abandonner le bien , mais nous donner lieu d'exercer les vertus , ſur-tout celles de l'humilité & de la patience ; par-là , le mal ſe changera en remède, & le défaut en perfection: par-là, les distractions seront pour nous des heureuses occasions de mérite. Par-là, nos foiblesses même nous fourniront, pour ainsi parler, d'échelles pour monter au lieu de notre félicité & de notre parfait repos.

Qui l'auroit jamais pensé, que dans la Religion Chrétienne, il y eût des ressources & des secrets pour le salut, au point, que le mal servit pour le bien; que le vice contribua à la vertu; & que les défauts menassent à la perfection! Que notre Religion sainte est admirable! quelles actions de graces ne devons-nous pas rendre à notre Dieu, de nous y avoir appellés, & de nous y avoir jusqu'ici maintenus. Fasse le ciel, mon cher enfant, que jamais ni vous, ni moi, nous ne sortions de son sein doux & tranquille, pour nous jetter entre les bras cruels & meurtriers de la criminelle & opiniâtre hérésie. Je reviens aux distractions, & je dis, que sans un vrai miracle de la grace, nul homme mortel ne peut être exempt en entier de distractions, du moins involontaires; l'on remarque, comme une merveille, dans l'histoire de la vie du jeune, mais grand S. Loüis de Gonzague, que durant l'espace de six mois, il n'avoit eû de distractions, que pendant la courte durée d'un *ave maria*: il en avoit eû cependant, comme vous le voyez, mais bien peu; il faut donc se résoudre à en avoir, & à ne pas quitter l'Oraison, quoiqu'on en aïe; puisque les plus grands Saints ont souffert cette peine, & qu'ils ont été sujets à cette humiliation dans leurs priéres & dans leurs contemplations, qu'ils n'ont pas ſûrement laiſſées ni négligées à cauſe de ces inattentions & de ces abſences d'eſprit. Qu'on évite la cauſe des diſtractions, qu'on leur faſſe la guerre à elles-mêmes, en y renonçant promptement dès qu'on s'en aperçoit; qu'on ſuplie de tems en tems l'Eſprit ſaint de nous donner plus d'attention, plus de ferveur, plus de lumiéres dans notre Oraiſon; qu'on s'anéantiſſe dans la vûe de ſes miſéres, j'y conſens, & je le conſeille. Mais au bout de tout, qu'on ſe tienne en paix, & qu'on continue ſes Réfléxions & ſon Oraiſon du mieux que l'on pourra, ſans ſe livrer au trouble & aux peines d'eſprit.

Une derniere penſée au ſujet des diſtractions. Elle ne fait que de naître dans mon eſprit, je vais la faire éclorre. Ecoutez-la, Dozithée.

Bien-loin que les distractions doivent nous faire quitter l'Oraison, elles doivent au contraire nous exciter, ou du moins nous servir d'occasion à être excités par le zéle que nous devons avoir de notre salut & de notre perfection, à faire l'Oraison plus exactement, & plus long-tems. Pourquoi ? C'est que le vrai moyen d'avoir moins de distractions dans ses méditations, c'est d'accoutumer peu à peu son esprit à penser aux choses saintes ; à réfléchir aisément sur les objets pieux, à se plaire aux bonnes idées : or en faïsant souvent, & un assés long-tems, l'Oraison, on s'habituë, on s'accoutume à tout cela : la multiplicité des actes, disent les Philosophes, forme l'habitude, enfante la facilité. De plus, les lumiéres de l'esprit saint éloignent les distractions, de même que les rayons du soleil dissipent les tristes obscuritez de la nuit; or la fidélité à faire réglément l'Oraison, & à la faire durant un tems notable, n'est-elle pas par cette fidelité, un moyen efficace pour obtenir les lumiéres, les rayons & les feux célestes? oüi sans doute, elle l'est: un Grand, qui est exact à faire sa Cour, plaît au Prince; il attire ses regards, & tôt ou tard ses bienfaits. Un Chrétien exact & fidele à vaquer à la méditation des grandeurs, des bontez, des mystéres de Dieu, peut-il ne pas attirer sur lui les regards favorables, & les précieux dons du pere céléste? La fidélité est une vertu très-loüable; elle est suivie de la grace: embrassons ce parti,

& nous verrons, nous goûterons de tems en tems des douceurs qui fixeront la légereté de notre eſprit, & l'inconſtance de notre cœur. Quand on goûte Dieu, quand le Ciel eſt ouvert, on oublie la terre, on ne penſe point aux créatures: heureuſes les ames fidéles, qui ſont ſouvent favoriſées de pareilles faveurs! leur fidélité eſt bien récompenſée, même dès cette vie.

Un deuxiéme obſtacle à l'Oraiſon mentale, c'eſt l'aridité ſpirituelle, ce ſont les ſéchereſſes du cœur, les obſcurités, & les ténébres de l'eſprit qu'on y éprouve quelquefois: mon cher Dozithée, ne vous en effrayez pas; les ariditez, les ſéchereſſes ſpirituelles menent au mérite & aux douceurs: tout conſiſte à bien entendre & à bien prendre les choſes. Voici, mon enfant, ce que j'ai à vous déveloper là-dessus, afin que vous ne donniez pas dans le faux, & dans la méprise.

Si l'homme qui médite & qui contemple avoit toûjours des consolations, & des suavitez spirituelles dans ses Oraisons, elles pourroient devenir, à son égard, fades & insipides; cette manne délicieuse pourroit être méprisée par les hommes de priére, ainsi que le fût la manne miracúleuse du desert par les Israëlites. Le Seigneur ne fait rien, qu'avec une sagesse infinie, ainsi que l'assure le Roi Prophete. (a) donc puisque les séchερesses spirituelles arrivent de tems en tems dans l'Oraison, par l'ordre du ciel, & conformément aux dispositions adorables de la divine Sagesse, nous

(a) *Omnia in sapientiâ fecisti.* Psal. 130. 24.

nous

nous devons inferer de-là qu'elles ſont néceſſaires & avantageuſes dans la vie ſpirituelle : la conſéquence eſt très-juſte; on ne ſçauroit la révoquer en doute, ſans bleſſer la droite raiſon. Dieu ne veut pas dans le monde viſible & matériel, des roſées & des pluyes continuelles ; elles gâteroient tout par leur continuité. De même, ce grand Dieu, par un effet de ſa ſageſſe ſuprême, ne veut point que dans le monde ſpirituel & inviſible, je veux dire, dans le cœur des fidéles, il y ait des délices, des roſées, des conſolations ſaintes, continuellement, ſans ceſſe & ſans interruption. Elles produiroient, non par elles-mêmes, mais par l'abus qu'on en feroit, des effets funeſtes & fâcheux : mais quels fâcheux effets, dites-vous? Ces ſaintes douceurs pourroient-elles produire? 1°. Ces continuelles delices spirituelles nous attacheroient trop aux consolations de Dieu ; au lieu qu'il faut s'attacher au Dieu des consolations. 2°. Nous penserions moins au Ciel ; nous travaillerions moins pour acquerir l'hérédité céleste, & les joyes éternelles, joüissans dans le tems de si douces délices ; possédans sur la terre, des biens si agréables. 3°. Nous serions des enfans trop délicats, des soldats lâches & peu aguerris, si nous étions toûjours nourris avec le sucre & le miel, si nous ne combattions jamais contre le démon de l'ennui, du dégoût, de la tristesse. 4°. Enfin il seroit très-dangereux, que nous ne tombassions dans le vice de l'orgueil & de la vanité, nous voyans ainsi toûjours riches des dons de la grace, & favorisés des biens célestes. Les richesses spirituelles, les beautez de Lucifer ne causerent-elles pas, (par l'abus qu'il en fit) sa ruine & sa perte éternelle ?

La vertu des Justes est un or précieux, il est vrai ; mais cet or, quelque précieux qu'il puisse être, a besoin d'être épuré de tems en tems, dans le creuset de l'humiliation, de la peine, de l'affliction. Or quelle plus grande humiliation, quelle pleine, quelle affliction plus sensible que celle qui naît des ariditez & des ténébres spirituelles ! non, rien n'est plus humiliant, ni plus affligeant pour les ames saintes & unies à Dieu, que de se voir ainsi dans les séchéresses du cœur, & dans les ténébres de l'esprit : en effet, des personnes élevées en grace, en lumiéres ſurnaturelles, embraſées du feu du divin amour, ſe voir tout à coup ſans ſentimens pieux, ſans bonnes penſées, ſans impreſſions de la préſence de Dieu, ſans onction, ſans goût des choſes ſaintes; Ciel! quelle peine, quel tourment pour elle, quel abaiſſemement dans l'ordre de la grace, quel ſerrement de cœur! Quand on a ſçû ce que c'étoit que de goûter Dieu dans l'Oraiſon, l'on ſent ces véritez, & l'on n'a nulle peine à en convenir. Si donc le Juſte eſt humilié par les ſéchereſſes, s'il eſt affligé, s'il ſouffre, ſa vertu ne peut qu'en devenir plus pure, plus parfaite, plus brillante aux yeux de Dieu & des Anges; de même que le plus précieux des métaux devient plus pur, plus beau, & plus brillant lorſqu'il a été livré aux ardeurs du feu, & à l'épreuve du creuſet.

De plus, quand on est dans un état de sécheresse & d'aridité spirituelle, on sert Dieu avec plus de désintereſſement, avec plus de dépoüillement, avec plus de pureté & de droiture d'intention : l'homme s'y trouve moins; l'on y cherche conséquemment, & l'on trouve mieux le Seigneur. Les consolations célestes attirent puiſſamment, on ne peut en douter, lorsqu'on en est privé; il faut faire plus d'efforts; il faut s'exciter, & s'animer davantage, il faut plus prendre sur soi; il faut plus de cœur, plus de générosité; en un mot, il faut agir d'une maniere plus forte, plus mâle & plus virile; de-là, sans doute, plus de gloire pour Dieu, & plus de mérite pour l'homme. Sur ces principes, je vous exhorte, mon cher Dozithée, de ne vous reburer nullement, lorſque les ſéchereſſes ſpirituelles deviendront dans l'Oraiſon votre partage ; ce qui arrivera peut-être nombre de fois, ſelon les deſſeins de miſericorde, ou de juſtice, à votre égard, du Seigneur notre Dieu. Ne vous rebutez, dis-je nullement, car c'eſt ainſi, que les Saints du premier Ordre ont été traitez, & lorſque de tems en tems ils ſe ſont vûs dans le triſte état des ſéchereſſes & des ariditez, ils ne ſe ſont point pour lors abatus ni découragez; ils n'ont point reculez dans le chemin de la Sainteté; ils ont été conſtans, fermes, perſéverans dans la fidélité qu'ils devoient à leur Dieu; qui après les avoir éprouvez un certain tems, ſelon l'ordre de ſa divine ſageſſe, les récompenſoit enſuite des faveurs les plus singuliéres, des dons les plus sublimes, & des plus douces consolations.

N'est-ce pas ce que l'on remarque avec admiration dans la vie du grand S. François, Fondateur de l'Ordre ancien & célebre des Franciscains ? Ce saint du premier Ordre, durant l'espace de deux années, se vit dans un état d'aridité & de sécheresse étonnante; après quoi, le calme revint, & le soleil de justice le réjouit de ses divins & agréables rayons. Sainte Thérese ne fut-elle pas dans la stérilité spirituelle autour de dix-huit ans? Longue carriere d'ennui! qui fut suivie d'un Paradis de délices les plus saintes, & les plus douces : les Oraisons de cette grande Sainte, après l'épreuve dont nous venons de parler, ne furent plus que des contemplations sublimes, des ravissemens surprenans, des extases, & des visions les plus sûres & les plus singuliéres. Ah! Quelle fût bien dédommagée des dégoûts & des ennuis qu'elle avoit essuyés dans le pieux exercice de l'Oraison, qu'elle ne quitta jamais, malgré toutes les ariditez & les obscuritez spirituelles, qui furent si longtems son pain de larmes & de douleur! Sainte Marie Magdeleine de Pazzy, dont l'état d'aridité dura cinq ans. Sainte Rose de Lima, qui fût privée de la joye & de la consolation spirituelle durant l'espace de quinze ans. Saint Ignace de Loyola, Fondateur de la Compagnie de Jesus. M. Olier, ce saint homme, cet illustre Instituteur des Mrs. de Saint Sulpice, & une infinité d'autres grands & pieux Personnages ont tous éprouvés; ils

ils ont tous goûté les amertumes de la vie spirituelle, de même que ses douceurs. Toujours fideles à Dieu, soit dans l'état de tristesse, soit dans celui de la joye; ils sont devenus nos modéles dans ces differens états. Que dis-je, ils ne sont que des parfaites copies du grand & divin Modéle des Chrétiens, qui est JESUS-CHRIST: lequel éprouva l'état de tristesse, de délaissement & d'ennui, dans le Jardin des Oliviers, d'une façon toute singuliere, afin de nous servir de modéle dans ce triste état, & de nous mériter les graces & les secours dont nous y avons besoin, lorsqu'il devient notre sort & notre partage. Vous avez lû, Dozithée, sans doute, plusieurs fois l'Histoire du mystére de l'Agonie: vous y avez remarqué que notre aimable Rédempteur, loin de quitter l'Oraïson dans son état de tristesse, & d'une tristesse mortelle, (a) il la prolongea au contraire, au rapport des Evangélistes (b) : il pria Dieu son Pere avec une confiance, une humilité, une résignation, & une persévérance digne de nos admirations, & de nos imitations les plus zélées. Voilà notre modéle parfait, à nous de ne rien oublier, pour nous y conformer, pour lui ressembler, & en devenir des copies vivantes.

DOZITHÉE.

Vous en avés assés dit, mon cher Pere, touchant les ariditez & les séchéresses spirituelles, qui arrivent dans l'Oraison, pour que

(a) *Tristis est anima mea, usque ad mortem.* Math. 26. 38.

(b) *Factus in agonia prolixius orabat.* Luc. 22. 43.

je sois suffisamment précautionné contre cet obstacle & cet adversaire, si l'on peut ainsi s'exprimer, du pieux exercice de l'Oraison mentale. Je suis donc dans le dessein ferme & déterminé de ne point abandonner ce saint & noble exercice, quoiqu'il m'en puisse coûter, quoiqu'il puisse m'arriver: quand même les brouillards seroient grands & épais, quand même les éclipses seroient fréquentes & ténébreuses, Je veux toujours regarder le Ciel, je veux contempler le sejour éternel, & toutes les vérités qui y ont du raport.

ARSENE.

Quelle joye & quelle satisfaction pour moi, mon fils Dozithée, de vous voir dans de si bons sentimens, & dans de si louables desseins; je crains cependant qu'un certain obstacle à l'Oraison mentale, qu'on nomme les occupations exterieures, ne fassent brêche quelquefois à votre dessein pieux de persévérer dans la pratique de l'Oraison. En conséquence de mes appréhensions là-dessus, je vais vous dire deux mots sur ce dernier obstacle à l'exercice divin de la méditation: mais auparavant, trouvez bon que je vous expose quelques pensées qui me naissent actuellement touchant les ariditez & les sécheresses spirituelles. Pour sortir de cet état triste & disgracieux autant à l'homme spirituel, qu'à l'homme animal, il faut employer trois moyens, que je ne fais que toucher. Le premier est, de s'humilier profondément sous la main toute-puissante du souverain Juge, qui punit par là nos infidélités & nos langueurs dans son service. Il faut reconnoître que nous méritons ces privations, ces vuides, ces ariditez, & beaucoup au-de-là. Le deuxieme moyen, c'est de ne pas s'abandonner aux plaintes, aux murmures, aux impatiences; mais plutôt de souffrir en paix & en silence, autant de tems qu'il plaira au Seigneur, cet état triste & humiliant.

Le dernier de ces moyens, c'est de prier le Seigneur, qui est le Dieu de toute consolation, d'avoir pitié de nous, & de nous consoler dans cette tribulation, dans cette affliction de l'esprit & du cœur. Il faut crier vers le Ciel, comme les petits de l'hyrondele (*a*), & le Pere céleste ne nous laissera pas mourir de faim. Il faut, comme le Roi Prophete, nous présenter devant le Sei-

(*a*) *Sicut pullus hyrondinis, sic clamabo.* | Isaie, 38 14.

gneur, pour me servir de ces ter-
„ mes, dans une terre déserte,
„ séche & aride, & supplier sa
„ divine bonté de remplir notre
„ ame de cette graisse, de cette
„ onction spirituelle, qui fait chan-
„ ter avec joye les louanges di-
„ vines (*a*) : nos prieres ne seront point vaines, la rosée tombera, notre campagne reverdira, & l'abondance succedera à la stérilité. Mais laissons-là les ariditez & les sécheresses, n'en parlons plus ; disons quelque chose des occupations extérieures qui ne servent que trop souvent d'obstacle à l'Oraison, & de prétexte à ceux qui négligent de la faire.

(*a*) *In terra deserta & in viâ & inaquosa. Sic in sancto apparui tibi, ut viderem virtutem tuam, & gloriam tuam. Sicut adipe, & pinguedine repleatur anima mea, & labiis exultationis laudabit os meum.* Psal. 62. 3. 6.

Les occupations extérieures jettent de la poussiere aux yeux, elles servent de prétexte pour se dispenser de l'Oraison intérieure & mentale. On est occupé pour des choses nécessaires à la vie, pour des objets même pieux qui regardent la gloire de Dieu, le salut & le bien des ames : si l'on vâque à l'Oraison, ces œuvres extérieures ne se feront pas ; le repos de l'Oraison semble être très-oposé au mouvement de l'action. Quel party prendra-t-on ? On se tournera du côté de la bonne œuvre, ou de l'action nécessaire à la vie, & l'on quittera l'aimable Oraison. Si on ne la quitte pas tout à-fait, on la surprendra : cette suspension, ce délai ira à quatre jours, à huit jours, à quinze jours, & peut-être à bien plus long-tems. C'est ainsi que le plus noble des exercices est méprisé : c'est ainsi que la plus utile des occupations est negligée : c'est ainsi que l'on préfere la terre au Ciel, la conversation des hommes à celle de Dieu ; le bien spirituel des autres, à son propre bien, à sa sanctification : enfin, c'est ainsi que l'amour propre qui aime à agir, à courir, à paroître, (a) se contente aux dépens de l'amour divin qui se rallume & qui s'enflamme dans l'Oraison. (b) O homme mortel ! Jusques à quand feras-tu l'ennemi de ton vrai bonheur ? Jusques-à-quand te laisseras-tu leurer par les tours rusés du tentateur, ou par les détours & les biais délicats de l'amour dereglé de toi-même? Dozithée, mon cher enfant, croyez-moi ; dans le cours des occupations ex-

(a) *Scientes libenter volunt videri.* Imit. Libr 1. c. 2.

(b) *In meditatione mea, exardescet ignis.* Psal. 38. 4.

térieures, on a grand besoin du secours de l'Oraison intérieure; & quand on a beaucoup de chemin à faire, l'on n'a pas un petit besoin de nourriture: le voyageur ne peut point marcher, s'il ne mange, & s'il ne boit. Un estomac vuide & débile ne donne jamais beaucoup de feu au mouvement de la marche, ni de toute autre action. Il faut prier avant que d'agir. Il faut vaquer à l'Oraison avant que de se livrer à l'action. Il faut se remplir avant que de se vuider. Il convient de penser à l'ame & à son intérieur, avant que de prendre soin du corps, & des choses extérieures. On doit consacrer les prémices de son tems au Seigneur. Enfin il n'est rien de mieux, suivant la pensée & les termes de S. Bernard, que d'être le premier, à soi-même, aussi-bien que le dernier. (*a*) La Priére vocale, dira-t-on, remplit ce devoir. Je l'avoûe, mais ſuperficiellement & comme en paſſant. L'Oraiſon mentale le remplit infiniment mieux, d'une façon plus parfaite, plus achevée, plus copieuſe: & ſi l'on peut parler ainſi, plus radicale, & plus fonciere. C'eſt en effet, dans l'oraiſon de l'eſprit & du cœur, que l'une & l'autre de ces facultez intérieures ſe rempliſſent, & s'enrichiſſent; l'une de bonnes penſées, l'autre de bons ſentimens: l'une des réflexions ſaintes & ſalutaires, l'autre d'affections tendres & pieuſes: l'une d'eſtime & de conſidération pour les choſes céleſtes, & pour les biens éternels, l'autre de vœux & de déſirs zelés de les meriter, & d'en jouir; l'une enfin s'y

(*a*) *Primus tibi & ultimum*, S. Bern.

remplit d'idées de piété, de ſageſſe, de prudence, propres à faire parvenir au but pieux de la ſainteté, & à l'heureux terme de la gloire : l'autre y agrée ces idées, y admet ces moyens, il les choiſit, les embraſſe, & après l'Oraiſon, les met en œuvre de ſon mieux, en ſorte que l'Oraiſon ſert infiniment à l'action : elle eſt comme le foyer, où ſe cuiſent & où ſe préparent les aliments ſpirituels, qui fortifient l'ame dans le cours de ſa conduite extérieure. Elle eſt comme un attelier ſacré, où l'on fait les armes propres à combatre contre les puiſſans ennemis du ſalut. L'Oraiſon ſûrement ne nuit point à l'œuvre ; loin de lui nuire, elle diſpoſe, elle facilite à la bien faire. Le repos de l'Oraiſon augmente le mouvement de l'action. Il en eſt du ſaint repos de l'Oraiſon mentale, par rapport aux actions de l'homme Chrétien, comme du doux repos & de l'agréable ſommeil de la nuit, par rapport aux actions de l'homme naturel. La tranquillité du ſommeil n'eſt conſtamment pas oppoſée à l'activité de la vie; elle ſert au contraire beaucoup aux opérations, aux mouvemens, aux exercices qui rempliſſent nos heures & nos jours. Sans le ſecours même du ſommeil tranquille, pourroit-on durer dans l'action ? Non ſans doute. Sans l'aide de l'Oraiſon, peut-on vaquer longtems aux occupations exterieures, Non, on ne ſçauroit le faire, du moins avec cet eſprit intérieur qui anime les œuvres du dehors, avec cette union à Dieu qui leur attire les celeſtes bénédictions, avec cette aiſance, avec cette force toûjours nouvelle qui coule de l'Oraiſon comme de ſa ſource.

Oraiſon ſainte, vous êtes un tréſor au-delà de tout prix, une ſource inépuiſable, une mine très-riche, une reſſource très-ſûre à tout. Ah ! Si l'on vous connoiſſoit dans le monde ! Mais ô malheur ! vous n'y êtes pas connue, vous n'y êtes pas aimée ; & vous vous voyez obligée de vous retirer dans le ſein des Cloîtres, dans des coins de ſolitude ; dans quelques ſecrets Oratoires, où certaines ames d'élite, qui ont moins beſoin de vous que les mondains, vous careſſent & vous embraſſent de tout leur cœur. Aimable Oraiſon, Oraiſon du cœur : Ah ! Je le répete, ſi l'on vous connoiſſoit dans le ſiécle, ſi l'on ſçavoit ce que vous êtes, ce que vous pouvez, ce que vous opérez !

Tout le monde vous aimeroit ; on soupireroit après vous, & par votre entremise, on s'éleveroit, on s'enrichiroit, on deviendroit saint, & bienheureux à jamais. A Dieu ne plaise, que mon fils Dozithée vienne à vous quitter, ou à vous négliger. Qu'il auroit grand tort ! qu'il seroit ennemi de lui-même ! Non, mon cher fils, vous ne devez nullement abandonner l'Oraison ; brouillez-vous avec qui que ce soit, plutôt que de vous brouiller avec elle. Sans elle, vous ne seriez qu'un soldat foible & lâche, qu'un ouvrier négligent & imparfait, qu'un athléte engourdi & sans adresse. Mais avec elle, vous ferez tout ce qu'il faudra faire ; vous souffrirez tout ce qu'il faudra souffrir : En un mot, avec l'Oraiſon mentale tout ira bien chez vous.

DOZITHE'E.

Pour le coup, mon cher Pere, je vous promets que je n'abandonnerai jamais l'aimable & l'utile Oraiſon. Le portrait que vous venez de m'en faire m'a charmé : pourrois-je me ſéparer de ſa compagnie ? Non, je ne la quitterai point ; & quand je ne pourrai pas y vaquer longtems, du moins je le ferai quelque inſtant : quand je ne pourrai pas dîner, du moins je déjeunerai. Quand je ne pourrai pas ſouper, du moins je goûterai. Car j'ai envie de la faire deux fois par jour, le matin & le ſoir. Le matin, ce ſera là comme le dîné de mon ame. Le ſoir, ce ſera le ſoupé. Ce deſſein vous agrée-t-il, mon cher Pere ?

ARSENE.

Il me plaît fort, mon cher enfant, embrassez ce parti; tenez-vous-en là; & malgré les distractions, malgré les aridités spirituelles, malgré la multitude des occupations extérieures, ne quittez jamais le saint exercice de l'Oraison: & pour me servir de vos termes, quand vous ne pourrez pas dîner, n'oubliez pas au moins de déjeuner. Vous en usez ainsi à l'égard du corps; pourquoi ne vous comporterez-vous pas de même à l'égard de l'ame? Et dans le cas où vous n'aurez pas pû dîner spirituellement, mangez de tems en tems dans le jour quelques morceaux, je veux dire, élevez souvent votre esprit à Dieu au milieu de vos occupations: faites plusieurs de ces petites Oraisons, qu'on ncmme nomme dans la Théologie mystique, jaculatoires ; qui se peuvent faire en tout tems, en tout lieu, sans peine, & avec beaucoup de fruit & d'efficacité.

Je vous prie, mon cher Abbé, d'interrompre pour un instant la lecture de votre ouvrage, me dit dans cet endroit Madame la Marquise ; je comprens, ajouta-t-elle, que Madame la Comtesse veut nous dire quelque chose : Elle nous fera beaucoup d'honneur de nous faire part de quelques-unes de ses réflexions. Madame, lui répondit la Comtesse, il est vrai, que quelques pensées sur le sujet de l'Oraison mentale voltigent dans mon esprit : mais l'Arsene de Monsieur l'Abbé parle trop bien pour l'interrompre. Mon Arsene, Madame, lui repliquai-je, se taira volontiers pour vous laisser parler. L'interêt de l'Assemblée s'y trouvant, & la politesse me l'ordonnant ainsi, pourrois-je ne me faire pas un plaisir & un honneur de vous écouter, & de suspendre tout discours & toute lecture? Vos politesses, M. l'Abbé, reprit la Comtesse, m'instruisent de mon devoir. Je dois les imiter. J'aurai donc l'honneur de vous entendre avec beaucoup de plaisir. Et me joignant à votre Dozithée, & à votre Agnez, je prêterai volontiers l'oreille à leur Pere spirituel. Non, Madame, lui repliquai-je, je ne parlerai point, ni mes personnages non plus, que vous n'ayez vous-même parlé, & honoré la compagnie de vos réflexions élevées & judicieuses. Combattons en honnêtetez, & voyons qui l'emportera? Hé bien, M.

l'Abbé, j'y consens, soyez le victorieux; j'obéis à vos vœux, & je parle : mais un instant. Cela suffira pour remplir vos ordres, & ceux de Madame la Marquise.

L'Oraison de l'esprit rend l'homme plus raisonnable, plus spirituel, plus grand & plus saint, que tout autre exercice pieux. Y vaquer assidûment, c'est tendre efficacement à la sainteté; c'est marcher droit à la perfection; c'est faire la guerre en Conquerant, aux vices, aux passions, à l'humeur naturelle. Pour voir clairement, pour sentir agréablement les doux fruits de l'Oraison, l'usage en est absolument nécessaire : il faut la faire pour la bien connoître, il faut la goûter & comme la mâcher, pour en ressentir les douceurs, & pour en être le zélé & le fidéle partisan. Le bonheur de l'homme mortel & voyageur, c'est de faire davance sur la terre, ce que l'homme immortel & bienheureux fait par état dans le Ciel, qui est d'envisager l'Etre suprême, de contempler le Créateur, de l'adorer, de l'aimer, & d'exalter son saint nom. Où est-ce que l'on fait tout cela, en ce monde? Dans l'Oraison. Où est-ce donc que l'on est heureux autant qu'on peut l'être, dans un lieu d'exil? Dans l'Oraison. Ah! Qu'on devroit l'aimer & se familiariser avec elle : on ne le fait pas, & le cœur est le théatre d'une infinité de chagrins. Si on le faisoit, la vie du tems seroit en quelque sorte semblable à la vie de l'éternité : on y souffriroit moins; on s'y réjouiroit en Dieu davantage, & on y mériteroit beaucoup plus.

Madame la Comteſſe fut remerciée avec empreſſement de ſes pieuſes réfléxions ; elle me pria fort obligeamment, & avec inſtance, de reprendre la lecture de mon Dialogue : c'eſt ce que je fis, en ces termes.

AGNEZ.

Arſene, notre vénérable Pere en Jeſus-Chriſt, il me ſouvient, que vous nous avez promis de nous faire appercevoir les écueils de l'Oraiſon mentale ; afin que nous prenions nos meſures, pour ne jamais donner contre aucun de ces funeſtes & pernicieux écueils.

ARSENE.

Ce que j'ai promis, ma fille, je le tiendrai : Je le fais à l'inſtant. Ecoutez-moi, je vous prie, avec une attention ſérieuſe. L'homme, pour ſon malheur, ſçait l'art d'abuſer de tout.

L'ancien ſerpent excité par ſa malice pleine de ruſes, n'oublie rien pour perfectionner cet art, dont il ſe ſert, hélas ! trop efficacement pour atteindre à ſon but, qui eſt de rendre l'homme complice de ſa prévarication, & compagnon de ſes malheurs.

L'Oraiſon eſt bonne, c'eſt une œuvre excellente dans ſa nature ; utile infiniment dans ſes effets : rien de meilleur que l'Oraiſon : Cependant l'eſprit humain, de concert avec l'eſprit de ténébres, a trouvé le ſecret de rendre cette action mauvaiſe & pernicieuſe. Comment cela ? En y faiſant gliſſer le venin de l'erreur & de l'illuſion.

Le Quiétiſme, ainſi que tout le monde le ſçait, eſt une héréſie, qui a pour objet l'Oraiſon mentale, & la vie intérieure qui en dépend ; de même que le

Calvinisme a pour objet principal la réalité de l'auguste Sacrement de nos Autels. L'erreur du Quiétisme est née dans le cerveau creux d'un Prêtre Espagnol, Docteur malversé dans la spiritualité, nommé Molinos. Ce Prêtre se livra trop à ses pensées & à ses méditations ; il s'y perdit ; il entra dans les vûes du démon de l'hérésie ; il donna dans des illusions surprenantes, & dans des maximes erronnées, qu'il écrivit, qu'il publia, qu'il soutint un certain tems, & qui lui procurerent d'un côté les foudres du Vatican : Car ses erreurs furent condamnées par Innocent II. le 28 Août de l'année mil six cens quatre-vingt-sept, par un Décret daté du même jour, & reçu dans toute l'Eglise avec tout le respect, & toute la docilité qu'il méritoit

D'autre part, ses erreurs lui procurerent la condamnation de sa personne, & une punition exemplaire. Une étroite & perpétuelle prison, d'autres peines humiliantes suivirent immédiatement l'abjuration publique, qu'on le contraignit de faire de ses erreurs, en présence des fidéles de Rome, & des Commissaires du Pape.

Molinos prétendoit élever ses Sectateurs à une certaine contemplation, à une certaine Oraison de quiétude, fausse, pernicieuse, ouvrant la porte au libertinage le plus marqué, le plus sensuel, le plus criminel. Sous prétexte de repos en Dieu, de résignation entiére & parfaite à la volonté de Dieu, de mort mystique, de vie intérieure; il précipitoit les ames dans les erreurs les plus grossiéres, & dans

dans d'horribles impuretés ; ce sont les termes du saint Décret.

„ Ce faux & trompeur mysti- „ que ne vouloit point qu'on „ exerça dans l'Oraison d'actes „ intérieurs des vertus, ni qu'on „ y opera activement. Il vou- „ loit qu'on s'abandonna tota- „ lement à Dieu, & qu'ensuite „ on resta devant Dieu comme „ un corps sans ame. Il disoit, „ cet aveugle, qu'on ne devoit „ point dans ses Oraisons pen- „ ser, ni à la récompense, ni à „ la punition, ni au Paradis, ni „ à l'Enfer, ni à la mort, ni à „ l'éternité. Qu'il ne falloit rien „ demander à Dieu, ni lui ren- „ dre graces pour aucun de ses „ bienfaits, parce que c'étoient- „ là des actes de la volonté pro- „ pre. Que l'ennui & le dégoût „ des choses spirituelles, des

„ discours de piété, étoit une „ bonne marque ; que c'étoit „ une bonne chose, parce que „ par-là l'amour propre étoit „ purifié ".

Cent autres absurditez erronnées émanerent de cette source bourbeuse. Le Souverain Pontife coupa l'arbre par la racine, par son Décret de mil six cens quatre-vingt-dix-sept dont nous avons fait mention ; auquel il ajoûta l'année suivante une Constitution, qui condamna une seconde fois l'erreur, & mit l'Héréſiarque hors d'état de la semer à l'avenir ; en le livrant pour toujours à l'obscurité, & aux dégoûts d'une prison étroite, ainsi que nous l'avons cy-dessus rapporté. A Dieu ne plaise, ma fille Agnez, que vous donniez jamais dans de pareilles erreurs : Il faut marcher le droit chemin; aller par les sentiers battus & tracés; par les vestiges des SS. Peres, & suivre avec une exactitude infinie, & une docilité d'enfant, les décisions de la Sainte Eglise.

Il est d'autres écueils, en matiere d'Oraison, qu'il faut vous montrer & vous développer.

Un écueil très-dangereux, qui est même erroné, & hérétique, selon le célebre & sçavant Auteur des dissertations sur l'Histoire Ecclesiastique; (a) quoiqu'à bien prendre les choses, dans la rigueur des principes de la Théologie, il ne paroît que faux & erroné, cet écueil, & non point hérétique.

Il consiste, à soûtenir que la pensée de Jesus-Christ, la représentation de ses mystéres, de

(a) R. P. *Alex.* *Diss.* 15. S. *Sæcul.* 13. & 14.

ſes ſouffrances, de ſa mort, de ſa Paſſion ne doit point entrer dans les contemplations ſublimes, en ſorte qu'on doit remettre la méditation des myſtéres & des ſouffrances du Sauveur, aux intervalles & aux heures où l'on n'eſt point en contemplation.

Cette Doctrine eſt très-fauſſe; les nouveaux Myſtiques qui l'ont enſeignée, ont donné dans l'illuſion, & dans l'erreur, en voulant rendre l'Oraiſon plus ſublime, la contemplation plus ſpirituelle, plus pure, plus détachée de toute image, & de tout objet ſenſible. En prétendant mieux faire, ils ont fait très-mal.

JESUS-CHRIST eſt la voye qu'il faut toujours ſuivre, & dont il ne faut jamais s'égarer. La vérité, qu'il faut toujours méditer & qu'il n'eſt jamais permis de contredire, ni d'oublier. La vie, qu'il faut ſans ceſſe déſirer, & à qui jamais l'on ne doit renoncer.

Jesus-Christ eſt le médiateur des hommes parfaits & contemplatifs, de même qu'il l'eſt des moins parfaits, & des moins élevez en Oraiſon. Il eſt le medecin des uns & des autres. Il eſt l'Epoux des ames d'élites & contemplatives, comme il l'eſt des ames inférieures en vertu & en pieté. C'eſt à tous les fidéles que le Prince des Apôtres a dit, que Jeſus-Chriſt ayant ſouffert, dans ſon Corps adorable, des peines & des douleurs exceſſives pour l'amour de nous, il étoit de notre devoir de rapeller dans nos eſprits la penſée de ſa Paſſion & de ſes ſouffrances, afin de nous prémunir par-là, & de nous fortifier contre les violences de satan, & contre les attraits du vice. (*a*) C'est à tous les Chrétiens, sans distinction des parfaits & des imparfaits, que l'Apôtre des nations fait cette courte, mais toute salutaire exhortation: » répresentez-« vous celui qui a souffert une « si grande contradiction de la « part des pécheurs élevez con-« tre lui; afin que vous ne vous « lassiez point dans la pratique « du bien, par défaut de coura-« ge. (*b*) Ce même Apôtre, qui étoit constamment élevé en grace, & doüé des dons les

(*a*) *Christo igitur passo in carne, & vos eadem cogitatione armamini.* 1. P. 4. 1.

(*b*) *Recogitate eum quo talem sustinuit à peccatoribus, adversus semetipsum contradictionem, ut ne fatigemini, animis vestris deficientes.* Heb. 12. 3.

plus ſignalez, ſingulierement de celui de la contemplation, (qui pourroit en douter?) Cet Apôtre, dis-je, avoit toûjours en vûë Jesus-Chriſt : il prêchoit ſans ceſſe Jeſus-Chriſt, & Jeſus-Chriſt crucifié. *nos autem prædicamus Chriſtum, & hunc crucifixum.* (*a*) Il ne plaçoit ſa gloire & ſon honneur, que dans la croix de Jeſus-Chriſt : Jeſus-Chriſt étoit toujours devant ſes yeux, il étoit profondément gravé dans ſon cœur : il étoit ſans ceſſe dans ſa bouche, & ſes écrits brilloient par-tout de l'adorable Nom de Jesus. Ah! que ce grand Apôtre étoit éloigné d'enſeigner une doctrine pareille à celle de ces nouveaux & trop rafinez Myſtiques; qui pour trop vouloir s'élever dans leurs opinions & leurs maximes,

(*a*) 1. *Cor.* 2. 2.

ſont déchûs de la vérité, en s'écartant de la doctrine ſûre & ſolide des anciens Peres, & des SS. Docteurs de l'Egliſe; ſinguliérement de S. Auguſtin, de S. Bernard, de S. Leon, S. Bonaventure, de S. Thomas, l'Ange de l'Ecole. Pourquoi ne pas s'en tenir à la grande route, que les Saints ſoit anciens, ſoit nouveaux, nous ont tracée? qui eſt de contempler l'auteur, & le conſommateur de notre foi; le Sauveur de nos ames, le Rédempteur du genre humain, qui eſt de ſe nourrir du pain deſcendu du Ciel, qui n'eſt autre que Jeſus-Chriſt: non-ſeulement par la communion ſainte, dans un ſens réel & ſacramental; mais auſſi dans un ſens myſtique & moral; par le moyen de la méditation & de la contemplation de ſes ſouffrances & de ſa mort. C'eſt

S. Augustin, qui me fournit cette interprétation, dans un de ses Traitez sur Saint Jean. Oüi, dit le fameux & aimable Saint François de Sales : le Sauveur ne s'appelle pas envain, le pain qui est descendu du Ciel ; car comme le pain doit être mangé avec toute sorte de viandes, aussi le Sauveur doit être médité, consideré, recherché dans toutes nos actions, & dans toutes nos prieres. Hé quoi ! Dieu le Pere met ses divines complaisances dans J. C. son Fils bien-aimé ; & les ames parfaites douées du don de la contemplation, ne mettroient pas leur satisfaction & leur joye, à penser à ce divin Sauveur ; à l'envisager, à le contempler, à l'adorer, à l'aimer, à le benir, à lui rendre leur très-justes & très-vives actions de graces ? Loin de nous de tels ſentimens ſi peu chrétiens, ſi peu ſolides, & ſi mal fondés. N'embraſſons nullement les opinions imaginaires & fauſſes de ces myſtiques récens; & diſons avec le S. Evêque de Genêve, dans ſon admirable Livre de l'Introduction à la vie dévote: que de même que la glace d'un miroir ne ſçauroit arrêter notre vûë, ſi l'on n'y met derriere du vif-argent; ainſi la divinité ne pourroit être bien contemplée, par nous, en cette vie, ſi elle ne ſe fût jointe à la ſacrée humanité du Sauveur, dont la vie & la mort ſont l'objet le plus proportionné, le plus judicieux, & le plus utile que nous puiſſions choiſir, pour notre méditation ordinaire: mais de peur qu'on ne crût, dit l'un des Hiſtoriens de ce Saint, qu'il y avoit une méditation extraordinaire, pour ainſi dire, dont ont pût exclure Jesus-Christ; il ajoûte ces belles paroles, qui ont été déja citées (a) le Sauveur ne s'apeile pas envain, le pain qui est descendu du Ciel; le Sauveur doit être médité, considéré, recherché dans toutes nos actions, & dans toutes nos prieres. Ce Saint si éclairé, répère les mêmes maximes dans ses entretiens qui ont été faits pour les ames les plus parfaites. Il y ajoute même, que ses sentimens sont les régles que les S S. Peres nous ont laissées, qu'il faut marcher après eux : mais continue-t'il, on ne s'est pas contenté de ce qu'ils ont laissé : ainsi plusieurs personnes ont fait quantité d'autres imaginations, & c'est celles-là, dont il ne faut pas se servir dans la méditation.

(a) M. de Marsollier. Tom. 2. lib. 8. ff. de la Priere.

Tel eſt le langage de ce grand Saint, ſi éclairé dans les voïes de la vie ſpirituelle. Tenez-vous-en là, ma chere Agnez, ne prenez pas les chemins détournez qui conduiſent au précipice, mais ſuivez les grandes routes; & vous ne ſerez point en danger de vous égarer. Encore là-deſſus un petit mot, que je puiſe dans une ſource très-pieuſe, & fort ſpirituelle, c'eſt le R. Pere Surin de la Compagnie de Jeſus, dans ſon Catéchiſme ſpirituel. (*a*) Voilà, dit ce pieux Auteur, (après avoir parlé de Jeſus-Chriſt, de ſes vertus admirables, de ſes actions merveilleuſes, de ſes ſouffrances, de ſes myſtéres, des caracteres de ſon eſprit:) voilà de quoi s'occupent les ſaintes ames, voilà leur ſcience, leur tréſor; elles obſervent dans l'Evangile,

(*a*) Tom. 2. 2. Part. ch. 7.

juſqu'au moindre trait de la vie de Jeſus-Chriſt : elles le repaſſent enſuite dans leur eſprit : elles le prennent pour modéle : elles ſe nourriſſent de la connoiſſance de Jeſus-Chriſt, elles en font leurs délices. Ce langage eſt en verité bien different de celui des faux myſtiques.

J'aperçois, ma fille, un autre écueil de l'Oraiſon mentale ; je ne dois pas vous le cacher ; il convient même particulierement de le faire remarquer à une fille : c'eſt l'écueil des viſions fauſſes & diaboliques : ne trouvés pas mauvais que je vous en diſe deux mots en paſſant.

AGNEZ.

J'en ſerai charmée, mon pere, mon goût ſeroit bien dépravé, ſi je trouvois mauvais ce que vous trouvés bon ; j'avoüe, à notre confuſion, que les perſonnes de notre ſexe ſont aſſés faciles à ſe livrer aux viſions, & à donner dans cet écueil : il me paroît en conſéquence, que la matiére des viſions que vous allés traiter, loin d'être inutile, ne peut qu'être avantageuſe, & produire des bons effets, ſur-tout chez les perſonnes de mon eſpece.

ARSENE.

Il eſt, ma fille, de trois ſortes de viſions; il en eſt de céleſtes il en eſt de diaboliques : il en eſt d'imaginaires. Les premieres ſont dignes de nos eſtimes & de notre vénération : il faut mépriſer & rejetter les deux autres.

Oüi, les viſions céleſtes, réelles & véritables ſont infiniment à eſtimer & à révérer : on ne peut faire trop de cas de ce qui vient d'en-haut, qu'il y ait des viſions céleſtes & vraïes ; on ne ſauroit le révoquer en doute, ſurtout, lorſqu'on a lû les Prophetes, & l'Hiſtoire des Saints. J'ai eu, dit le Prophete Daniel, une viſion. (*a*) Abraham ne vit-il pas en eſprit le jour du Seigneur ? & cette viſion ne le fit-il pas treſſaillir de joye? (*b*) Jacob ſon petit fils l'un des plus anciens & des plus fameux Patriarches, ne vit-il pas un Ange du Ciel, qui luta avec lui, qui le bleſſa miſtérieuſement à la cuiſſe, & qui lui annonça des grandes choſes ? (*c*) ne vit-il pas auſſi une échelle, qui d'un *bout repoſoit ſur la terre, & de l'autre* atteignoit juſqu'au Ciel, ſur laquelle pluſieurs Anges paroiſſoient, dont les uns montoient, & les autres deſ-

(*a*) *Viſio apparuit mihi.* Dan. 8.

(*b*) *Abraham exultavit ut videret diem meum vidit & gaviſus eſt.* Jean. c. 8. 56

(*c*) Gen. 4.

cendoient? (a) Ezechiel, Isaïe, Amos, la divine Marie, Zacharie, le pere du S. Précurseur, Saint Pierre, S. Paul, S. Jean l'Evangeliste, les Antoines, les Pacômes, les Simeons Stylites, les François d'Assise, les Catherines, de Sienne, les Théreses, les Agnez de Langeac, & une infinité d'autres Saints & pieux personnages n'ont-ils pas été favorisés, instruits, consolez par la voye extraordinaire & surnaturelle des visions réelles, vraïes & célestes? il est constant que les visions saintes & divines ne sont point une chimére: il y en a eu de vraies par le passé. Ce qui a été peut-être actuellement, & il pourra arriver dans la suite. Le vrai point, c'est, de sçavoir sûrement si celles, dont on croit être favorisé, sont du nom-

(a) Ge 28. 12.

bre des vraies ou des fausses : tout consiste dans ce discernement juste & certain. Or pour réüssir dans ce juste discernement, qui souvent n'est pas aisé à faire, il est requis, 1°. de prier humblement le Pere des lumiéres de ne permettre pas que nous tombions dans les piéges & les illusions du pere des mensonges. 2°. Il faut découvrir au guide de notre ame, la route nouvelle qui s'ouvre à nous dans l'Oraison, dans nos communications avec Dieu, afin qu'il nous dirige dans nos voyes surnaturelles; de même que dans nos sentiers communs & ordinaires. Notre Ananie a grace pour nous conduire; il discernera le vrai d'avec le faux, en employant la pierre de touche, qui est l'humble obéissance. Oui en fait des visions qui pourroient vous arriver dans l'Oraiſon, ma chere Agnez, le plus ſûre parti, le moyen le plus court pour découvrir la vérité, ou le menſonge, c'eſt l'obéiſſance, c'eſt l'expoſition humble, ſincére & fidéle de ce qui ſe paſſera dans vos Oraiſons; & la ſoumiſſion à ce que l'on vous dira, à ce que l'on vous ordonnera ſur ce ſujet: voilà le grand chemin qu'il faut tenir en pareils cas. 3°. Vous remarquerés ſi ces viſions ſont pour vous des aiguillons d'humilité, ou de vanité; des occaſions du bien, ou du mal; des ſources de paix, ou de troubles. Si elles ſont à votre égard des ſources d'humilité & de tranquillité; ſi elles vous portent au bien, à la ſolide vertu, à la ſoumiſſion, à la modeſtie, à la pureté, c'eſt une marque que ces viſions viennent du bon eſprit: ſi elles produiſent en vous des effets tout opposés, c'est un mauvais présage, c'est un mauvais signe ; comment de telles visions pourroient-elles venir du Ciel ? Tandis qu'elles n'excitent qu'à des effets qui ne tendent qu'aux enfers! Le démon se transforme en Ange de lumiéres, ainsi que le grand Apôtte nous l'assûre dans sa seconde Epître aux Corinthiens. (*a*) Satan est l'homme ennemi, dont parle le S. Evangile, qui séme de l'ivroye parmi le bon grain : dans les intervalles de vraies visions & révelations, il en fait glisser adroitement de fausses, de vaines, d'hypocrites qui ne portent qu'au mensonge, qu'à la superbe, qu'à la présomption, où à quelqu'autres semblables travers. Il est, dit Tertullien, le sin-

(*a*) *Satanas transfigurat se in Angelum lucis.* 2. Cor. 11. 14.

ge de la divinité *simia divinitatis*; dans l'ordre de la grace, il est des vraîes visions qui opérent le salut, la sanctification, le bien. L'Esprit de malice s'efforce de les imiter en mal, & pour le mal, afin de leurrer l'homme, sous le manteau & l'apparence de ces saintes opérations de la grace, de ces effets célestes & surnaturels. Il veut donc imiter ce que Dieu opére réellement & divinement dans les ames; & cela au moyen de ses prestiges, de ses illusions, de ses embuches; mais cet imitateur orgueilleux & jaloux ne se déguise pas toûjours efficacement. Le cœur humble, l'ame obéissante, l'esprit soumis découvre ses ruses, s'aperçoit de ses piéges, il les évite, & il les méprise.

Quant aux visions imaginaires & aparentes, où la nature seule agit, où l'imagination frapée opere seule, je n'ai que deux ou trois mots à vous dire, qui sont.... De ne rien cacher au Pere spirituel, de lui découvrir tout, *à la vieille Gauloise*, franchement & de bonne foi, de ne point veiller trop, de dormir suffisamment, de bien laisser reposer la tête, pour user du terme de l'Evangile ; enfin de ne pas s'adonner à des abstinences excessives, imprudentes & indiscretes, qui rendent le cerveau foible & sujet à des visions vaines & aparentes; qui rendent l'imagination plus vive, plus animée, conséquemment plus prompte à peindre & à représenter, ainsi qu'on l'aperçoit dans les malades : il faut manger, il faut se nourrir; l'estomac vuide ne fournit point ni à la tête, ni à aucune partie du corps, les forces nécessaires pour les opérations de la vie. La ſoupe fréquente, & un peu copieuſe eſt un excellent remède, un préſervatif efficace contre les viſions de pure phantaiſie; combien d'hommes, & ſur-tout de femmes, dont on peut dire, *vident vana*; & qui ne verroient rien, s'ils ne jeûnoient pas tant, s'ils ſoupoieat mieux, s'ils ſe nourriſſoient comme le commun des hommes. Le jeûne eſt bon, mais il doit être moderé & proportionné à la force de l'eſprit & du corps.

Les viſions vraies, ou fauſſes n'arrivent guéres que dans le tems & le repos de l'Oraiſon. Si l'on veut qu'elle ne ſoit pas l'occaſion, ou plûtôt le théâtre des piéges de l'ennemi du ſalut, ou des réveries d'une imagination frapée, qu'on ſe ſerve des moyens que nous venons de fournir, & d'expoſer : qu'on uſe deces préſervatifs, & l'on ne tombera pas dans l'infirmité que que l'on craint.

Un dernier écueil de l'Oraiſon mentale, c'eſt pour s'exprimer ainſi, le caſſement de tête. En méditant trop, en réflechiſſant avec excès ; en forçant & en gênant trop l'eſprit, on fait deux maux : on ſe caſſe la tête, on ſe l'échauffe à un point, qu'elle fait mal, toujours, ou preſque toujours ; au ſurplus on deſſéche par-là ſon cœur, car trop de réflexions enléve au cœur beaucoup de ſentimens tendres & pieux, qu'il produiroit aiſément avec le ſecours divin, ſi l'entendement moins occupê lui en laiſſoit le loiſir & le paſſage libre ; il faut dans les méditations chrétiennes, uſer du ſel de la diſcrétion, comme par-tout ailleurs ;

il y faut réfléchir; il y faut penser, il y faut contempler les divins objets, les vérités saintes, mais avec une certaine paix & tranquillité; avec une certaine modération & discrétion, qui d'un côté nous laisse la tête libre & en santé, & de l'autre n'empêche point le cœur d'aimer, de sentir, de s'attendrir, de s'élancer, de s'unir, de désirer, de consentir ...... Car c'est là le meilleur & comme la moële de l'Oraison : C'est-là l'huile qui entretient le feu de la lampe évangelique : C'est-là enfin comme le miel, & le sucre de la priére mentale, sans quoi elle devient séche, fade, insipide, & presque sans fruit. L'excez gâte tout; Il faut méditer, mais non pas trop : il ne faut pas se bander l'esprit avec des efforts pernicieux; il faut tout doucement penser, & ensuite

enſuite aimer, réflechir, & enſuite conſentir, enviſager, & enſuite vouloir, réſoudre, embraſſer.

AGNEZ.

Mille actions de graces, mon cher pere, de tous vos bons avis ſur le ſujet de l'Oraiſon, & des écueils qu'il faut y éviter; quand on donne dans les écueils, on abuſe d'un des plus aiſés & des plus efficaces moyens du ſalut: à Dieu ne plaiſe, que je vienne à en abuſer moi-même, non plus que mon cher frere Dozithée, qui vous eſt comme moi, infiniment obligé & redevable.

ARSENE.

Mes chers enfans, je vous rends graces de vos actions de grace, un effet de reconnoiſſance que je ſouhaite de votre part, c'eſt de prier ſouvent pour celui qui a eu le plaiſir de vous parler long-tems de la Priére : mais il semble que je ne veux plus rien vous en dire : cependant je n'ai point acquité ma promesse en entier : je n'ai encore rien dit des pieuses methodes qui servent à bien faire l'Oraison, ainsi que je vous avois promis de le faire : faisons-le donc ; mais le plus briévement, & le plus nettement qu'il se pourra.

Alte-là, mon cher Abbé, me dit alors en souriant Madame la Marquise ; faisons une pause, ou si vous le voulés bien, remettons à la première assemblée la lecture de la fin de votre Ouvrage : je le goûte beaucoup ; mon cher Cousin ; mais je crains que Madame de Lisle-Bonne, & M. le Chevalier ne s'ennuient de la longueur de cette lecture, quoique sainte & agréable. Madame lui dis-je, j'ai la même pensée, & la même crainte que vous, & je suis de votre sentiment. Finissons donc cette lecture, & renvoyons-là à notre premiere entrevûe. Toute l'assemblée fut de cet avis: M. le Commandeur nous fit part tout de suite de quelques nouvelles qu'un Officier de ses amis lui avoit écrites du Camp de .... après quoi nous nous séparâmes.

CONVERSATION XIII.

L'ORAISON.

La maniere de la bien faire.

Madame la Marquiſe.
Monſieur le COMMANDEUR.
M. le Baron de BOQUE'-PERTUIS,
Monſieur le Chevalier du BOURG.
Me. la Comteſſe de LISLE-BONNE.
MM. . . . . .

L'ABBE' AU-VRAY.

DEs que les Meſſieurs & les Dames de notre Académie furent aſſemblez, M. le Commandeur prit la parole, & s'adreſſant à moi, il me fit l'honneur de me dire, que je devois encore quelque choſe à la Compagnie, par titre de fidélité ; j'eus l'honneur de lui répondre, que j'avois en main dequoi payer ma dette ; que je n'attendois que l'ordre pour avancer, non vers l'Ennemi, mais vers la fin de mon Ouvrage. L'ordre eſt tout donné, s'écria pour lors Madame la Marquiſe, puiſqu'il vous plaît, M. l'Abbé, d'apeller ainſi le déſir que nous avons, & la priére que nous vous faiſons de reprendre & d'achever la lecture de votre pieux Ouvrage. Madame, lui dis-je, ſi l'ordre eſt donné, il ſera bien-tôt rempli. Je ſorts dans l'inſtant mon écrit, & je lus ce qui ſuit.

AGNEZ.

Mon très, vénérable pere en Jeſus-Chriſt; vous nous promîtes ces jours paſſés, de nous enſeigner quelques méthodes aiſées & ſolides, au moyen deſquelles nous pourrions faire l'Oraison facilement, & avec fruit. Vous ne trouverés pas mauvais que nous vous priïons d'accomplir votre promesse.

ARSENE.

Voici ma fille, trois methodes differentes touchant l'Oraison mentale. L'une est moins parfaite que l'autre : elles montent de degré en degré de perfection : vous pourrés d'abord user de la premiére : dans la suite, vous vous servirez de la deuxiéme : vous pourrés enfin faire usage de la troisiéme, & vous en tenir là.

Rien de plus aisé, ma chere Agnez, que la premiere méthode que je vous propose pour faire l'Oraison : elle consiste en ce qui suit.

DOZITHE'E.

Pardon, mon Pere, si je vous prie, avant l'exposition de votre premiere méthode, de me lever un doute qui me naît actuellement dans l'esprit, à l'occasion de l'idée & du terme de méthode dans l'Oraison : c'est, que de se livrer au souffle de la grace, & de s'abandonner aux inspirations de l'esprit saint ; j'ai toujours oüi dire, que c'étoit le meilleur parti à prendre dans l'Oraison : or, la méthode qui gêne & qui prescrit, semble opposée à cette maxime.

ARSENE.

Il est vrai, Dozithée, que l'on doit, dans l'Oraison, suivre l'attrait de la grace, & aller du côté où le vent souffle, si l'on peut ici user de cette expression : mais de-là, il ne suit pas, qu'il faille exclure de l'Oraison la régle & la méthode. Nous devons, mon fils, faire tout avec sagesse, pour imiter notre Pere qui eſt dans les Cieux, à qui le Roi Prophete dit, dans un de ſes divins Cantiques : Seigneur, vous avez opéré toutes choſes avec une admirable ſageſſe. (a) Cette vérité ſuppoſée comme conſtante ; tout de ſuite, vous avoüerés, mon cher Dozithée, que l'Oraiſon doit ſe faire avec méthode, avec ordre, avec régle. La méthode eſt une fille de la ſageſſe, de même qu'elle eſt la mere du bon ſuccès. La méthode prudente & bien réglée, naît de l'eſprit de ſageſſe ; ainſi que les branches naiſſent du tronc de l'arbre. Sans la ſageſſe, nulle bonne méthode ; avec la ſageſſe, tout ſe fait avec ordre, avec meſure, avec méthode.

Je dois l'avoüer, la méthode gêne un peu ; & l'on ne doit

(a) *Omnia in ſapientiâ feciſti*, Pſal. 103. 24.

point, sur tout dans l'Oraison mentale, s'en rendre trop l'esclave. Quand l'aimable zéphir de la Grace souffle, il faut le suivre, il faut s'y livrer, ainsi que le sage Pilote abandonne son vaisseau au gré des vents favorables. Et quand l'Etoile sainte paroît, ce seroit une conduite très-blâmable que de ne pas la suivre : il faut, ainsi que les Rois Mages, la suivre comme pas à pas : mais au partir de-là, il faut de la méthode, il faut de la régle. Les Saints n'ont pas tenus un autre route dans le cours ordinaire des choses. J'en atteste cette grande Sainte qui a si fort excellé en fait d'Oraison ; j'entends sainte Thérese, ce prodige de graces & de faveurs les plus signalées. Oüi durant l'espace d'environ vingt ans, elle usa du secours de la méthode; & dans le cours des dernieres années de sa vie, quoique souvent ravie en extase; quoique doüée d'un don d'oraison très-sublime, elle ne laissoit pas de prévoir le soir le sujet de ses réflexions du matin, & d'être toute disposée à suivre la méthode, & le cours ordinaire; s'il ne plaisoit point au Seigneur de l'introduire dans ses divins Celliers, pour user du terme de l'Epouse des Cantiques. (*a*) Ce modéle est à suivre; en le suivant, on évite les écueils de l'illusion & de la vanité; & l'on parvient plus aisément au dessein qu'on a conçû, de se rendre habile dans l'art de bien prier; de même que la bonne discipline militaire, qui au fond n'est qu'une méthode de faire la guerre, dispose au succez & à

(*a*) *Introduxit me Rex in cellaria sua.* | Cant. I. 3.

la victoire. Je sçai que dans le feu du combat, le Soldat ne suit que son ardeur, & qu'il n'écoute que l'instrument qui l'anime : on doit également dans l'Oraison suivre le doux attrait de l'amour divin, quand il se fait sentir au cœur ; on doit seconder les ardeurs divines, lorsqu'elles embrasent ; l'on doit prêter l'oreille aux inspirations saintes, à la voix céleste, & ne rien oublier pour s'y rendre soûmis & obéissant : soit pendant l'Oraison, par un acquiescement fidele : soit après l'Oraison, par une prompte & exacte exécution.

DOZITHE'E.

Mon doute est levé, vénérable Arsene, ma difficulté s'est éclipsée, elle n'est plus, elle est anéantie par la force & la solidité de vos raisons. Je n'ai plus qu'un désir ; c'est d'apprendre de votre bouche, les méthodes pieuses de faire l'Oraison dont vous nous avez promis l'exposition.

ARSENE.

Donnez-moi, mon fils, votre attention la plus ferme ; ne m'interrompez pas ; ou si vous le faites par quelques demandes, que ce soit rarement, afin que je puisse avec plus de netteté & de brieveté, faire les expositions que vous & votre sœur Agnez souhaitez avec empressement.

Premiere méthode de l'Oraison mentale.

La premiere des trois méthodes que j'ai indiquées, est celle-ci.

D'abord, il faut former avec religion, le signe de la Sainte

Croix : enſuite on ſe recueillira un moment, en ſe rappellant en idée la préſence de Dieu ; après quoi l'on récitera avec un eſprit de pieté le *Veni ſancte Spiritus*, ou l'Oraiſon Dominicale, ſi on ne ſçait point cette priere ; on y ajoûtera la Salutation Angelique.

Tout de ſuite, on ouvrira un Livre de pieté, un Livre de Réflexions chrétiennes, tels que ſont les Entretiens du R. P. le Maître ; ou les Penſées chrétiennes du R. P. Bouhours ; ou les Réflexions de Neveu ; les Méditations de Croiſet, ou de Boiſſieux : le livre moëleux & tout ſententieux de l'Imitation de Jesus-Christ ; ou ſi l'on veut remonter plus haut, les Méditations lumineuſes & embraſées du grand S. Auguſtin ; les Méditations tendres & pieuſes de S. Bernard, de S. Anſelme, du ſçavant Idiot, ou d'autres ſemblables livres qui ſont remplis d'une pieté ſolide, affectueuſe & orthodoxe. Qu'on y liſe avec attention, quelques inſtans, après cette lecture de deux ou trois pages, plus ou moins ; qu'on réflechiſſe ſur ce qu'on aura lû ; qu'on ſe rapelle dans l'eſprit ce que les yeux auront parcourus ; qu'on en uſe de même deux ou trois fois, après quoi on ſuppliera le Seigneur de nous pardonner nos fautes, ſur-tout celles qui ont du rapport aux véritez qu'on vient de lire ; en conſéquence, on pourra former intérieurement, ou de bouche, un acte de contrition : cet acte de douleur pourroit ſe faire pluſieurs fois avec fruit ; il doit être ſuivi de quelques autres ſentimens de piété, ſur-tout d'une demande humble & fervente des graces & des ſecours divins, pour entrer efficacement dans les véritez qu'on aura lûës, & pour vivre toujours plus chrétiennement : une ou deux bonnes réſolutions conformes au ſujet lû & médité, doivent toujours ſuivre ces pieux mouvemens de dévotion.

Ce qui achevera ce pieux exercice, ce ſera un court, mais vif remercîment que l'on fera au Seigneur, & une priére tendre envers la Sainte Vierge, pour ſe mettre ſous ſa ſainte protection, avec tous les ſentimens pieux que l'on vient de concevoir. Le *Sub tuum præſidium* eſt une priére que l'uſage a conſacré à cet effet. Si on l'ignore, on peut dire un *Ave* ou quelque pieuſe Oraiſon à l'honneur de MARIE.

Voilà, mon cher Dozithée, la premiére & toute aisée méthode que j'ai le plaisir de vous propo- ser, & de vous conseiller d'a- bord, comme étant la plus facile à mettre en exercice, & la moins exposée aux illusions & aux prétextes : je l'ai déja conseillée à votre sœur Agnez, & je me flate que ni elle, ni vous, ne re- fuserez pas de la réduire en pra- tique, du moins pendant un certain tems : je dis un certain tems, parce qu'àprès un certain usage de cette methode, vous pourrés monter plus haut : vous pourrés vous servir de la seconde méthode, qui est plus relevée, plus utile, mais un peu plus char- gée de détails & de pratiques : je l'ai depoüillée, pour la rendre moins difficile, de beaucoup de choses, & de plusieurs termes qui ne m'ont pas parus absolu- ment

ment requis & nécessaires, & dont la multiplicité copieuse pourroit n'être que trop efficace pour dégoûter de l'Oraison ; pour brouiller & embarasser l'esprit de plusieurs, & même pour dessécher le cœur, par trop de gêne, & de régles à observer.

AGNEZ.

La maniére unie & sans peine de faire l'Oraison que vous venez, mon pere, de nous aprendre, est à la portée de tout le monde, des grands & des petits esprits, des Messieurs & des Dames, même les plus délicates ; des vieillards & des jeunes-gens ; il ne paroît pas que l'on puisse aporter des raisons de poids & de mise pour excuser le refus de se servir d'une aussi aisée maniére de méditer. Dozithée & moi, nous nous en servirons à coup sûr, sans replique, & sans délai. Mais les autres méthodes de méditer, & de prier mentalement pourroient aussi nous être utiles; nous nous flattons que vous ne nous laisserés pas longtems en désir de les aprendre.

ARSENE.

Les voici toutes les deux, & tout de suite : ne coupés pas le fil de mes pensées. Je tâcherai de dire tout, sans rien de trop : si vous avez quelque difficulté à exposer, gardés-là, & renvoyez-la à la fin de cet entretien : je ne me refuserai point pour lors à vos questions ; je me ferai un vrai plaisir d'y répondre, & de vous satisfaire.

Deuxieme Methode de faire l'Oraison mentale.

La deuzième méthode de faire l'Oraison mentale, comprend le dé-

tail & les pratiques que je vais exposer.

L'Oraison mentale, de même que toute autre action importante, demande une préparation : (*a*) elle est double ; l'une éloignée, l'autre prochaine.

La préparation éloignée requise à l'Oraison, c'est la vie sainte & réguliére ; le recueillement des sens ; la mortification des passions ; & conséquemment de celle qui les fomente & qui les nourrit : j'entens cette chair rebelle, que S. Paul châtioit, & que nous devons, à son exemple punir & réduire en servitude. (*b*)

Je ne vous dis plus rien de cette sorte de préparation : il me souvient que j'ai eû la satisfaction de vous en parler assés à fonds,

(*a*) *Anté orationem præpara animam tuam* Eccli. 13 23.

(*b*) *Castigo corpus meum, & in servitutem redigo*, 1 Cor. 9. 27.

il n'y a pas bien du tems ; c'étoit lorſque j'avois le plaiſir de vous parler de la Priére en genéral. Ne parlons donc maintenant que de la préparation prochaine qui eſt une partie de l'Oraiſon.

L'Oraiſon eſt compoſée de trois parties, qui ſont la Préparation ; le corps de l'Oraiſon, & la Concluſion.

La Préparation, qui eſt à l'égard de l'Oraiſon ce que les veſtibules ſont à l'égard des maiſons que l'on habite, comprend trois choſes : la premiére eſt, de ſe mettre en la préſence de Dieu.

La ſeconde, de purifier ſon cœur.

La troiſiéme, d'invoquer l'Eſprit ſaint.

1°. Après avoir formé pieuſement le ſigne de la Croix, & récité dévotement la Priére ſuivante : *Benedicta sit sancta, & individua Trinitas nunc & semper, & per infinita sæcula sæculorum. Amen.*

On se met en la présence de Dieu, en se représentant par la foi, que Dieu est présent par tout, par son immensité : qu'il est dans le lieu où nous sommes : qu'il est en nous, & que nous sommes en lui ; ainsi que les poissons sont dans l'eau, les oiseaux dans l'air, & l'éponge au milieu de l'eau qui l'environne, & qui la pénétre.

L'adoration profonde doit suivre immédiatement cette vûe d'un Dieu présent. *Adoremus, & procidamus ante Deum.* (*a*)

2°. On purifie son cœur avant que de parler familiérement au Dieu de sainteté, par le moyen de la douleur & de la

(*a*) Psal. 94.

contrition de ſes fautes; *ploremus coram Domino, qui fecit nos* (a) on s'humilie, comme le Publicain de l'Evangile, on demande comme lui pardon de toutes ſes iniquitez: *Deus propitius eſto mihi peccatori.* (b) après quoi, on recite dans des ſentimens d'humilité le *Confiteor* ....

3°. On invoque l'Eſprit ſaint, ainſi que le faiſoit le Roy Prophete: *os meum aperui, & attraxi ſpiritum,* (c) & cela en ouvrant la bouche du cœur, qui n'eſt autre, que le deſir empreſſé, & la Priére fervente. On doit donc ſuplier l'Eſprit ſaint de nous accorder ſes lumiéres, ſes graces, ſon onction, ſes attraits, la facilité à méditer, à prier: pour cet effet, on recite le *Veni ſancte Spiritus*.... on y ajoûte la Saluta-

(a) Pſal. 94.
(b) Luc 18 13.
(c) 118.

tion angelique, ou bien ces paroles tendres : *monſtra te eſſe matrem, ſumat per te preces, qui pro nobis natus, tulit eſſe tuus.* (a)

Le corps de l'Oraiſon comprend l'adoration, les réflexions, les ſentimens.

Il faut d'abord rendre ſes devoirs à notre Seigneur ; & avant toutes choſes, il faut l'adorer profondément, enſuite le louer, le benir, lui rendre ſes actions de graces, conformément au ſujet qu'on s'eſt propoſé de méditer ; c'eſt ainſi que l'Egliſe en uſe au commencement des Priéres publiques qu'elle met dans la bouche de ſes Miniſtres : *Regem Apoſtolorum Dominum ; Regem Martirum Dominum : Regem Confeſſorum.... venite adoremus.* (b) Cette pratique eſt excellente,

(a) Hymne, *Ave maris ſtella.*

(b) *Invitat Apoſtol. Martyr. Conf. Breviar.*

cette maxime est très-avantageuse, car en envisageant dans toutes nos Oraisons notre divin rédempteur, qui est notre parfait modéle, nous ne pouvons que nous ressentir en bien, de cette vûe religieuse, & nous accoutumer peu à peu à penser, à parler, à opérer comme notre Seigneur. En voyant souvent un modéle, on se l'imptime dans l'esprit ; on s'y conforme, on s'y moule, & l'on fait une copie ressemblante.

Les réflexions doivent se faire immédiatement après avoir rendu ses devoirs de Religion à JESUS-CHRIST. L'esprit doit penser, il doit réflechir sur le sujet de l'Oraison. Est-ce sur la mort qu'on doit méditer ? Que de belles & de salutaires réflexions ne peut-on pas faire sur cet important sujet ! Est-ce sur le Jugement particulier

particulier, ou ſur le Jugement universel, ſur l'Enfer, ou ſur le Paradis? Sur la Naiſſance & la Vie, ou la Paſſion & la Mort du Rédempteur? Sur le Péché, ou ſur la Pénitence? Sur la Confeſſion, ou la Communion? Sur l'Eſſence divine, & ſes adorables perfections? Combien de pieuſes & d'utiles réflexions, combien de ſalutaires conſidérations, ne peut-on pas faire ſur ces differens ſujets: ſur-tout ſi l'on eſt aidé du ſecours de la lecture de quelque livre de piété? Mille livres pieux ſont entre les mains de tout le monde, ces livres ſont remplis de ſaintes réflexions. On peut les lire, & les relire: on doit réflechir avec les Auteurs qu'on lit: on doit ſoi-même penſer & méditer, enviſager, contempler ſon ſujet; mais que ce ſoit avec paix & avec une douce tranquillité, ſans nonchalance cependant, & ſans tiédeur.

Les ſentimens du cœur doivent ſuivre les réflexions de l'eſprit: les affections de la volonté doivent naître des conſidérations de l'entendement, ainſi que la chaleur naît de la lumiére; mais à quels ſentimens, dira-t-on, à quels mouvemens pieux doit-on ſe livrer? à ceux pour qui l'on ſentira plus d'attrait; en particulier, aux ſentimens d'humiliation, de contrition, de haine du péché, d'amour de la vertu, de l'amour divin, de la charité fraternelle, du déſir d'avancer dans la ſainteté, dans la carriére de la perfection, de zéle pour ſon amandement..... On ne doit jamais omettre ici deux choſes: l'une eſt la demande, l'autre eſt les pieuſes réſolutions. Il faut demander la vertu ſur laquelle on a médité, la haine du vice dont on a conſideré la difformité : l'eſprit du Miſtére que l'on a contemplé, ainſi des autres ſujets qu'on a conſideré dans l'Oraiſon. Il faut demander ſes propres beſoins, & ceux des autres, ſurtout de ſes parens & de ſes bienfaiteurs ; de ſes amis, & de ceux qui ſont commis à nos ſoins : il faut demander les graces, les lumiéres dont on ſent qu'on a un beſoin particulier : il faut demander les biens de l'ame & de l'éternité, ſinguliérement la grace de mourir ſaintement, le don précieux de la perſéverance juſqu'à la fin. On peut auſſi demander les biens du corps, & les biens temporels ; toujours ſous la condition du bon plaiſir divin, & qu'ils ne ſoient point opposés au bien de notre ame, & à l'acquiſition des richeſſes éternelles.

Sans résolutions pieuses, l'Oraison est un plaidoié sans conclusions, un édifice sans toict, une voûte sans pierres à clef. Le fruit solide de l'Oraison, c'est la résolution pieuse, c'est le dessein déterminé de se corriger en cela, de se perfectionner en ceci, de faire une telle œuvre de charité; une telle mortification..... ... ces pieuses conclusions ou résolutions doivent être fortes & efficaces; de simples velléités n'opérent rien; elles doivent être présentes, pour le jour qui coule; elles doivent être particuliéres; les résolutions vagues & générales sont bonnes, mais d'ordinaire elles ne sont guéres efficaces; elles ne sont pourtant pas à négliger, mais il faut qu'elles soient suivies de résolutions détaillées. Enfin nos résolutions doivent être humbles, afin qu'elles soient secondées de la grace ; en conséquence, il faut se défier de ses forces, ainsi que le faisoit saint Philippe de Néry, „ qui prioit de cette sorte : Mon „ Dieu, soiés ma force & mon sou- „ tien ; si vous ne me tenés bien „ aujourd'hui, je vous trahirai. Simon Pierre avoit résolu de mourir, plûtôt que de renier Jesus-Christ son Maître : sa résolution ne se trouva pas assez humble ; Pierre se confioit trop à ses propres forces ; qu'arriva-t-il ? Pierre tomba, il renia son bon Maître, sa résolution disparut, le cédre devint un roseau. Dans la suite, ce Prince des Apôtres ne prit pas la même route : l'humilité brilla dans sa personne ; il s'attacha fortement à cette vertu, qui le suivit jusqu'à la mort : ce grand Saint ayant demandé d'être attaché, la tête en bas sur la Croix ;

qui devoit être l'inſtrument de ſon martyre.

La concluſion qui eſt la derniére partie de l'Oraiſon, renferme trois choſes.

La premiére, c'eſt l'Action de graces dans laquelle on doit remercier le Seigneur des graces & des lumiéres qu'on a reçues dans l'Oraiſon; tout de ſuite lui demander pardon des fautes qu'on y a commiſes; lui offrir ſon cœur, ſes penſées & ſes réſolutions, & ſupplier ſa divine bonté, d'y verſer ſes bénédictions ſaintes.

La deuxiéme choſe, c'eſt le Bouquet ſpirituel, qui conſiſte à choiſir deux ou trois penſées touchantes, & qui nous ont en effet le plus touché dans l'Oraiſon; pour ſe les rapeller de tems en tems dans le cours de la journée, & ſe reſſouvenir par-là des ſentimens pieux qu'on y a eûs, & des bonnes réſolutions qu'on y a formées. Deux ou trois belles fleurs font un bouquet matériel, qui réjouit la vûe & l'odorat: deux ou trois bonnes penſées font comme un bouquet ſpirituel qui réjouit ſaintement l'eſprit & le cœur de l'homme Chrétien & vertueux.

La troiſiéme & derniére choſe compriſe dans la concluſion, c'eſt l'abandon entre les mains de Marie, ſoit de notre perſonne, ſoit de nos bons ſentimens, de nos bonnes réſolutions, de nos biens, de nos affaires, en un mot de tout ce qui nous regarde. Abandon, qui doit être tendre, & reſſembler à celui du petit enfant entre les bras de ſa chere mere; le *ſub tuum præſidium* met le ſceau à cet abandon, & à notre Oraiſon.

Cette méthode deviendra aisée par l'usage qui facilite tout.

Troisiéme Methode de faire l'Oraison mentale.

La derniére maniére, ou méthode de faire l'Oraison, consiste dans les maximes suivantes. La préparation y est courte, on y employe très-peu de tems ; on s'y humilie devant Dieu un moment; on l'adore tout de suite, on invoque l'Esprit saint, on s'abandonne à ses inspirations, à ses bontés, à son adorable conduite, & l'on dit avec dévotion le *Veni sancte Spiritus*, *&* l'*Ave Maria*, ou *monstra te esse matrem.*

Dans le corps de l'Oraison, on adore d'abord notre Seigneur ; ensuite on envisage un moment le sujet qu'on a choisi, on s'arrête fort peu à cette considération; après quoi l'on goûte Dieu ; on s'unit à Dieu, on s'humilie devant Dieu; on l'adore, on le prie, on le conjure, on lui fait des demandes, on fait de bons propos & de pieuſes réſolutions, le tout ſans ordre, ſans gêne, ſans contrainte, mais comme il vient en goût & en penſée de le faire. On fait ces actes ſans empreſſement naturel, mais pourtant avec ardeur, avec zéle, avec goût. On répete ſouvent les mêmes actes, avec certains entre-deux ou intervalles, à peu près comme fait l'indigent à la porte du riche: en deux mots, cette maniére d'Oraiſon eſt une Oraiſon d'affection, ainſi que l'appelle un Auteur fameux, une Oraiſon du cœur, plûtôt que de l'eſprit: une Oraiſon de goût, d'attrait, de ſentimens, d'union, qui ne fait nul mal à la tête, mais beaucoup de bien au cœur; qui dégoûte & détache infiniment des créatures; qui unit étroitement l'ame avec le Créateur. C'est l'Oraison des ames qui goûtent Dieu, qui sont versées dans le saint exercice de l'Oraison depuis bien du tems, qui sont pleines des verités de la Religion, & qui cherchent à s'enflâmer dans l'Oraison, plûtôt qu'à s'y convaincre, à aimer plûtôt qu'à méditer : ah! Que cette Oraison est aisée! Qu'elle est bonne! Qu'elle est douce! Qu'elle est parfaite!

La conclusion est la même que celle de la précedente méthode; à cela près, que l'on fait les actes qui y sont marquez avec moins de gêne & moins de régle: on en fait plus ou moins, suivant l'attrait qu'on y ressent; on finit également par le *sub tuum præsidium.*

Voilà, mes chers enfans;

bien des choses, bien des pratiques & des maximes en fait d'Oraison mentale, & de Priére vocale: je vous exhorte à les embrasser autant qu'il se pourra & qu'il conviendra à votre âge & à votre état : dans vos doutes, dans vos peines, en fait de Priere & d'Oraison, consultez votre Pere spirituel; avec son secours & ses lumiéres, vous irés le droit chemin; vous réussirez dans la science des Saints; vous deviendrez habiles dans le grand art de prier, & vous parviendrez, par le moyen de la Priére, au pieux but de la sainteté, & au terme heureux de la gloire sans fin.

DOZITHE'E, AGNEZ.

Nous vous sommes très-redevables, vénérable Arsene, de toutes les leçons que vous avez eû la bonté de nous faire; & de toutes les instructions, de tous les avis que vous avez eû la charité de nous donner touchant la Priere, soit de bouche, soit de cœur, soit vocale, soit mentale : ces leçons ne seront point vaines : vos Disciples dociles ne les oublieront pas, & l'usage qu'ils en feront, les rendra fertiles & efficaces. Nous prierons, nous méditerons de notre mieux, jusqu'au moment qui doit décider de notre suprême & éternelle destinée. Du reste, nous n'avons plus de doutes & de difficultez à vous proposer, nous sommes décidés sur tout, & nous n'avons que des actions de graces à vous présenter du meilleur cœur.

Et nous aussi, mon cher Abbé, s'écria pour lors Madame de Terre-Neuve, nous n'avons que des actions de graces à vous offrir, en vûe de la peine que vous avez priſe de compoſer, & de nous lire ce pieux, cet utile, & cet agréable Ouvrage. Madame, lui repondis-je, vos éloges ne ſont point dûs ni à l'Ouvrage, ni à ſon Auteur : *V*otre politeſſe & votre bonté vous les inſpirent & vous les font exprimer au dehors : j'en ſuis confus ; une faveur que je vous demande, c'eſt de faire grace aux fautes qui ſe ſont gliſſées dans cet Ouvrage, par un effet de mon peu de talent à écrire : en reconnoiſſance de cette grace, je vous offre tout ce qui dépendra de mon petit génie, & de ma plume.

CONVERSATION. XIV.

L'ORAISON,

Réduite en Pratique.

Le Réverend Pere ROMAIN.
Monsieur le COMMANDEUR.
M le Baron de ROQUE-PERTUIS.
Me. la Marquise de TERRE-NEUVE.
MM. . . . .

L'ABBE' AU-VRAY.

MOnsieur le Baron de Roque Pertuis dont l'esprit est aisé & fin, prit la peine de nous lire au commencement de cette conversation, un petit Ouvrage en vers irréguliers qu'il avoit fait depuis peu, & qui lui attira bien des politesses de la part de nos Dames & de nos Messieurs. Le voici tel qu'il se lût.

DEUX FOURMIS.

FABLE.

De prévoyante & ſage économie ;
La Fourni tient Académie :
Elle enſeigne en cent façons,
Mais peu de gens prennent de ſes leçons,
Or quoique la Fourmi rarement ſe débauche,
Il en eſt quelquefois, telle, qui prend à gauche ;
C'eſt ce que fit dans un certain canton,
Fourmi plus friande que ſage,
Elle excamota, ce dit-on,
Allant maintefois en dommgea
Chez le Seigneur de ſon Village,
Un peu de ſucre, un peu de macaron ;
Biſcuit, conſerve, écorce de citron ;
Ainſi du reſte : & joyeuſe & gaillarde,
De ces bons-bons théſauriſa,
Serra le tout, & s'amuſa
Comme l'on dit, à la moutarde ;
Toute fiére de ſon butin,
La bonne dame un beau matin,
Court s'embarquer chez ſa voiſine ;
Qui plus économe, & plus fine,
De froment, d'autre bon grain,

Avoit rempli ſon magazin.
Hé bien, dit-elle, ma commére,
En l'abordant d'un certain air ;
Comment va le grenier,
Pour le quartier d'hyver ?
Aſſez, bien dit l'autre, & j'eſpére
Que durant le tems des frimats,
Le grain ne me manquera pas.
Du grain, y penſez-vous ma chére ?
He ! fi du grain qu'on a chez vous ;
Et de ce goût bourgeois, quelle ame roturiére !
Il eſt des mets plus nobles & plus doux ;
Pour moi, j'ai force ſucrerie :
Et paſſerai l'hyver très-délicatement.
Ah ! grand bien faſſe à votre Seigneurie,
Répondit l'autre doucement :
Ne vous moquez pas, je vous prie,
Petit Mercier, petit pannier :
Plus loin ne va mon induſtrie ;
Chacun remplit, comme il peut, ſon grenier.
L'Automne vint, & le tems trop humide
Fondit le ſucre, & le rendit liquide ;
Adieu Conſerve, adieu Biſcuit ;
Tout fut fricaſſé, tout fut cuit.

Tout

Toute surprise, & bien embarrassée,
A demi-morte, infiniment peinée;
Chez sa Voisine elle court promptement;
La larme à l'œil, baissant l'oreille,
Et lui conte son accident.
J'ai tout perdu, dit-elle, en l'abordant,
Assistez-moi de grace; à la pareille.
Un peu de grain, pas plus gros que cela:
A vous de grain, Hé, si quelle foiblesse!
Quel goût bourgeois, Madame, avez vous-là?
Jeûnés plutôt, & soutenés noblesse.
C'est être duppe sottement,
De placer l'agréable avant le necessaire;
On se passe de l'un, tellement quellement:
Pour l'autre, c'est une autre affaire.

A peine M. de Roque-Pertuis avoit cessé de lire cette jolie piéce de poësie, que l'on entendit du bruit à la porte du salon où nous étions. Un laquais entre dans l'instant, & il annonce un Supérieur d'une Communauté religieuse, où la ferveur, l'austérité, la priére regnent à l'envi.

Ce saint Religieux qui venoit de loin, & qui étoit parent de Madame la Marquise de Terre-Neuve, ne voulut point se priver de l'honneur & du plaisir de voir cette illustre Dame: toute l'Assemblée lui fit fête; on lui rendit les honneurs qu'il méritoit; on le pria de s'asseoir, & d'agréer que nous continuassions notre entretien; ce qu'il fit d'autant plus volontiers, que nos matiéres étoient, comme l'on dit, de son gibier. En effet, on continua à parler de l'Oraison, prise, non plus dans la spéculation, dans la théorie, mais de l'Oraison considérée dans l'exercice, dans la pratique: & voici en détail, de quoi il fût question. Madame la Marquise pria d'abord le R. P. Romain de nous faire part d'un Ouvrage pieux sur les mystéres principaux qui regardent le Sauveur divin, qu'il avoit composé en forme d'Oraiſon dans ſa derniére retraite. Le Pere répondit à la Marquiſe qu'il n'avoit pas apporté cet Ouvrage, qui avoit d'ailleurs beſoin d'être revû & retouché; qu'au plûtot il y mettroit la derniére main, & qu'alors il ſe feroit un devoir de le communiquer à l'Aſſemblée. Mon révérend Pere, reprit alors la Marquiſe, en s'adreſſant au Religieux étranger, n'avez-vous point quelque pieux Ouvrage dans votre manche, (paſſez-moi ce terme) que vous euſſiés la bonté de nous lire? Vous autres Meſſieurs les Religieux, vous ne marchez guéres ſans quelques-uns de vos écrits, non plus que Mrs. les Notaires ſans leurs Regîtres. Madame, lui répondit ce digne Religieux, votre ſoupçon n'eſt pas téméraire;

j'ai avec moi un petit compagnon de voyage, qui me tient compagnie utilement, quand je suis seul ; & qui m'aide à faire la conversation lorsque je suis accompagné. Voyons, voyons ce petit compagnon de voyage: nous nous écriâmes tous : Faites-nous la grace, mon R. Pere de nous le montrer, de nous le faire parler, & de lui ordonner de nous instruire. Il est trop petit, à tous égards Messieurs & Mesdames, repliqua le Pere, pour être en état d'instruire des personnes de votre rang & de votre mérite. Quoiqu'il en soit, je ferai ce que l'on souhaite, & je montrerai mon *Vade mecum* : je le ferai parler, en lui prêtant ma voix ; & sa parole morte & couchée sur le papier, deviendra vivante & animée dans ma bouche. C'est ce que ce pieux &

illuſtre Abbé exécuta ſur l'heure : je le nomme Abbé, & j'ai doublement raiſon de l'apeller ainſi. Car d'un côté, il eſt le Chef d'une fameuſe Abaie ſituée dans le..... & de l'autre, il eſt vraiment Pere ſpirituel & temporel de Religieux qui compoſent ſa Communauté, qui l'aiment avec tendreſſe, & qui ont en lui une confiance d'enfant. (*a*) L'Ouvrage, qu'il nous fit la grace de nous lire, a pour titre.

OUVRAGE ASCETIQUE OU DE PIETE',

Qui renferme ſept Méditations, ou ſujets d'Oraiſon ſur les principales véritez de la Religion.

CEs véritez ſont : le Salut, le tems, l'Eternité, la Mort, le Jugement, l'Enfer, le Paradis.

(*a*) Abbé en hebreux, ſignifie Pere.

Du reſte, ces ſept ſujets d'Oraiſon, qu'on peut appeller une ſemaine de Méditations; de même qu'on nomme un mois de Méditations, trente différens ſujets d'Oraiſon, qu'on a oomposés & recueillis en corps d'Ouvrage: ces ſept ſujets d'Oraiſon, dis-je, pourroient utilement ſervir pour contempler les grandes vérités de notre Religion ſainte, non-ſeulement pendant l'eſpace d'une courte ſemaine; mais auſſi durant l'eſpace d'un mois, d'une ſaiſon, d'une année, de toute la vie. Comment cela? C'eſt que les mois ſont compoſés de ſemaines au nombre de quatre, comme tout le monde le ſait: les ſaiſons, de douze; les années de cinquante, & la vie, d'autant de ſemaines, & de jours qu'il plaît au Souverain de l'univers de nous en accorder. En sorte que comme un mois de Méditations peut servir toute l'année & plus, par le retour de mois en mois, aux mêmes sujets ; une semaine de sujets d'Oraison répetée & reprise plusieurs fois, peut servir aussi, les mois entiers;les saisons les années,& toute la vie. Or voici, mon cher Théophile,en propres termes & mots pour mots, ces édifians & solides sujets d'Oraison. Le R. P. Abbé eut la bonté de me préter son pieux manuscrit:mes yeux le dévorerent,& ma plume l'enleva en peu de tems.

LE SALUT.

ME'DITATION I.

POUR LE DIMANCHE.

LA PRE'PARATION

Benedicta sit sancta & individua Trinitas nunc & semper, & per infinita sæcula sæculorum. Amen.

LA PRESENCE DE DIEU.

VOus êtes ici véritablement present, ô mon Dieu ; (*a*) la foi & la raison, me l'enseignent ! (*b*) Je suis

(*a*) *Vere Dominus est in loco isto*, Genes. 28. 16.

(*b*) *Cœlum & terram ego impleo est dicit Dominus*. 23. 24. *Immensus pater, immensus Filius, immensus spiritus sanctus*. symb. S. Athanas.

comme

comme noyé dans votre immensité ; vous êtes en moi, & je suis en vous. Je vous adore avec tous les bienheureux, ô Dieu de majesté, je m'abaisse & je m'anéantis en votre divine présence.

LA PURETE' DE COEUR

J'ai péché mille fois ; j'ai commis des fautes sans nombre ; je me reconnois très-coupable & très-grand pécheur devant vous, ô Dieu de Sainteté ! pardonnez-moi, Pére des miséricordes ; purifiez mon cœur, lavez-moi dans le sang de l'agneau ; oubliez mes iniquitez passées ; j'en ai un regret souverain, & je veux le reste de mes jours, les éviter, & les expier par la pénitence. *Confiteor Deo......*

L'INVOCATION
de L'esprit Saint.

ESprit Saint, source de lumiére & d'amour, éclairés mes ténébres, fondez la glace de mon cœur, allumez-y le feu divin de la Charité, (*a*) enseignez-moi comment je dois vous prier. Sans votre onction, je ne suis que langueur; sans la douce rosée de votre grace, je ne suis qu'une terre séche; sans vous, je ne puis rien; ouvrés-moi le champ de vos divines écritures, accordés-moi le don de l'Oraison, inspirez-moi ce qui vous plaît & ce qui m'est utile, & nécessaire.

(*a*) *Accende lumen sensibus, infunde amorem cordibus.* Hymn. Pentec.

Vierge ſainte, Mere de grace, grand S. Joſeph, Ste. Therése, Ange mon protecteur, obtenés-moi les ſecours dont j'ai beſoin, pour prier ſaintement & avec fruit *Veni ſancte ſpiritus* ......
Monſtra te eſſe matrem.

LE CORPS DE L'ORAISON.

ADORATION.

JE vous adore, ô mon divin Sauveur, & je vous rends graces de la bonté infinie que vous nous avez témoigné en verſant votre Sang précieux, pour ſauver nos ames, & pour nous retirer de la puiſſance cruelle du Tiran des enfers.

REFLEXIONS.

I. PENSÉE. — ÉCHOUER DANS L'AFFAIRE DU SALUT, C'EST LE SOUVERAIN MALHEUR.

Malheur à l'homme impie, par rapport aux maux qui l'attendent. (*a*)

LE salut manqué; la grande affaire échouée; le Ciel étant

* Il est à remarquer que les Auteurs des Méditations placent d'ordinaire à la fin quelques passages de l'Ecriture, & des Péres; les uns plus, les autres moins. L'Auteur de celles-ci a pensé, qu'il ne seroit pas mal-à-propos d'inserer dans le corps de lOuvrage, ces endroits de l'Ecriture & des S. Peres, ceux de l'Ecriture, à la tête de chaque point, ou Réflexion; ceux des Peres à la fin, s'étant fait une loi de ne citer que des endroits qui convinssent au sujet traité à la fin des sentimens : ou affections; il a placé une pensée de quelque Auteur Moderne, où il y eût de l'onction, & qui fut édifiante. Les modernes ne sont pas à m'épriser. Il a paru plus prudent de ne pas les citer en particulier.

(*a*) *Væ impio in malum.* Isai. 3. 11.

perdu, quel malheur! N'eſt-ce pas là le malheur des malheurs le malheur ineffable, le malheur ſouverain ? Le ſouverain malheur conſiſte en deux choſes : l'un eſt, de perdre les plus grands biens ; l'autre eſt, d'acquerir, ou plûtôt d'endurer les plus grands maux. Or quand on a eu le malheur d'échoüer dans l'affaire du ſalut, l'on a fait, helas ! la perte des biens les plus grands & les plus déſirables ; puiſqu'on a perdu Dieu, la grace de Dieu, la gloire de Dieu, les délices céleſtes, les richeſſes éternelles : ſans parler des biens temporels, qu'on a quitté en entier en quittant la vie. O Ciel ! quel vuide ! quelle pauvreté ! quel dépoüillement ! mais quels maux, quels tourmens n'endure-t'on pas, lorſqu'on a eu le malheur de faire naufrage en fait de ſalut ! Ces maux sont si grands, si vifs, si sensibles; ils sont si vastes, si étendus, si universels, que tous les maux, que toutes les miséres de cette vallée de larmes ne sont mis en parallele, que des fétus, des riens, des idées de maux. Ces maux peuvent être endurez, mais ils ne sçauroient être exprimez : on ne peut les dire ni les peindre au naturel. C'est donc une folie, & une folie extrême, que d'oublier l'affaire essentielle du salut, pour ne se souvenir que des petites bagatelles de ce monde infiniment sage, & infiniment heureux. L'homme qui opére son salut avec zéle, fût-il le plus ignorant, & le plus vil des esclaves !

L'homme qui a échoüé dans l'affaire de son salut ne peut, par aucune acquisition, ni par au-

cun gain, réparer cette grande perte. (a)

II. PENSEE.—RE'USSIR DANS L'AFFAIRE DU SALUT C'EST LE SUPRESME BONHEUR.

Heureux le serviteur qui sera trouvé par son maître, quand il lui fera rendre compte, fidéle & exact à remplir ses devoirs. (b)

Quand le salut est opéré, lorsqu'on a réüssi heureusement dans cette importante affaire : Ciel ! quelle félicité ! l'on est alors absolument sûr de ne jamais rien souffrir, ni de la part des ennemis du salut ; ni de la part des hommes ; ni du côté des passions ; ni du côté des pertes, des infirmitez, des douleurs, des intempéries

(a) *Ubi salutis damnum, illic utique jam lucrum nullum est.* S. Cypr.

(b) *Beatus ille servus, quem cùm venerit Dominus, invenerit ita facientem.* Luc. 12. 43.

de l'air, de la pauvreté, des humiliations, des peines d'esprit ; en un mot, de nul endroit, & par nul moyen : *neque dolor erit ultrà.* (*a*) A la place des maux, les plaisirs les plus purs & les plus réels ; les richesses les plus vraïes, les plus grandes, & les plus étenduës, les honneurs les plus éclatans; enfin le bien suprême, & tous les biens inférieurs, seront le partage du juste, qui aura heureusement & efficacement opéré son salut. O quelle joïe excessive pour lui ! *dicite justo quoniam benè* (*b*) Non, la joye de l'incomparable Judith, lorsqu'elle eût tranché la tête au fier & orgueilleux Holoferne, ni celle de la fameuse Æster, quand elle vit Aman humilié à ses pieds, ou élevé sur le gibet qu'il avoit fait dresser pour

(*a*) Apocalip. 12.
(*b*) Isaie 19. 10.

Mardochée ; la joye, dis-je de ces saintes Heroines de l'antiquité n'est nullement comparable à la joye que ressent un Chrétien qui se voit destiné pour le Ciel ; qui est jugé en faveur ; qui a réüssi heureusement dans la grande affaire du salut : puissions-nous un jour ressentir cette joye sainte : n'oublions rien pour être participans d'un tel bonheur. Souffrons, travaillons sans cesse, dans cette vûë, & vendons tout, s'il le faut, pour faire la riche acquisition de cette précieuse perle.

Que l'affaire du salut, qui est la plus grande & la plus importante de toutes les affaires, soit l'objet de nos principaux soins, & de nos empressemens les plus vifs. (*a*)

(*a*) *Summas sibi sollicitudinis partes, salus quæ summa est vindicet.* S. Euch.

SENTIMENS
ou
AFFECTIONS.

Que je plains, ô mon Dieu! ces Chrétiens qui n'ont des yeux que pour voir la terre; qui ne méditent que des desseins humains & terrestres; qui ne pensent qu'à l'acquisition de quelques biens volages & passagers; oublians ces aveugles, l'unique projet nécessaire, qui est celui du salut : (*a*) Ne marchons pas sur les traces de ces hommes insensez, ô mon ame! car à quoi nous serviroit-il d'entrer dans la jouissance de tous les biens du monde, de faire la conquête de tous les Royaumes de l'Univers,

(*a*) *Porrò unum est necessarium*. Luc. 10. 42.

ſi nous venions malheureuſement à nous perdre, à être privés du Ciel, à tomber dans le fond des abîmes éternels? (*a*) Ah! ne nous perdons pas; mais avec le ſecours divin, ſauvons-nous, mon cœur; ſauvons-nous : que toutes nos vûës tendent au ſalut, que toutes nos démarches tournent du côté du Ciel, à l'exemple du Sauveur divin, qui n'opéra rien ſur la terre, qui ne ſouffrit rien ſur la Terre, qui ne précha & ne publia rien ſur la Terre, qui ne tendît au Ciel & au Salut. LA GLOIRE DE DIEU SON PERE : LE SALUT DU GENRE HUMAIN. c'étoient là, les deux grands Points de vûë qu'il enviſageoit ſans ceſſe, & dont il ne ſe détournoit jamais. Imi-

(*a*) *Quid prodeſt homini, ſi mundum univerſum lucretur, animæ verò ſuæ detrimentum patiatur.* Math. 16. 26.

tons notre Maître : suivons ses vestiges sacrés : que le Ciel, que le Salut soient toujours devant nos yeux : & que cette vûë nous serve de rempart contre le vice, & d'éguillon pour nous animer à la vertu. Telle a été la conduite des Saints : & telle sera la mienne à l'avenir, avec le secours d'en-haut. J'implore de votre bonté sans bornes, ce céleste secours, ô mon aimable Sauveur ! je vous supplie de me l'accorder ; & je vous prie instamment de ne permettre pas que je vienne à périr, & que je fasse, en fait de salut, un triste & éternel naufrage : puisque je vous appartiens par mille titres ; sauvés-moi, & ne m'abandonnés pas à la fureur de mes ennemis : *tuus sum ego, salvum me fac :* Dans la vûë de réussir efficacement dans la grande affaire de mon salut ; je forme les desseins suivans.

1°. De méditer un certain tems, chaque jour quelques vérités celestes, sur-tout celles qui m'animeront plus fortement à opérer mon salut.

2°. De m'aprocher saintement & fréquemment des Sacremens, qui sont les divins canaux de la grace, sans laquelle on ne peut nullement réussir dans l'importante & essentielle affaire du salut.

3°. De me consacrer particulierement au culte de MARIE, persuadé que la dévotion vraie & solide envers la Reine des Vierges, est un des plus efficaces moyens de salut, & une des plus assurées marques de prédestination.

Puisque notre salut est notre principale affaire, elle doit-être l'objet principal de nos soins.

Puisque l'affaire du salut est notre grande affaire; il faut la préferer à toute autre. Notre négligence en toute autre affaire peut être excusable; dans celle-ci, elle ne peut se pardonner.

Auteur moderne.

LE SALUT DE NOS AMES.

Vers suivis.

MAlheur à qui ne veut pour son ame immortelle,
Concevoir désormais un véritable zéle.
Cette ame est une perle, hors d'estime & sans prix:
Qu'elle ne soit jamais l'objet de nos mépris.
A tous ses ennemis, que l'on fasse la guerre;
Périssent mille fois tous les biens de la terre,

plutôt que de laiſſer périr indignement
Une ame que Dieu fit pour le Ciel ſeulement.

SIZAIN.

On oublie le Ciel, on néglige cette ame,
Qui vaut mieux que tout l'or de mille régions ;
Ce qui touche le corps, c'eſt ce qui nous enflâme ;
C'eſt ce qui fait l'objet des vaines paſſions.
O malheur ! ce parti n'eſt pas de l'homme ſage :
Il faut tendre au ſalut, au céleſte héritage.

LA CONCLUSION.

ACTION DE GRACES.

Je vous remercie, ô mon Dieu, de toutes les graces

qu'il vous a plû me faire dans cette Oraison, & dans tout le cours de ma vie.

Je vous demande très-humblement pardon de toutes les fautes que j'y ai pû commettre.

Voilà mon cœur & mes résolutions, daignez les benir par votre grace : Benissez aussi mes parens, mes amis, mes bienfaiteurs.......

BOUQUET SPIRITUEL.

Que sert à l'homme de gagner tout le monde, s'il vient à perdre son ame ?

Le salut est l'unique nécessaire.

Echouer dans l'affaire du salut, c'est le souverain malheur.

ABANDON

ENTRE LES MAINS DE MARIE.

VIerge ſainte, je mets mes réſolutions, mes penſées, mes ſentimens, & tout ce qui me touche entre vos mains, & ſous votre puiſſante protection; obtenez-moi la grace d'obſerver mes réſolutions, de bien vivre & de bien mourir. *Sub tuum Præſidium.*

LE TEMS.

MEDITATION II.

POUR LE LUNDY.

ADORATION.

O Jesus, mon aimable Rédempteur, travaillant sans relâche à la gloire de votre Pere, & pour le salut des hommes, dans le cours de votre vie mortelle; employant le tems de la maniére la plus parfaite, la plus sainte, la plus fertile en bonnes œuvres; je vous adore profondément dans cette vûe: Je vous rends mille actions de graces, de m'avoir mérité, & le tems, & les secours nécessaires pour acquerir les grands biens de l'éternité.

REFLEXIONS.

I. PENSÉE. — LE TEMS EST PRÉCIEUX. ON DOIT EN FAIRE BEAUCOUP DE CAS.

Ne jettez pas les perles précieuses. (a)

ON a grand tort de ne pas faire cas du tems : le tems est fort précieux : c'est un joyau très-riche , il n'est nul lieu d'en douter ; soit que l'on considére le tems, du côté de celui qui nous le donne : soit qu'on l'envisage du côté de celui, qui nous l'a merité : soit enfin qu'on le regarde par raport aux fins & aux vûës , pour lesquelles il nous est accordé. Dieu est le Souverain maître du

(a) *Neque mittatis Margaritas.* Math. 7. 6.

tems ; nos jours, nos années, nos momens ſont renfermez dans le tréſor infini de ſes richeſſes, & dans la vaſte & immenſe étenduë de ſa toute-puiſſance. Les clefs de la vie & de la mort, ſont entre ſes mains : il ouvre ou il ferme la porte de la vie, à l'égard de qui il lui plaît ; dans le tems qu'il lui plaît ; de la maniere qu'il lui plaît. A l'un, Dieu donne beaucoup de tems : à l'autre, il en accorde peu : ſelon les diſpoſitions adorables de ſa divine Sageſſe. Dieu eſt admirable & louable en tout : or, ſi c'eſt Dieu qui eſt le maître & le diſpenſateur du tems ; le tems eſt donc par-là même un don précieux ; tout ce qui part de la main d'un Roi eſt de grand prix, quand d'ailleurs il ne le ſeroit pas : Dieu eſt le Roi de l'Univers ; tous les Rois de la terre ſont ſes ſujets :

tout ce qui émane de ſa divine liberalité, doit en conſéquence nous paroître très-précieux : nous devons donc faire beaucoup de cas du tems, que Dieu daigne par ſa bonté nous accorder, tandis qu'il le refuſe à pluſieurs par un effet de ſa juſtice, & de ſa ſageſſe adorable. (*a*) D'ailleurs qui nous a mérité le tems? n'eſt-ce pas le Redempteur divin, qui s'eſt fait Homme, dans le tems, qui a opéré, qui a ſouffert, qui a donné ſa vie & ſon ſang précieux à l'infini, pour nous mériter le tems : ſans lequel on ne peut ſe repentir utilement, ni operer le bien, d'une façon à mériter la félicité. Avoüons que le tems eſt d'un grand prix, puiſqu'il eſt le fruit de la vie & de la Paſſion du Sauveur. Dieu opére tout avec une raiſon & une

(*a*) *Omnia in ſapientiâ feciſti.* Pſ. 103. 24.

ſageſſe infinie : s'il nous fait préſent du tems, c'eſt pour des vûës divines & céleſtes, c'eſt afin que nous lui rendions la gloire qui lui eſt dûe, par nos hommages & par notre culte ; par nos obéiſſances, & par nos ſaintes œuvres ; par notre amour, & par notre zéle. C'eſt afin que nous croiſſions en grace, en vertu, en ſainteté ; c'eſt afin que nous expions nos iniquitez paſſées ; afin que nous méritions la récompenſe & la couronne céleſte : en deux mots, c'eſt afin que nous opérions notre ſanctification & notre ſalut. Voilà des fins bien nobles : voilà des vûës bien relevées, & voilà au même tems, des grandes preuves de cette verité : le tems eſt précieux, & l'on doit en faire beaucoup de cas.

Ce tems nous eſt donné pour obtenir le pardon de nos fautes,

& pour les expier : pour nous enrichir des graces & des dons celestes : pour mériter la gloire & la félicité éternelle. (*a*)

II. PENSÉE — LE TEMS EST COURT, L'ON NE DOIT RIEN EN PERDRE.

Le Tems est court. (*b*)

L'Apôtre des nations dit, en termes formels, que le tems est court. *Tempus breve est.* Le Patriarche Jacob dit expressément, que nos jours sont en petit nombre : *dies pauci* : & l'expérience de tous les jours, cette sûre maîtresse des choses, nous montre sensiblement que la vie de l'homme n'est pas de longue

(*a*) *Ad obtinendam veniam : ad augendam gratiam, ad promærendam gloriam.* S. Bern.

(*b*) 1. *Cor.* 7. 29.

durée, qu'elle finit au contraire bien-tôt; & que comme un torrent impétueux elle coule, elle passe avec beaucoup de rapidité : *Sicut torrens in austro* : Ah! que le tems est court! il est court en lui-même, & dans sa nature : il est court, si on le met en comparaison, & en parallele. L. tems est si court en lui-même, & dans sa nature, qu'il ne consiste que dans un instant, & qu'il ne renferme qu'un moment. Ce moment, c'est le présent, qui est si court, & si brief qu'il passe à mesure qu'on y pense; à mesure qu'on en parle; à mesure qu'on en jouit. J'avoue que le passé, & que l'avenir sont des tems plus vastes & plus étendus; mais ces deux differences de tems ne subsistent pas. Ni le passé, ni l'avenir, n'existent pas actuellement :

ment : l'un s'est déja écoulé, & ne paroît plus ; ainsi que les eaux d'un fleuve qui se sont dérobées à nos yeux : l'autre n'est point encore, & nous ne sçavons pas s'il sera par rapport à nous. Le tems present est donc le seul que nous possedions, & sur qui nous puissions faire quelque fonds. Concluons que le tems qui est à nous, & dont nous jouissons, est d'un grand racourci, & d'une briéveté excessive. Mais qu'on considére, si l'on veut, le tems dans un sens moral, & dans toute l'étenduë de la vie humaine d'aujourd'hui. Que sera ce par rapport à nos anciens Peres ? Rien, ou presque Rien : ils vivoient les quatre cens ans, les six cens ans, les neuf cens ans, & près de mille ans : & nous, dans un demi siécle ; dans un siécle tout au plus, nous terminons notre course; notre lumiere s'éteint ; le tems se retire à notre égard, cédant la place à l'éternité heureuse, ou malheureuse. Que si l'on vient à comparer le tems avec l éternité: Qu'est-ce ? un petit point par rapport à une ligne infinie; une atôme imperceptible, par raport à une haute montagne; une bluete, une lampe, par rapport au plus brillant des astres. Avoüons que le tems de la vie est bien court ; que c'est un bien petit objet comparé aux siécles éternels ; qu'il est conséquemment de la sagesse d'en bien user, de le ménager, de n'en rien laisser perdre. Quand un Prince est court dans ses finances, il ordonne à ses Ministres de les ménager, d'éviter avec soin les pertes & les mauvais emplois; de mettre tout à profit: conduite, qui doit nous servir de modéle par rapport au tems, dont on peut & l'on doit être saintement avare.

Il n'est qu'une sorte d'avarice, qui soit honnête & permise; c'est celle du tems. (a)

SENTIMENS.

O Ciel! que de tems perdu! que de tems écoulé inutilement! que de tems qu'on regrettera, mais en vain au moment de la mort, qui est le terme du tems, & la porte de l'éternité. O tems précieux, si les hommes qui jouissent de toi, connoissoient ce que tu vaux! ô tems si peu ménagé par les mondains, tu leur échaperas bien-tôt, & alors ils seront infiniment sensibles à ta perte!

(a) *Nulla est honesta avaritia nisi temporis.* Senec.

Mondains ouvrés les yeux sur le prix du tems, & sur sa briéveté : mettés à profit ce talent si précieux, dont le bon ou le mauvais usage doit décider de votre félicité ou de votre infortune pour toujours, tandis que nous en avons le tems. O mon ame ! opérons le bien, ainsi que l'Apôtre nous y exhorte : (a) faisons mille bonnes œuvres : ne laissons échaper aucune occasion de faire des actions saintes : car il viendra un tems, où nous ne pourrons plus rien faire de méritoire pour le Ciel. (b) Ayons en horreur la paresse, faisons la guerre à l'oisiveté qui est la mere des vices, & la marâtre des

(a) *Dum tempus habemus, operemur bonum.* Gal. 6. 10.

(b) *Quodcumque facere potest manus tua instanter operare, quia nec opus, nec ratio, nec sapientia, nec scientia erunt apud inferos, quò tu properas.* Eccl. 9. 10.

vertus. (*a*) Faisons en sorte que satan nous trouve toujours occupé à quelque chose d'utile, de raisonnable, ou de pieux : ce sera le moyen de rendre ses malins efforts vains & inutiles. (*b*) Dans ces vûes, concevons un dessein terminé & constant.

1o. De faire du tems un bon & pieux emploi, & d'être toujours comme sur le qui-vive, pour ne point le perdre, & le laisser couler envain. On perd le tems, dit un ancien, ou en faisant du mal, ou en faisant le bien hors d'œuvre, ou en ne faisant rien du tout. (*c*)

2o. De régler notre tems, de mettre un ordre, un certain ar-

(*a*) *Mater vitiorum, noverca virtutum.*

(*b*) *Semper facito aliquid operis & diabolus te semper inveniat occupatum.* Saint Hyeron.

(*c*) *Teritur tempus, à malè agentibus; aliud agentibus; nihil agentibus.* Senec.

rangement à nos occupations, ainsi qu'on le met aux meubles d'une maison. La premiere partie de notre tems, nous la destinerons pour le Ciel, pour le salut. La deuxiéme sera employée à remplir notre état, à faire nos fonctions, ou sacrées, ou séculiéres. La derniere, nous la donnerons aux besoins du corps, ou au délassement de l'esprit.

Il n'est point de damné, qui ne fut prêt de donner tous les Royaumes, & tous les biens du monde, s'il en étoit le maître, pour avoir une petite partie de ce tems qu'il a perdu en des bagatelles, & que nous perdons nous-mêmes comme eux.

Auteur moderne.

LE BON EMPLOI DU TEMS.

LE Tems fuit ; nous fuyons d'un vol auſſi rapide ;
Malheur à qui le perd :
Il perd un grand tréſor, il ſe creuſe un grand vuide,
Mille maux il acquiert.
Il perd du divin Sang le prix inconcevable,
Son ame, ſon ſalut, & la gloire ineffable.

L'ÉTERNITÉ.

MEDITATION III.

POUR LE MARDY.

ADORATION.

JE vous adore, ô mon Dieu, mon Sauveur, nous enseignant dans votre saint Evangile, que le ver de la conscience des Réprouvez ne mourra point, & que leur feu ne s'éteindra jamais : (*a*) Que les méchans après avoir ouis la sentence de leur condamnation, seront précipitez dans le lieu des tourmens éternels : & que les Elûs après avoir été jugez en faveur,

(*a*) *Vermis eorum non moritur, & ignis non extinguitur.* Marc. 9. 46.

prendront leur route du côté du Ciel, & ſeront admis dans le ſéjour de la gloire & de la vie éternelle. (*a*) Que votre ſaint Nom, Seigneur, ſoit beni; que votre bonté ſoit exaltée, de nous avoir manifeſté ces grandes & ces importantes vérités.

REFLEXIONS.

I. PENSÉE. — L'ÉTERNITÉ DES MAUX EST INFINIMENT EFFRAYANTE ET PROPRE A TOUCHER. LES RÉPROUVÉS IRONT DANS LE SUPPLICE ÉTERNEL: (*b*)

LOrſqu'on penſe en homme chrétien, en homme

(*a*) *Ibunt hi in ſupplicium æternum; juſti autem in vitam æternam.* Math. 25. 46.

(*b*) *Math. loco cit.*

raisonnable, aux tourmens & aux maux qui ne finiront jamais: Peut-on n'être pas saisi d'effroi? Quand on médite sérieusement les peines qui sont extrêmes dans leur nature, & infinies dans leur durée: Peut-on n'être pas percé du vif aiguillon de cette salutaire crainte, que le Roi Prophete souhaitoit & demandoit ardemment au Seigneur? (*a*) Ah! qu'il est effrayant, qu'il est terrible de tomber pour toujours entre les mains d'un Dieu vangeur! O Eternité! Eternité de supplices & de peines, que tu es formidable! On ne peut te révoquer en doute sans devenir infidéle. On ne peut penser à toi, sans trembler jusqu'à la moële des os. Quoi! souffrir, pleurer,

(*a*) *Confige timore tuo carnes meas.* Ps. 18. 120.

gémir, grincer des dents durant tous les siécles, autant que Dieu sera Dieu, à jamais, toujours, éternellement. Quel état déplorable ! quelle situation affligeante ! quel désespoir ! quoi ! brûler, être tourmenté par mille endroits, sans relâche, sans consolation, sans nulle espérance de voir finir ses maux ; ô Dieu ! .... Quoi ! endurer des supplices excessifs durant l'espace de cent ans, de mille ans, de cent mille ans : d'autant d'années qu'il y a d'étoiles au Ciel, d'atômes dans les airs, de feuilles sur les arbres, de grains de sable sur le bord des mers, de goutes d'eau dans l'Océan, & après ce long & inconcevable espace d'années, & de momens n'être point encore parvenu au terme de ses peines ; être obligé de recommencer tout de nouveau, comme si l'on n'avoit encore rien enduré ; n'est-ce pas là le comble de l'affliction, du chagrin, de l'infortune, du malheur ? O Dieu immense & éternel, Pere tendre & miséricordieux, ne permettez pas que l'Eternité des maux & des supplices, soit notre triste & malheureux partage.

Etre mal, souffrir, endurer durant l'espace infinie de l'Eternité, quel malheur ! (a)

II. PENSE'E. — L'E'TERNITE' DES BIENS INFINIMENT CONSOLANTE ET PROPRE A ANIMER.

Les Justes iront dans la vie éternelle. (b)

Oui, rien n'est plus conso-

(a) *Æternum male !* S. Chrysost.

(b) Math. 25. 46.

lant, que de se représenter les biens éternels promis à ceux qui se privent, dans la vûe de plaire à Dieu, des biens & des plaisirs qui passent avec le tems, & qui souffrent en paix, & avec une humble résignation, les maux & les miséres de la vie présente! Rien, dis-je, n'est plus consolant, que de se représenter ces biens qui ne finiront jamais: Pourquoi? C'est que rien ne console mieux dans le tems des afflictions & des souffrances, que de se rappeller en idée les délices & les plaisirs qui doivent leur succeder, & ce qui met le comble à la consolation; c'est de se représenter que les maux qu'on endure ne reviendront plus; & que les biens qu'on attend, seront d'une durée telle que le cœur peut la souhaiter, je veux dire, permanente, continuelle, éternelle. Qu'un cœur soit plongé dans la derniere affliction ; s'il vient à se remettre en idée, que les biens éternels sont promis à l'homme humble & résigné : il sentira renaître en soi la tranquillité de la patience, la douceur de l'humilité, & les délices de la consolation. Comment peut-on consoler & tranquiliser un indigent ? en lui donnant, ou en lui prometant un certain bien. Comment pourra-t-on consoler un Chrétien affligé, un malade dans ses infirmitez & ses douleurs, un martyr dans ses tortures & ses tourmens, un commerçant dans ses pertes & ses banqueroutes, un esclave dans les liens de sa servitude ? le grand moyen pour donner une solide & prompte consolation à ces personnes souffrantes, c'est, sans doute, de leur faire appercevoir, comme sainte Félicité le faisoit à ses enfans, & la mere de saint Symphorien à son fils; (*a*) de leur faire, dis-je, appercevoir & envisager la Couronne qui doit leur être mise sur la tête; la palme qu'on doit leur mettre entre les mains; la gloire dont ils doivent être revêtus; les richesses dont on doit les mettre en possession; le Paradis des délices, & des délices éternelles qui leur est promis & destiné. Ah! Regardons le Ciel dans nos maux, & nos maux nous paroîtront des biens. Contemplons l'Empyrée dans nos afflictions, & nos afflictions même nous consoleront. Pensons à l'Eternité céleste & heureuse,

(*a*) *Nate nate aspice cœlum.* Breviar. Rom.

& les malheurs du siècle présent nous paroîtront des sources de félicité.

Etre éternellement bien ; jouir à jamais de la tranquilité, & du repos celeste ; se réjouir toujours, sans jamais rien souffrir, quelle agréable & désirable situation ! (a)

SENTIMENS.

O Eternité de maux ! mon esprit se perd dans tes labyrinthes infinis ; mon cœur se reserre, dès qu'il veut s'enfoncer dans tes abîmes profonds ; mon sang se glace, lorsque je veux m'efforcer de parcourir ton étenduë sans bornes, tes routes sans termes, tes sentiers sans aboutissemens. O Eternité malheureuse !

(a) *Æternum benè !* S. Chrysost.

se! Eternité de peines & de suplices que tu es effraïante! que tu es accablante! que tu es propre à nous changer en mieux, à nous éloigner du plaisir! à nous raprocher de la pénitence, à nous faire revenir à Dieu, à nous faire persévérer dans la carriere de la vertu! mais vous, Eternité des biens, Eternité heureuse, que vous êtes consolante dans nos malheurs! que vous êtes abondante dans vos richesses! que vous êtes douce dans vos attraits! que vous êtes puissante dans vos charmes! vous enlevez mon cœur; il vous veut, il vous souhaite, il vous désire avec ardeur, il ne veut rien oublier pour vous mériter, & enfin pour vous posséder après les travaux & les peines de cette vie fugitive: dans cette vûë, je forme les desseins suivans.

1°. De penser souvent aux années qui ne finiront point, ainsi que le faisoit ce saint Roi, dont il est parlé dans les divins Livres. Sur son modéle, je méditerai les jours anciens; je me rappellerai souvent en idée les années éternelles. (a) La pensée fréquente de l'Eternité, ne pourra que produire en moi le dégoût du monde visible, & le goût des choses célestes, des biens durables & permanens.

2°. De me consoler dans mes peines, soit de l'esprit, soit du corps, par la pensée de l'éternité du repos, des délices & des biens qui m'attendent dans le Ciel; & je dirai souvent avec un grand Saint. (b)

A cause des biens que j'attens,
Les peines me sont passe-tems.

(a) *Cogitavi dies antiquos, & annos æternos in mente habui.* Psal. 76. 6.

(b) S. François.

Supposons que Dieu conserva les larmes d'un damné, & que ce damné n'en versa qu'une de mille en mille ans : Ces larmes ainsi conservées & jointes ensemble, formeroient un torrent, produiroient un fleuve, rempliroient tout le vuide qui est entre le Ciel & la Terre ; & pour lors les tourmens de ce damné, loin d'être finis, ne seroient pas même parvenus au milieu de leurs cours. Dans l'éternité, c'est toujours à recommencer ; oui, c'est toujonrs à recommencer: Jamais de fin, jamais de terme, jamais de bornes dans la vaste & infinie étendue de l'éternité. O éternité épouvantable ! ô incompréhensible éternité ! ô éternité de l'Enfer, que les hommes pensent peu à toi ! s'ils y pensoient, ils ne pécheroient jamais.

Auteur moderne.

L'ETERNITE'.

STANCES.

ABîme impénétrable, Ocean de durée,
Eternité sans fin,
Bien-tôt tu deviendras ma grande destinée,
Et peut-être demain.

Etre toujours heureux, ou toujours misérable,
Quel doute interessant!
Pour changer le pécheur, nulle raison semblable,
Nul motif plus pressant.

Tu resserres le cœur, & tu glaces les veines,
Eternité de maux:
Je suis saisi d'effroy, quand je pense à te peines,
A tes sombres cachots.

Eternité de biens, éternelles délices,
Je vous envie aux Saints;
Vous acheter au prix de mille sacrifices,
Voilà tous mes desseins.

Grands Rois, grands Conquérans, grands Princes de la terre,
Soyez ambitieux.
Ce monde est trop petit, ne faites plus guerre,
Que pour ravir les Cieux.

Et vous peuples divers, vous à qui les puissances,
Imposent mille loix,
L'Eternité des biens borne vos espérances,
Comme celles des Rois.

Agissez, endurez, travaillez sans relâche,
Pour avoir ce trésor;
Mais sur-tout, de vos cœurs, bannissez cette tache,
Qui fit naître la mort. (a)

(a) *Per peccaum mors*, Rom.

Vous nous avez acquis l'Eternel héritage,
Rédempteur des humains;
Donnez-nous dans son tems ce précieux partage,
Il est entre vos mains.

Dans cet instant, Madame la Marquise pria le R. P. Abbé d'interrompre sa lecture pour quelques momens : elle pria tout de suite le Pere Romain de nous dire ce qu'il pensoit sur le pieux sujet dont on venoit de faire la lecture. Ce Pere dit là-dessus bien des choses édifiantes. M. le Commandeur nous fit aussi part de ses pensées pieuses. Chacun prit la parole à son tour, sur ce ton-là : M. le Chevalier même, parla d'une maniere à toucher. Enfin, cette queüe de conversation fût la plus édifiante du monde. Je vous assure, mon cher Théophile, que mon cœur en fut gros & pénetré à l'excez. Nos Messieurs & nos Dames furent pour le moins aussi touchez que moi ; ensorte qu'il ne fut pas question, ni de nouvelles de ville, ni de l'armée : nous ne pensions qu'à l'Eternité, sur-tout à l'éternité malheureuse : nous n'étions occupez intérieurement que des objets salutaires, & des céleestes veritez qu'on venoit de lire, & sur lesquelles nous avions fait un moment de conversation. Ah ! qu'il est vrai, que les lectures saintes, & les pieuses conversations font du bien, & un grand bien à l'ame ! Après quelques instans de silence, Me. la Marquise dit, que puisque les esprits étoient si pénétrez de ces grandes véritez du Christianisme, il lui paroissoit à propos de se retirer chacun chez soi, pour les méditer plus librement, & pour prendre les mesures les plus fortes & les plus efficaces, pour faire réussir l'affaire essentielle, & infiniment importante du salut. Tous furent de son avis, tous se leverent à l'instant; on se fit les adieux, en deux mots, & l'on se sépara.

CONVER-

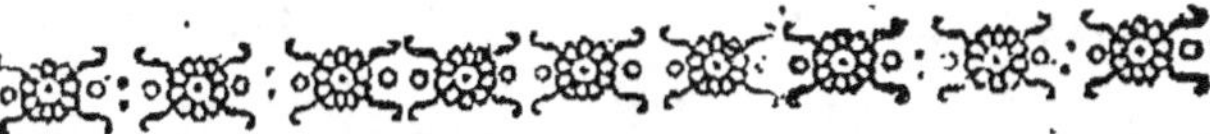

CONVERSATION XV.

L'ORAISON

Réduite en pratique.

Le R. P. Abbé.
Le Révérend Pere ROMAIN.
M. le Commandeur de RICHEMONT
Me. la Marquise de TERRE-NEUVE.
MM. . . . . . .

L'ABBE' AU-VRAY.

MADAME de Terre-Neuve voulant un peu égaïer la Conversation, pria Madame de l'Isle-Bonne de nous régaler de quelque air mélodieux, & de quelque nouvelle Chanson qui pût plaire, & à nos vénérables Religieux, & à Monsieur le Chevalier. C'est ce que cette Dame fit avec beaucoup de grace. L'air n'est pas vieux, les paroles sont de fraîche datte; elles contiennent des sentimens & des expressions d'une tendresse toute sainte & toute agréable : voici cette pieuse & tendre Chanson.

L'ECHO PIEUX.

Sur l'air : *Solitaire témoin.*

SOlitaire témoin de l'ardeur qui me presse,
Echo, qui soupirez avec moi dans ce bois;
Raisonnez, répétez cent fois;
J'aime Dieu seul avec tendresse :
Je voudrois par mon sang, lui marquer mon amour;
Mais il ne veut que ma tendresse extrême,
Ah! Je languis, je brûle nuit & jour :
Echo, dites-lui que je l'aime,
Echo, Echo, dites-lui que je l'aime.

Pour aimer, ce grand Dieu, non je ne puis
suffire ;
Echo, dans mon besoin, vous pouvez m'assister ;
Je n'ai qu'un seul cœur pour aimer,
Une seule voix pour le dire :
Joignez-vous donc à moi, doublez mes sentimens,
Et devenu comme un autre moi-même,
Epuisons-nous en amoureux accens :
Echo, disons-lui que je l'aime ;
Echo, Echo, disons-lui que je l'aime.

Ce Cantique plût à l'Assemblée : On trouva l'air, les paroles, la maniere de les chanter d'un goût exquis : on en remercia avec empressement Madame la Comtesse : après quoi le Révérend Pere Abbé reprit sa pieuse lecture. Le premier objet qui se présenta à ses yeux fut la mort.

LA MORT.

MEDITATION IV.

POUR LE MERCREDY.

ADORATION.

VOus êtes mort, afin de nous délivrer de la mort éternelle, ô mon divin Sauveur ! Je vous en rends mes très-humbles, & très-justes actions de graces. Je vous adore, ô Jesus mourant pour nous ; bien que vous fussiez la source de la vie, la vie même, & la voye pour y parvenir. (*a*) Heureux qui s'attache à vous, par le doux lien du saint amour ; c'est le moyen de vivre à jamais. (*b*)

(*a*) *Ego sum via, veritas, & vita.* Joan. 14. 6.

(*b*) *Coronam vitæ, quam repromisit Deus diligentibus se.* Jac. 1. 12.

REFLEXIONS.

I. PENSÉE. — LA MORT EST UN GRAND TERME.

Vous ne viendrez que juſqu'ici, vous ne paſſerez pas plus avant : & ce ſera ici le lieu où vous briſerez vos vagues & vos flots. (a)

C'Eſt une véritéconſtante, que la mort eſt un terme, où toutes les grandeurs, tous les plaiſirs, toutes les richeſſes & tous les biens de la terre viennent aboutir, & faire un triſte & inévitable naufrage; les honneurs & les tîtres mondains peuvent bien nous ſuivre, & nous accompa-

(a) *Hucuſque venies, & non procedes ampliùs, & hîc confringes tumentes fluctus tuos.* Job. 38. 21.

gner dans le cours de notre vie temporelle ; mais à la mort, tous ces vains honneurs, tous ces titres fastueux s'enfuient, disparoissent, se dissipent comme la fumée qu'un vent impétueux détourne & enléve avec rapidité; à la mort, tout finit, tout s'éclipse. *Hucusque venies*; la mort est l'écueil contre lequel toute la puissance, toute la gloire, toute l'opulence mondaine vient donner & se briser à l'instant: *& hîc confringes tumentes fluctus tuos*. Les Alexandres, les Cesars, les Pompées, les Attilas, les grands Saladins, & tous les plus fameux Princes & Conquérans ont donné contre cet écueil inévitable; ils ont coulé à fond, ils ont disparu avec toute leur puissance, avec toute leur pompe, & tout leur éclat; il n'est point de cédre, qui ne tombe au premier coup de la mort ; il n'eſt point de grandeur qui ne paſſe & qui ne ſoit enfin cachée & obſcurcie ſous le voile ténébreux de la mort. *Hucuſque venies, & non procedes ampliùs.* La miſére, l'opprobre, l'infirmité, les diſgràces, les beſoins, les douleurs viennent aboutir & ſe terminer à la mort, de même que les avantages mondains & les félicitez du ſiécle. Un pauvre Lazare, un pauvre Alexis ſouffrirent infiniment durant leur vie ; mais à la mort, ils trouverent la fin de leurs maux, le terme de leurs miſéres, & le commencement de leur bonheur. Les biens & les maux ; les plaiſirs & les peines ; la gloire & l'ignominie finiſſent au tombeau. En vérité, la mort eſt un grand terme, puiſque la vie, la gloire, les plaiſirs, les richesses, la pauvreté, les miseres, les nécessitéz, les chagrins, les croix, tout en un mot finit & se termine-là.

L'on méprise aisément tous les biens & tous les maux de ce monde, lorsqu'on pense sérieusement qu'on doit mourir ; (a)

II PENSE'E. — LA MORT EST UN GRAND PASSAGE.

Quel est l'homme vivant qui puisse se flatter de ne point mourir ? (b)

SI d'un côté la mort est un grand terme, où tout vient aboutir & prendre fin : elle est, si on l'envisage d'une autre face, un

(a) *Facilè contimnit omnia, qui cogitat esse moriturum se.* Hyeron.

(b) *Quis est homo qui vivit, & non videbit mortem ?* Psal, 83. 49.

grand passage à tous égards, grand dans son universalité, grand dans ses difficultez, grand dans ses suites ; il n'est personne qui puisse se flatter de ne point passer sous les yeux de la mort, & de ne jamais goûter de son amertume. Il est un arrêt divin, dit l'Apôtre, porté contre les hommes pécheurs, par lequel ils sont très-justement condamnés à mourir une fois. Nul enfant des hommes, qui soit exempt de payer le tribut à la mort. Il faut tous mourir : il faut tous passer par-là ; nulle exception, nulle réserve. Le Saint des Saints est mort, la Reine des Saints est morte ; tous les bienheureux habitans du Ciel sont morts : Elie & Enoch qui ne sont point encore morts, mourront cependant quelques jours avant le jugement universel. Enfin il n'est aucune exemption, aucune dispense, par rapport à la loi, qui condamne l'homme à la mort. *Statutum est hominibus semel mori.* (*a*) L'arrêt est porté; il est juste infiniment; il est absolument irrévocable; il s'est accompli jusqu'ici, & il s'accomplira jusqu'à la consommation des siécles: il faut mourir, il faut tous passer par le défilé étroit & difficile de la mort. Je l'apelle avec raison un défilé étroit & difficile, puisque la mort, au sentiment du Prince des Philosophes anciens, est de toutes les choses fâcheuses & terribles, la plus formidable. (*b*) La mort fait pâlir l'homme le plus intrépide. Nous aimons naturellement la vie; la destruction, la dissolution de notre être ne nous agrée pas; elle nous fait au

(*a*) Hébreux. 9. 27.

(*b*) *Mors omnium terribilium, terribilissimum.* Arist.

contraire bien de la peine : les animaux privez de la raison sont dans les mêmes dispositions, & dans le même éloignement, à l'égard de la mort. La mort est amére : il ne faut que l'aprocher un peu de près pour en convenir, & pour en ressentir vivement l'amertume. (*a*) Mais, les suites de la mort, ô Dieu ! quelles sont grandes ! La mort est la porte de l'éternité des délices, ou de l'éternité des peines. La mort est le passage de la terre au Ciel empirée, pour ceux qui sont dans une pureté parfaite ; ou à l'enfer des réprouvez, pour les pécheurs qui meurent dans leurs crimes. La mort est l'entrée, ou de la vie qui ne finit point, ou de la mort seconde qui dure toujours. Enfin la mort est la voye qui conduit droit

(*a*) *Amara mors*, 1. Reg. 15. 32.

au malheur ſouverain, ou au ſuprême bonheur ; ou à ces feux purifians ſi connus dans l'Egliſe militante, ſi vifs & ſi ſenſibles pour l'Egliſe ſouffrante. Ah, que la mort eſt un grand paſſage ! qu'elle ouvre un grand champ ! qu'elle mene à des grandes choſes ! que le moment de la mort eſt critique & difficile ! qu'il eſt de conſéquence

Aujourd'hui un homme eſt vivant, & demain il ne paroît plus. (a)

SENTIMENS.

IL faut donc mourir, ô mon cœur ! il faut mourir : il n'eſt perſonne qui puiſſe éviter le coup fatal de la mort. Ce grand

(a) *Hodie homo eſt, & cras non comparet.* | Thom à Kempis.

coup eſt déciſif, ou pour le Ciel, ou pour l'enfer : ou pour la béatitude ſans fin, ou pour l'éternelle réprobation. Quel contraſte! quelles ſuites! qu'elles ſont grandes, qu'elles ſont importantes! Ah! qu'il eſt de conſéquence de ſe bien diſpoſer à la mort, de ſe bien préparer à ce grand & dernier paſſage du tems à l'éternité, de la terre au Ciel, ou aux enfers! Tous les Juſtes, dit un ſaint Pere, reſſentent aux aproches de la mort une grande joye : les méchans au contraire, qui ont négligé de ſe préparer à la mort, ſont dans ce critique inſtant ſaiſis de triſteſſe, & d'un vif ſentiment de douleur & de repentir. (a) Puiſque les maux de ce monde doi-

(a) *Ingens gaudium eſt cum anima ſeparatur à corpore univerſis juſtis magnus verò dolor atque triſtitia, cunctis imparatis, atque torpentibus.* S. Ephr.

vent tous finir à la mort ; prenons avec force le parti de la patience au milieu de nos peines & de nos croix. Puiſque les biens & les plaiſirs du ſiécle ſe terminent à la mort, ils ſont donc bien courts. Pourquoi donc nous y attacher ? pourquoi ne pas nous tourner du côté des biens, & des joyes qui doivent durer autant que nos cœurs peuvent le ſouhaiter, autant que nos ames ſubſiſteront : en un mot, éternellement, & à jamais ? Penſons, mon ame, penſons ſouvent à la mort. C'eſt le moyen, dit l'Eſprit Saint, d'éviter l'iniquité qui en eſt la mére, (a) c'eſt le moyen, dit S. Auguſtin, que la peine même des vices devienne l'inſtrument des ver-

(a) *Memorare noviſſima tua & in æternum peccabis*. Eccli. 7. 40. *Pœna vitiorum tranſit in arma virtutum.* S. Aug.

tus. La mort bien méditée nous mene à la vie. Heureux l'homme, dit un célebre Auteur, qui a toujours la mort présente à ses yeux.(a) O mort! quand je pense à toi & à tes suites, je tombe en défaillance: toute ma consolation, c'est de demander souvent au Seigneur la grace de bien mourir, le don précieux de la persévérance finale, qu'on ne peut point mériter, dit le S. Concile de Trente, mais qu'on peut par des suplications, dit le grand Augustin, obtenir & impetrer.(b)

En second lieu, mon recours & ma consolation sera de mener une vie sainte & chrétienne; persuadé que la mort est d'ordinaire semblable à la vie: (c) que

(a) *Beatus qui horam mortis suæ, s semper antè oculo habet.* Thom. a Kemp. lib. c. 23. n. 2.

(b) *Non meritò actions sed meritò imptrationis.* S. Aug.

(c) *tatis vita, mors & ita.* Adag.

la mort répond à la vie: que la mort est écho de la vie.

Il est surprenant qu'on pense si peu à la mort; mais il est encore plus étrange, qu'on ne se convertisse pas, quand on y pense.

Auteur moderne.

L'Homme vivant estime les honneurs, les plaisirs, les richesses; l'homme mourant les méprise: lequel devons-nous croire, l'homme vivant, ou l'homme mourant? Ah! que le monde nous paroîtra être peu de chose, à la lueur du flambeau qui nous éclairera au lit de la mort.

Auteur moderne.

LA MORT.

Stances.

ETre semblable à Dieu, voilà du premier Homme
Le criminel desir, le ridicule espoir,
Qui troubla sa raison & l'empêcha de voir.

Le

Le piege que cachoit la trop fatale pomme.
Helas ! pour nos malheurs, Dieu d'un arrêt de mort
Châtia sur le champ sa désobéissance ;
Et comme chaque humain contracta cette offense,
Chacun de nous aussi subit le même sort.

La Mort depuis ce tems, sous ses loix tout entraîne,
Tout retentit du son de ses lugubres coups ;
Tout ressent les effets de son affreux courroux.
Depuis que du pécheur elle est la juste peine.

Insensible aux sanglots, à des torrens de pleurs,
Elle voit d'un œil sec couler de tristes larmes.
Les Rois dans leurs palais, éprouvent ses allarmes ;
Les Bergers sous leurs toits, ressentent ses douleurs. (*a*)

Ni noblesse jamais, ni beauté, ni richesse
Pûtarrêter les coups de sa trenchante faulx.

Elle n'épargne rien, & pour comble de
maux,
On ne sçauroit, helas! compter sur la jeun es

Elle trompe souvent une vaine esperance,
En séparant de nous ce qui nous est plus
cher;
O Mort, pour adoucir ton souvenir amer!
Je respecte d'un Dieu la sage providence.

Mais, ô terme fatal de toute vanité!
Puisque tu l'es aussi de toutes nos miséres,
Cessons de déclamer contre tes loix sévéres;
Voyons, s'il est en toi, quelque trait de
beauté.

Un Dieu meurt, c'en est fait, la mort me pa,
roît belle;
Sa laideur disparoît, & depuis le moment
Que je vois sous ses loix ranger le Tout-
puissant,
Je ne vois rien d'affreux, rien de trop dur, en
elle.

Depuis qu'il voulut bien en ressentir les
traits,

D'un solide bonheur nous la voyons suivie;
C'est elle qui finit une très-courte vie,
Et par elle on commence à regner à jamais.

A quels maux, que la Mort nous expose & nous livre,
J'y trouve cependant de très-grands biens cachez:
C'est elle seule enfin qui finit nos péchez:
Car pour ne pas pécher, il faudroit ne pas vivre.

Tel de ce monde emporte un cœur tout innocent,
Qui n'auroit pas long-tems gardé cette innocence,
Si Dieu par un effet d'une juste vengeance
L'avoit encore laissé vivre quelque moment.

Qui peut mieux que la mort, faire changer de vie?
Un beau corps devenu la pâture des vers
En Espagné jadis, causa bien de revers;
Dans l'esprit, & le cœur du Saint. Duc de Gandie. (a)

(a) S François de Borgia.

Ici je vois, Seigneur, l'excès de vos bontés ;
Vous tirez notre bien du fonds de notre peine ;
C'est la mort, qui souvent jusqu'à vous nous raméne,
Et nous fait renoncer à nos iniquités.

On trouva ces Stances sur la mort fort édifiantes, elles furent goûtées, on en fit au Pere étranger des complimens de politesse. Il ne resta pas court : il répondit à tout avec beaucoup d'esprit, d'honnêteté & de modestie : mais comme il est fort humble, il se hâta de briser sur les complimens, en reprenant la lecture de son Ouvrage pieux. On le laissa lire tout de suite : on ne l'interrompit nullement, tant on étoit charmé de l'entendre.

LE JUGEMENT.

MÉDITATION XV.

POUR LE JEUDI.

ADORATION.

DIvin Rédempteur des hommes, Souverain Juge des vivans & des morts; je vous adore humblement proſterné à vos pieds: je vous conjure, & je vous ſuplie très-inſtamment de me juger; non dans l'effraïante rigueur de votre juſtice, mais dans la douce tendreſſe de votre miſericorde.

REFLEXIONS.

I. PENSÉE.—A LA FIN DE NOS JOURS, NOUS DEVONS TOUS ETRE PRESENTÉS AU JUSTE JUGEMENT DE DIEU, POUR Y ETRE JUGEZ EN PARTICULIER; ET CE JUGEMENT DÉCIDERA DE NOTRE BONHEUR, OU DE NOTRE MALHEUR ÉTERNEL.

Les hommes sont condamnés à mourir une fois, & leur mort sera suivie du Jugement. (*a*)

Tous les hommes doivent mourir; & après leur mort, ils doivent être presentés au redoutable tribunal de Dieu, pour y être jugés seuls & en particulier;

(*a*) *Statutum est hominibus semel mori, post hoc autem judicium.* Heb. 9. 27.

conformément à leurs œuvres bonnes ou mauvaises. Verité constante, que le grand Apôtre assure en termes formels, comme organe de l'Esprit saint; que les SS. Peres, comme canaux de la tradition, ont transmise à la postérité chrétienne; que tous les SS. Docteurs enseignent, sans difference d'opinions; & que tous les fidéles Orthodoxes, dans tous les coins du monde chrétien, croient sans nul doute, & sans hésiter. Nous mourrons, nous serons jugez immédiatement après la mort. Je le crois, au peril de mon sang, qui s'arrête dans mes veines, quand je pense à ce formidable Jugement, qui doit décider de mon sort heureux ou malheureux, dans tous les siecles. O Ciel! qui me donnera d'être jugé favorablement: quel funeste sort que celui d'être jugé en rigueur, & d'être condamné aux abîmes éternels! on y est alors précipité sur le champ, & sans nul espoir: car les Jugemens de Dieu sont irrévocables, étant infiniment équitables & justes; étant infiniment fermes & constans. Les Jugemens des hommes ne sont pas toujours fermes & sûrs; il est des Juges foibles & lâches: ils ne sont pas toujours justes & équitables; il y a des Juges injustes & peu droits: ils ne sont pas toujours éclairés, & portés avec une parfaite connoissance de cause: tous les Juges ne sont pas sçavans; ni la vérité n'est pas toujours dévelopée au naturel: mais en fait des divins Jugemens; il n'en est pas constamment de même: le souverain Juge est infiniment éclairé: tout est à nud, & à decouvert aux yeux de Dieu, dit

dit l'Apôtre. (*a*) Les actions les plus cachées, les penſées les plus ſecrettes ſont mieux connues de Dieu que des hommes mêmes, d'où elles naiſſent. Le ſouverain Juge n'eſt pas moins juſte, droit, équitable, qu'il eſt clair-voyant & éclairé. Seigneur ! S'ecrie le Prophete Roi, vous êtes juſte, & vos jugemens ſont droits & équitables. (*a*) Le Juge ſuprême n'eſt nullement foible; il eſt la force & la Toute-puiſſance même: il eſt apellé le Dieu fort, le Tout-puiſſant. (*b*) Les jugemens de ce grand Juge ſont donc ſûrs, fermes, conſtans, promptement & ſur le champ executez, enſorte que ſi l'on eſt jugé directement pour le Ciel,

(*a*) *Omnia nuda, & aperta ſunt oculis ejus.* Heb. 4 13.

(*b*) *Juſtus es Domine, & rectum judicium tuum.* Pſal. 18. 171.

(*c*) *Omnipotens nomen ejus.* Exod. 15 3.

on y monte d'abord, on y vole immédiatement. Si l'on est jugé & condamné pour un tems, aux flammes purifiantes, on y descend dans l'instant. Si l'on est jugé pour les prisons éternelles; on y est abîmé dans le moment. A Dieu, tout est possible, tout est aisé. Ah ! que le Roi Prophete étoit sage, d'appréhender les Jugemens divins; (*a*) & nous, que nous sommes insensez de les craindre si peu ! Etudions-nous à nous les rendre doux & favorables, par tous les moyens que la Religion nous fournit.

Malheur à l'homme qui vit, même régulierement, si vous le jugez, Seigneur, dans toute la rigueur de votre justice. (*a*)

(*a*) *A judiciis tuis timui.* Psal. 118 120.

(*b*) *Væ etiam laudabili vitæ, si remotâ misericordia tua, discutias eam.* B. Aug.

II. PENSÉE — A LA FIN DES SIÉCLES, NOUS DEVONS TOUS ETRE PRESENTEZ AU JUGEMENT DE DIEU, POUR Y ETRE JUGEZ EN PUBLIC; ET CE JUGEMENT DÉCIDERA DE NOTRE FÉLICITÉ, OU DE NOTRE RÉPROBATION CONSOMMÉE.

Le Seigneur jugera toutes les nations de la terre dans la justice & l'équité. (*a*)

OUtre le Jugement quon nomme particulier qui se fait à l'issue de la vie, il est de la foi, qu'il y en aura un autre à la fin des siécles, où tous les hommes bons & mauvais, élûs ou réprouvés doivent s'assembler & comparoître pour y être jugez en public & à la face de l'univers, pour y recevoir une récompense parfaite & consommée, ou une

(*a*) *Judicabit orbem terrarum in justitia, & populos in equitate.* Psal. 97. 10.

punition entiere dans l'ame & dans le corps. Le jour que se fera ce grand & solemnel Jugement sera le dernier des jours. Le monde finira par le plus grand & le plus redoutable jour qui fût jamais : *dies magna, & amara valdè.* (*a*) Ce jour sera précedé par des signes, par des prodiges les plus singuliers & les plus épouvantables. Le soleil, la lune, les étoiles refuseront à la terre leurs lumiéres, les ténébres voileront la nature. Les animaux privez de la raison, de même que les hommes, seront saisis d'effroi; la mer en courroux portera ses vagues jusqu'aux nues, & paroîtra tout de suite descendre jusqu'aux enfers. Le feu élementaire réduira tout en cendre; la contagion la plus vive & la plus funeste, la famine la plus exces-

(*a*) *Officii defunct.*

ſive & la plus dévorante, les guerres les plus ſanglantes & les plus animées ſeront des fleaux & des inſtrumens de mort entre les mains du Dieu vengeur des crimes. Enfin l'Antechriſt, avec tous ſes ſupôts & ſes adhérans, ſera, durant un certain tems aſſés court, il eſt vrai, la terreur du genre humain: il n'oubliera rien pour faire tomber, même les cédres du Liban, j'entens les Chrétiens les plus fermes & les plus conſtans dans la foi & dans la vertu. Quel préambule terrible! Quels ſignes formidables! à l'iſſue deſquels les morts reprendront la vie, après l'ordre qui leur en ſera à haute voix intimé, par le miniſtere des Anges, qui, placés aux quatre coins de l'univers, leur ordonneront de la part du Tout-puiſſant de ſe lever, & de venir ſans délai comparoître au Tribunal du ſouverain Juge des vivans & des morts, qui deſcendra des Cieux dans un appareil digne du Monarque des Rois, & du maître de la terre & des Cieux, *Surgite mortui, venite ad judicium*: jamais il ne fût obéiſſance plus prompte; tous les hommes, à cet ordre, reſſuſciteront. Les Elûs, les réprouvez, les Rois, les Sujets, les Riches, les Pauvres, les Maîtres, les Eſclaves, tous en un mot, ſans réſerve, reprendront leur corps, leur propre chair: *de terrâ ſurrecturus ſum, & rursùm circumdabor pelle meâ*: (*a*) réunis & raſſemblez dans la vallée fameuſe de Joſaphat, ils ſeront placés, les uns à la droite de JESUS-CHRIST, (ce ſeront les Elûs), les autres à la gauche, (ce ſeront les Réprouvés.) Les livres des conſcien-

(*a*) Job, 19, 24.

ces seront alors ouverts : on y lira aisément le bien & le mal d'un chacun : le Juge suprême assis sur une nuée éclatante, tout brillant de gloire & de majesté, armé d'une puissance sans bornes, prononcera, après un examen convenable & une discussion pleine de sagesse, un Jugement rempli d'équité, des Sentences infiniment justes, fermes & décisives. Se tournant du côté des Prédestinés, il leur dira d'un air de pere & d'ami ; *Venez, vous que mon pere a prévenus & comblés de ses bénedictions, venez prendre possession du Royaume qui vous a été préparé dès la création du monde ; car j'ai eu faim, j'ai eu soif, j'ai été nud, j'ai été malade, j'ai été dans les prisons, & vous m'avez donné du secours dans ces differens besoins* : mais Seigneur, lui diront-ils, quand est-ce que nous avons eû le bonheur de vous offrir ainsi du secours? Je vous dis en verité, leur répondra le Juge, que tout ce que vous avez fait aux moindres des miens, je l'ai recû moi-même en leurs personnes. (*a*) Envisageant ensuite d'un air de juge, les méchans & les réprouvez, il prononcera leur Sentence en ces termes: *retirés-vous de moi, maudits, allez dans les feux éternels qui ont été destinez à Satan & aux Anges rebelles ses complices: car j'ai eû faim, j'ai eû soif..... & vous ne m'avez pas donné à manger, vous m'avez refusé à boire......* Ah! Seigneur, s'écrieront pour lors ces malheureux;

(*a*) *Venite benedicti patris mei, possidete paratum vobis regnum, à constitutione mundi: Esurivi enim & non dedistis. ....* Math. 25. 24.

quand eſt-ce que nous vous avons vû dans la faim, dans la ſoif, dans les beſoins, & que nous avons refuſé de vous y aſſiſter? Lorſque vous avez refuſé du ſecours aux moindres des miens, vous me le refuſiez à moi-même, leur dira JESUS-CHRIST. (*a*) Toute iniquité ſera alors muette; (*b*) tous les pécheurs ſeront ſans excuſes; ils reconnoîtront leur tort & leur égarement du droit ſentier de la juſtice & de la vérité : *ergo erravimus a viâ veritatis*; (*a*) mais il ne ſera plus tems de ſe repentir utilement; la Sentence portée ſera ſans apel & ſans eſpoir, elle ſera victorieuſement & promptement exécutée; la terre ouvri-

(*a*) *Diſcedite à me maledicti in ignem æternum qui paratus eſt diabolo & Angelis ejus : Eſurivi enim, & non dediſtis.........* Math. 25. 41.

(*b*) *Omnis iniquitas oppilabit os ſuum.*

(*c*) Sap. 5. 6.

ra son sein pour y recevoir tous les Réprouvés en corps & en ame. Les esprits malins, bourreaux des hommes damnez, & damnez eux-mêmes, les pousseront, les précipiteront avec cruauté, avec fureur, avec irrision & mépris dans les abîmes infernaux : arrivés dans ces abîmes, les portes des enfers se fermeront pour ne jamais s'ouvrir; ces malheureuses victimes de la divine vengeance seront tourmentées dans ces prisons soûterraines, dans ces brasiers dévorans, dans ce centre de tous les maux, sans nul esperance d'en sortir. O Dieu!....... Mais les Justes: mais les Prédestinés, au lieu de descendre, ils monteront avec leurs corps glorieux, impassibles & immortels, ils prendront leur essort vers la céleste Sion; ils voleront vers leur aimable patrie ; & avec une joye, qui ne peut s'exprimer, ils entreront en triomphe avec le Roi des Rois dans le ſejour éternel de la gloire & de la félicité : là, ils vivront à jamais ; (*a*) là, ils jouiront de tous les biens : (*b*) là, ils regneront dans tous les ſiécles. (*c*) Quel bonheur ! Quelle béatitude ! Pourquoi n'employons-nous pas tous nos ſoins pour en être participans ?

Nous devons craindre à tout moment ce jour terrible du jugement de Dieu, puiſque nous ne pouvons le prévoir ni l'éviter. (*d*)

(*a*) *Ibunt hi in ſupplicium æternum, Juſti autem in vitam æternam.* Math. 25 46.

(*b*) *Oſtendam tibi omne bonum.* Geneſ.

(*c*) *Regnabunt in ſæcula ſæculorum.* Apocalip. 21 5.

(*d*) *Semper extremum judicii diem debemus metuere, quem non poſſumus prævidere.* S. Greg.

SENTIMENS.

O Mon ame! n'êtes-vous pas pénétrée des plus vifs sentimens de crainte? & vous mon cœur, n'êtes-vous pas percé d'un glaive de douleur & de repentir, à la vûë des redoutables Jugemens de Dieu? Combien de péchez, combien de fautes, combien d'imperfections sur notre compte? Ah! que nous avons grand sujet d'appréhender & de redouter un Dieu vengeur! apaisons, par la pénitence, notre Juge qui est au même-tems notre Sauveur; gémissons sur nos fautes; pleurons nos crimes; jugeons-nous nous-mêmes, afin de n'être pas jugez dans la rigueur & dans la redoutable sévérité de la divine Justice. Vivons comme si nous étions sûrs que le Jugement dernier fût sur le point & à la veille de s'accomplir. Rappellons-nous cette pensée de S. Chrysostôme: le Jugement de Dieu est terrible, mais ce n'est que pour les pécheurs, car il est doux & favorable pour les justes. (*a*) Passons en conséquence nos jours & nos années dans la crainte du Seigneur, dans l'amour de notre Pere céleste, dans la fidélité à l'égard de notre Maître suprême; dans l'obéissance à ses Ordres divins; singulierement dans l'exercice de la charité fraternelle, & de la compassion envers les pauvres. Il est écrit: ne jugés point, & vous ne serez point jugés: (*b*) ne condamnez point

(*a*) *Terribile quidem judicium, sed peccatoribus, justis autem optabile, & suave.* S. Chryf.

(*b*) *Nolite judicare, & non judicabimini.* Math. 7. 2.

& vous ne ſerez point condamnez : (a) prenons donc le parti, & prenons-le pour toujours, de ne pas médire de nos freres, & de ne pas nous ériger en Juges & en Cenſeurs de leur conduite ; c'eſt le Seigneur qui doit les juger : *Dominus judicabit* : Quant à nous, veillons ſur nous-mêmes, accuſons-nous, condamnons-nous, puniſſons-nous nous-mêmes ; abandonnons les autres aux ſoins & aux permiſſions de la divine & adorable Providence : c'eſt-là la voie qui conduit à une piété ſolide, & à une tranquillité douce & paiſible : maxime, qui ne doit pourtant pas être un obſtacle à la vigilance que nous devons avoir à l'égard de nos inférieurs, ſur la conduite deſquels nous de-

(a) *Nolite condemnare, & non condemnabimini,* Luc. 6. 37.

vons avoir les yeux ouverts, pour leur procurer les vrais biens, & en écarter les vrais maux.

Méditer fréquemment les Jugemens de Dieu, ſe nourrir de la penſée du grand jour des vengeances & des récompenſes, comme un autre S. Jerôme, c'eſt le moyen efficace de devenir juſte, ſi l'on eſt pécheu ; ou de devenir parfait, ſi l'on eſt récemment juſte. Je contemplerai donc ſouvent les Jugemens adorables du Seigneur ; j'en préviendrai la juſte ſéverité par une vie pénitente & chrétienne, & je mettrai conſtamment en pratique, avec le puiſſant ſecours de la divine grace, les maximes ſuivantes ; ſçavoir ;

De ne pas juger vainement & témérairement des vûës & des intentions, des paroles &

des démarches de mon prochain, mais de laisser le tout à la connoissance & au Jugement de Dieu.

De me juger moi-même avec une sévérité chrétienne, conformément à cet avis de l'Apôtre : si nous nous jugions nous-mêmes, nous ne serions constamment pas jugez : (a) Mais comment me juger ainsi moi-même ? En me reconnoissant pécheur, en m'accusant comme pécheur, en m'humiliant comme pécheur ; en me punissant avec la verge de mortification & de la pénitence comme pécheur.

Enfin, de compâtir aux miséres des indigens, d'aimer les pauvres, de leur faire l'aumône,

(a) *Si nosmetipsos dijudicaremus, non utique judicaremur.* S. Paul. 1. Cor. 11. 13.

selon

ſelon leurs facultez & ſelon leurs beſoins, afin d'être placé à la droite du Souverain Sage, & d'être l'objet de ſes bontés & de ſes tendres miſericordes.

C'eſt la récompenſe éternelle, qui fait que les juſtes ſouhaitent la mort & le juſte Jugement de Dieu, autant que les autres le craignent : c'eſt la vûë de cette récompenſe divine, qui les met dans le Ciel avant que d'y être, & qui les rend bienheureux par avance. Ah ! que ne voudrions-nous pas avoir fait alors, pour être du nombre de ces ames fortunées. Auth. moderne

LE JUGEMENT DERNIER.

Vers suivis.

QUand de l'Ange la voix, de la part du Très-Haut,
Eveillera les Morts, pour sortir du tombeau :
Quand les lampes des Cieux n'auront plus de lumiére ;
Et qu'on verra le monde au bout de sa carriére,
Alors le Souverain de ce vaste univers,
Le Roi des Nations & des Peuples divers ;
Paroîtra sur un Trône environné de gloire,
Pour juger les humains : point de foi, qu'il faut croire.
Jugement formidable, aux coupables pécheurs !
Jugement favorable, aux hommes dont les cœurs

Auront aimé leur Dieu dans leur mortelle vie,
Et vêcu dans la paix sans haine & sans envie.
Jugement où le Juge éclairé, Tout-puissant,
Réprouvera les uns, les livrant à Satan;
Allez, leur dira-t-il, dans la fournaise ardente,
Retirez-vous, maudits, troupe impie & méchante:
Dans mes pauvres, j'avois grande soif, grande faim,
J'étois malade & nud, & je souffrois sans fin;
Vous me laissiez souffrir, en délaissant vos freres:
Cœurs durs, allez verser des larmes trop améres.
Mais vous, mes chers Elûs, leur dira ce Dieu bon;
Vous m'avez visité, quand j'étois en prison;
Vous m'avez assisté, quand j'étois misérable:
Si la faim me pressoit d'une main charitable;

Vous m'avez promptement présenté du secours ;
En me donnant un pain qui prolonge les jours ;
Et quand je me trouvois sans habit nécessaire,
Vous m'avez revêtu, ne cherchant qu'à me plaire,
Vous cachiez avec soin vos biens & vos vertus.
Maintenant il est tems de ne les cacher plus :
Venez, mes chers enfans, je veux en récompense,
De vos biens opérez de votre patience ;
Vous donner un Royaume, enrichi de la paiz ;
D'une gloire sans fin, & de tous dons parfaits :
Venez, mes bien-aimez, favoris de mon pere ;
Venez, mes serviteurs, & de ma sainte mere ;
Je veux vous faire part de ma félicité,
Et vous faire sentir mille traits deb onté

Entrez tous avec moi dans l'éternelle joie,
Où jamais du chagrin, vous ne ſerez la proie;
Prenez, prenez l'eſſort vers la ſainte Sion;
Le Ciel, & tous ſes biens, c'eſt votre portion.

L'ENFER.

MEDITATION VI.

POUR LE VENDREDY.

ADORATION.

JE vous adore, ô divin Rédempteur des ames, & je vous rends mes actions de graces les plus vives & les plus sincéres, de ce que vous avez daigné me racheter de la tirannie du Prince des Enfers, & me pardonner des crimes qui me rendoient digne de ces profonds & éternels abîmes.

RÉFLEXIONS.

I. PENSÉE — DANS L'ENFER, L'ON EST PRIVÉ A JAMAIS DE TOUS LES BIENS. QUEL VUIDE !

Le Riche mourut aussi, & il fut enseveli dans l'Enfer : lorsqu'il étoit dans les tourmens, il leva les yeux, & voyant de loin Abraham & Lazare dans son sein ; il s'écria : Pere Abraham, ayez pitié de moi, & envoyez Lazare, afin qu'il trempe le bout de son doigt dans l'eau pour me rafraichir la langue, parce que je suis tourmenté dans ces flâmes. Abraham lui dit, mon fils, souvenez-vous que vous avez reçû vos biens pendant votre vie ; comme Lazare a reçu ses maux, main-

tenant il est consolé, & vous êtes tourmenté. (a)

L'existence de l'Enfer est incontestablement une des plus grandes & des plus frappantes vérités de la foi Chrétienne. L'existence de l'Enfer est appuyée sur cent endroits de l'Ecriture, sur mille témoignages des Peres; sur le sentiment & la créance unanime des vrais fidéles : sans parler de tous ces traits d'Histoire, si propres à toucher, qui rendent cette grande vérité comme palpable & sensible. C'est dans cet Enfer, dans ce lieu horrible & soûterrain, dans ce lieu de tourmens, destiné pour la punition éternelle des crimes, que l'on est privé de toutes les satisfactions, de quel-

(a) *Mortuus est autem & dives, & sepultus est in inferno...* Luc. 16. 22. & seq.

que

que genre qu'elles puissent être; que l'on est dépouillé de tous les biens, soit de la nature, soit de la grace, soit de la gloire. Dans l'Enfer, nul palais, nulle maison splendide, nulle habitation commode & agréable, nul ameublement précieux ou utile. Dans l'Enfer, nulle nourriture délicieuse: là, point de nectar, point de liqueur qui flatte le goût; là, ni le pain, ni aucun aliment nécessaire à la vie, encore moins les mets exquis ne se trouverent jamais. Que dis-je, pas même une seule goutte d'eau, ainsi que nous l'apprend le Sauveur dans la Parabole du mauvais riche. Dans l'Enfer, point d'or, point d'argent, point de pierres précieuses; nul fonds de terre ou de négoce, nul gain permis ou illicite, nulle marchandise commune ou de prix;

rien en un mot de ce qui est compris sous les termes de richesses & de biens de fortune: *sine omni bono*: (a) Dans l'Enfer, point de plaisirs, point de délices, nulle volupté, nulle satisfaction, *sine omni bono*: Dans l'Enfer, point de dignité, point d'emploi, point de Charge honorable, point de rang distingué, point de thrône ni de couronne, point d'authorité respectable, rien de ce qui fait l'objet de l'ambition des cœurs vains & orgueilleux, *sine omni bono*, O Dieu! quelle pauvreté! quelle indigence! quel vuide! quel dépouillement! mais les biens de la grace. . . . . . , Ah! qu'ils sont éloignez de ces abîmes! que les habitans des enfers en sont, ô malheur! bien dépourvûs. Non, non, point du

(a) Saint Aug.

tout de graces, ni de dons ſurnaturels dans les enfers; point d'amour de Dieu ni du prochain; point de vertus chrétiennes, point de ſacremens, point d'inſtructions édifiantes, point de pieux exemples; plus de rayons du ſoleil de juſtice, plus d'inſpirations ſaintes, plus de touches puiſſantes, plus d'attraits charmans, plus de conſolations ſenſibles; rien en un mot de ce qui tend au Ciel, & de ce qui nous y fait tendre: *in inferno nulla redemptio*: (*a*) Quant aux biens de la gloire, ces biens inconcevables & ineffables, ces biens, qui ſeuls peuvent nous rendre parfaitement heureux, ils n'ont jamais été, & ils ne ſeront jamais le partage des réprouvez: hé! comment le ſeroient-ils! ces malheureux ſont

(*a*) *Offic. defunct.*

ensevelis pour toujours dans les ténebres extérieurs ; comment jouiroient-ils de la gloire ? ils sont enfoncez dans l'abîme le plus profond ; comment seroient-ils exaltez ? ils sont à jamais réprouvez ? comment seroient-ils élûs ? non, les damnez ne verront jamais le beau Paradis, ni les heureux habitans de cette Cité sainte : *foris canes.* (*a*) Ils ne verront jamais le Dieu du Ciel, ils seront privés dans tous les siécles de la vision claire & intuitive de la divinité ; privation qu'on nomme la peine du dam, qui, selon tous les SS. Docteurs, est le plus grand malheur & la plus grande peine des damnez : privation, que l'on ne sent pas assez dans ce monde, mais que l'on ressent infiniment dans l'auttre : privation, dont le

(*a*) Apoc. 22. 15.

tentateur connoît & expérimente toutes les ſuites, & dont il s'efforce de nous dérober l'idée & la terreur, dans la crainte qu'elle ne nous ſervit de rempart contre le vice où il nous pouſſe, & d'éguillon par rapport à la vertu & à la ſainteté dont il nous éloigne. Privation de Dieu & des biens céleſtes; peine des peines, premier des maux, punition ineffable, je vous apréhende, je vous redoute; vos terreurs peu connuës me ſaiſiſſent d'effroi : puiſſiez-vous n'être jamais mon partage & mon malheureux ſort dans l'éternité.

Dans l'Enfer, on ne doit s'attendre à aucun bien. (a)

(a) *Ibi nulla ſpes boni.* Hugo à S. Vict.

II. PENSÉE — DANS L'ENFER ON ENDURE A JAMAIS TOUS LES MAUX : QUEL MALHEUR !

Qui de vous pourra habiter au milieu d'un feu dévorant ? Qui pourra demeurer dans des brasiers éternels. (a)

Les maux de l'Enfer sont inconcevables, & au-delà de toute expression ; ils sont excessifs dans leur nature ; ils sont universels dans leur étenduë ; ils sont éternels dans leur durée. Ah ! qu'on est malheureux d'être damné ! oüi les maux de l'Enfer sont grands, excessifs, extrêmes en eux-mêmes & dans

(a) *Quis poterit habitare de vobis, cùm igne devorante? Quis habitabit ex vobis, cum ardoribus sempiternis?* Isaïæ 33. 14.

leur nature : les plus grands maux de la terre, placés à niveau des maux de l'Enfer, ne ſont point des maux : la moindre peine des ames juſtes, ſouffrantes dans les feux purifians, ſurpaſſe, ſuivant les SS. Docteurs les tourmens les plus vifs & les plus grands de ce monde : (*a*) que doit-on penſer des maux de l'Enfer, de cet enfer inférieur & profond, dont parle le Roi Prophete? (*b*) La malice du péché eſt très-grande ; elle eſt exceſſive, elle eſt infinie; la peine du péché doit conſtamment être proportionnée à ſa malice; en conſéquence, elle doit être dans un degré ex-

(*a*) *Ibi tormentorum genera, quorum minimum majus eſt omnibus tormentis, quæcumque in hoc ſæculo fieri poſſunt.* Hugo à S. Vict.

(*b*) *Eruiſti animam meam ex inferno inferiori.* Pſal. 8. 3.

cessif & superieur. Or, elle est telle dans les Enfers, puisque le plus vif & le plus sensible des tourmens, qui est le feu, régne dans ces noirs abîmes. „ Je „ suis tourmenté, je souffre infi- „ niment, dit le mauvais Riche, „ de l'Evangile, au milieu de ces „ flâmes dévorantes. " (a) Le feu dont on se sert dans la vie présente, est vif & perçant ; les douleurs qu'il cause sont insupportables. Le feu qui sert d'instrument à la Justice divine dans les enfers, est d'une ardeur, d'une vivacité infiniment plus grande. Notre feu n'est que du feu en peinture, par rapport aux feux du formidable Enfer. Maux excessifs, maux universels : l'esprit du réprouvé souffre par les réflexions affligeantes qu'il fait sans cesse sur son malheur su-

(a) *Crucior in hac flammâ.* Luc. 16. 23.

prême. Le cœur du réprouvé souffre, par la piquûre sensible & très-vive du ver de la conscience qui ne meurt jamais. (*a*) L'ame du damné souffre, par la souillure & la tache du péché dont elle est infectée, & qui la rend difforme à un point qu'on ne peut nullement exprimer : le corps du damné souffre, par un feu dévorant, par des situations gênantes, par les douleurs les plus vives ; par les traitemens les plus cruels de la part des bourreaux des enfers, qui sont les démons, nos ennemis capitaux & irréconciliables. Les yeux du damné souffrent, par la vûë des spectres, par l'horreur de la vaste & ténébreuse prison des Enfers. (*b*)

(*a*) *Vermis eorum non moritur.* Marc. 9. 43.

(*b*) *Ubi sempiternus horror inhabitat.* Job. 10. 22.

Les oreilles du damné souffrent, par les hurlemens, les cris aigus & lamentables, les grincemens de dents, les imprécations & les blasphêmes qu'il sera contraint d'entendre dans tous les siécles. L'odorat du damné souffre, par les puanteurs horribles & insuportables qui s'élevent du fond de cet abîme, & qui ne s'évaporent jamais. Le goût du damné souffre, par le fiel du dragon dont il est forcé de ressentir toute l'amertume. Les pieds & les mains & tous les sens du toucher, du malheureux damné souffrent par les ardeurs infinies du feu qui l'environnne & qui le pénétre. Les nerfs, les veines, les os, tous les sens extérieurs & intérieurs du damné souffrent, puisque tout cela est dans la gêne,

(a) *Fel draconum vinum eorum*, Deut. 32.

& dans la gêne la plus horrible & la plus inſuportable qui fut jamais. (*a*) Mais ce qui augmente d'ailleurs infiniment les maux du damné, c'eſt qu'ils les endurent ſans conſolation & ſans nul adouciſſement. (*b*) Sans nul intervalle, & ſans nul eſpoir de les voir finir: car les maux de l'Enfer ſont éternels. Leur feu, dit JESUS-CHRIST, ne s'éteindra jamais. (*c*) Ils iront habiter, dit le St. Evangile, dans un lieu de ſuplice, & d'un ſuplice éternel. (*d*) La damnation, dit S. Gregoire, n'a nulles bornes, elle ne finira jamais. (*e*) O Ciel! à jamais ſouffrir, à jamais brûler,

(*a*) *Timete eum qui poteſt & animam & corpus perdere in gehennam.* Luc. 12.

(*b*) *Nulla conſolatio damnatis.* Thom. à Kemp. lib. 7. 24. 4.

(*c*) *Ignis non extinguitur.* Marc. 9. 43.

(*d*) *Ibunt hi in ſupplicium æternum.* Math. 25. ult.

(*e*) *Reprobos ſine termino damnat.* S. Greg.

à jamais pleurer, à jamais enrager, à jamais être humilié, baffoué, mal-traité par les plus cruels des bourreaux; quel malheur! quelle comble de maux! quelle infortune! Ah! quel païs! quelle région que l'Enfer!

Le plaisir ne dure qu'un moment: Mais le tourment qui le suit ne finira jamais. (*a*)

SENTIMENS.

O Enfer! ô formidable & horrible Enfer! Peut-on te rappeller en idée, sans être saisi d'horreur? Sans être pénétré des sentimens de la plus vive appréhension? Ah! Je meurs, quand je pense à la mort seconde, à la mort éternelle des En-

(*a*) *Momentaneum quod delectat, æternum, quod cruciat.* S. Chrysost.

fers. Je frémis juſqu'à la moële des os, lorſque je me repréſente ce lieu de tourmens, cet égoût de l'univers, ce cloaque du monde, cette ſentine d'immondices & de ſouillures les plus horribles. Evitons, mon ame, évitons l'Enfer, ne nous damnons pas, ne nous perdons point : c'eſt une choſe horrible & formidable, que de tomber entre les mains d'un Dieu vivant, ainſi que l'aſſure l'Apôtre. (*a*) Si nous ne voulons pas être précipitez dans les abîmes éternels, fuyons de toutes nos forces la couleuvre de l'iniquité, (*b*) ne nous jettons pas entre les mains cruelles de Satan, par le moyen trop

(*a*) *Horrendum eſt incidere in manus Dei viventis.* S. Paul. Heb. 10. 31.

(*b*) *Tanquam à facie colubri fuge peccatum.*

efficace du crime qu'il inſpire & qu'il fomente. Le péché l'a damné, prenons exemple ſur lui, & de ſon mal tâchons d'en tirer notre bien. Il n'eſt rien de plus efficace contre les attraits du vice, que la penſée fréquente des peines exceſſives de l'Enfer : Penſons-y donc à ces peines, & penſons-y ſérieuſement. Deſcendons en eſprit pendant la vie dans les abîmes éternels, afin de ne pas y deſcendre réellement après la mort : C'eſt l'avis d'un Pere de l'Egliſe, (*a*) & c'étoit la maxime d'un grand Saint, qui penſoit ſept fois le jour à l'Enfer. (*b*) Rien n'éteint mieux le feu de la paſſion, que l'idée des braſiers éternels : Rien n'anime

(*a*) *Deſcendebamus in infernum viventes, ne deſcendamus morientes.* S. Bern.

(*b*) Saint François de Borgia.

mieux à la pénitence, que la pensée des tourmens éternels, rien n'inspire plus d'horreur du péché, que la vûë des châtimens éternels.

Seigneur, je penserai souvent aux maux donr vous châtiez le crime, afin de ne pas l'aimer, de ne pas m'y accoutumer, & de ne jamais même le commettre. Ne permettez pas que je tombe dans le péché qui vous offense griévement, & qui nous damne à jamais. Sauvez-moi, mon Dieu, & ne me laissez pas périr : ne me réprouvez pas : (a) ne me condamnez pas aux feux vengeurs ; j'en suis digne, il est vrai, mais vous êtes miséricordieux, & la miséricorde même; & vous avez au surplus fait une loi, qui nous oblige étroite-

(a) *Noli me reprobare à pueris tuis.* Sap. 9. 4.

ment d'espérer en vous, de nous confier en votre bonté sans borne. Ah! Je m'y confie, ô mon Dieu, tendrement: J'espere fermement en vous, & je ne serai point confondu & humilié éternellement. (a)

Si j'allois le Crucifix à la main à la porte des Enfers, crier: Démons impitoyables, misérables damnez, votre Dieu enfin vous pardonne, si vous faites pénitence, si vous demandez miséricorde. Ah! Chrétiens, je ferois de l'Enfer un véritable Paradis: Je mettrois la joie dans ces lieux de tristesse & d'horreur: & toutes ces déplorables victimes offriroient avec joie leurs feux & leurs flâmes pour satisfaire à la justice de Dieu.

Auteur moderne.

(a) *In te Domine, speravi, non confundar in æternum.* Psal. 30. 1.

L'ENFER

L'ENFER.

Vers irréguliers.

Que vois-je dans ces profonds abîmes ?
Dans ces lieux, où l'on venge les crimes.
O Ciel ! Ce n'est qu'horreur, trouble & confusion,
Désordre, inimitié, cris, imprécation.
Là, des Bourreaux sans nombre,
Dans cette prison sombre,
Sur les humains mauvais exercent leur fureur.
Là, pour eux nulle joie, aucune fête aimable,
Là, jamais aucun bien, jamais rien d'agréable :
Tout est croix, tout est mal, pour l'indigne pécheur.
L'élément le plus vif dévore sans relâche,
Les habitans de cette région ;
Sans les purifier de nulle moindre tache,
Il les tourmente sans compassion.

Quel malheur, d'être la victime
Des vengeances du Très-Haut !
Voilà le but où tend le crime,
On nous l'apprend dès le berceau.
Péché, je te déclare une éternelle guerre :
Je redoute du Ciel la foudre & le tonnerre.

LE PARADIS.

MEDITATION VII.

POUR LE SAMEDY.

ADORATION.

JE vous adore, ô divin Jeſus, aſſis à la droite de Dieu votre Pere, regnant dans tous les ſiécles, environné & tout brillant de gloire : *Rex gloriæ* : Ce fut après mille travaux & mille peines, que vous entrâtes dans votre gloire dans le grand jour de l'Aſcenſion. (*a*) Je vous adore dans cet état de triomphe & de félicité ; je veux

(*a*) *Oportuit Chriſtum pati, & ita intrare in gloriam ſuam.* Luc. 24. 26.

marcher sur vos traces & souffrir avec vous dans le cours de cette mortelle vie, afin d'être avec vous glorifié dans les Cieux. (a)

I. PENSÉE — LE PARADIS EST NOTRE AIMABLE PATRIE, NOUS DEVONS Y TENDRE.

Nous n'avons point ici de Cité permanente, mais nous cherchons celle qui est à venir (b)

Non constamment, elle n'est point dans ce monde, notre Cité & notre Patrie aimable : nous sommes dans un lieu de bannissement, dans une terre d'exil. Nous sommes des voyageurs, nous marchons, nous tendons à

(a) *Si tamen compatimur ut & cum glorificemur.* S. Paul. Rom. 8. 17.

(b) *Non habemus hic civitatem permanentem, sed futuram inquirimus.* S. Paul. Heb. 13. 14.

notre Patrie : Cette Patrie, c'est le Ciel, c'est le beau Paradis : C'est-là où se trouvent nos bons parens, nos meilleurs amis, nos véritables richesses, nos biens réels & durables : C'est là où notre repos parfait se trouve, & ce n'est que là, qu'il peut se trouver : C'est là où notre habitation éternelle, & la place qui nous a été préparée par JESUS-CHRIST entrant dans sa gloire, (*a*) se trouve & nous attend : C'est donc là constamment notre véritable Patrie : tous les Saints l'ont ainsi compris : tous les Peres l'ont ainsi enseigné, & tous les vrais Chrétiens soupirent en conséqnence vers cette Patrie aimable : ils travaillent, ils souffrent, ils font des efforts pour y parvenir. A nous d'en faire de même, & de nous hâ-

(*a*) *Vado vobis parare locum.*

ter, pour parler avec l'Apôtre, d'arriver dans ce lieu de paix, de tranquillité, de repos : *Festinemus ingredi in illam requiem.* (*a*) Il n'est point d'étranger, il n'est point de voyageur qui ne tende avec zéle, qui ne soupire avec ardeur vers le lieu de sa Patrie. Puisque le Paradis est la nôtre, pensons-y souvent, tendons-y fortement, & n'oublions rien pour y arriver heureusement.

Nous regardons le Paradis comme notre véritable Patrie. (*a*)

II. PENSÉE. — LE PARADIS EST NOTRE GRANDE RÉCOMPENSE, NOUS DEVONS LA MÉRITER.

Vous devez vous réjouir,

(*a*) *Patriam nostram Paradisum computamus.* Ven. Be.

être ravis de joie de ce qu'une grande récompense vous attend dans le Ciel. (a)

Oüi, c'est dans le Ciel que notre récompense nous attend c'est dans le Paradis que l'homme fidéle à son Dieu sera liberalement récompensé de tous ses travaux, de toutes ses souffrances, de toutes ses bonnes œuvres. C'est là où le digne & fervent ouvrier recevra le salaire dû & proportionné à son travail (b) : ainsi que Jesus-Christ nous l'apprend dans la Parabole des ouvriers, que le Pere de famille envoya dans sa vigne, & à qui il donna en-

(a) *Gaudete & exultate, quoniam merces vestra copiosa est in cœlis.* Math. 5. 22.

(b) *Voca operarios, & redde illis mercedem.* Math. 20. 8.

ſuite la récompenſe dûe à leurs travaux. Je ſerai moi-même, dit Dieu à Abraham, votre grande & exceſſive récompenſe: *Ego ero merces tua magna nimis.* (*a*) Ce qui fût promis au Pere des vrais fidéles regarde auſſi ſes enſans, qui, comme lui, croyent avec fermeté, & menent une vie ſainte en conſéquence des lumieres de leur foi: mais quelle récompenſe recevront ils ? la poſſeſſion d'un Dieu, en préſence de qui tout diſparoît, & devant qui toute la Terre n'eſt que comme le petit poids d'une balance, ou une goute de la roſée céleſte qui prévient le lever du ſoleil. (*b*) Que vous êtes bon, ô mon

(*a*) Geneſ. 15. 1.

(*b*) *Tanquam momentum habere, ſic eſt ante te orbis terrarum, & tanquam gutta rori, ante lucani, quæ deſcendit in terram.* Sap. 11. 23.

Dieu

Dieu ! de récompenser ainsi vos serviteurs ! mais avec la jouissance du Créateur, ne jouiront-ils pas aussi des biens créez, capables de réjouir l'homme, sans l'infecter & le souiller ? Oüi, sans doute, dit le grand Augustin : *ibi erit omne bonum, & non erit aliquod malum.* Dans l'aimable séjour du Paradis, on possédera tous les biens, sans mélange d'aucun mal. L'esprit ne contemplera que des objets agréables & satisfaisans. La Divinité avec tous ses attributs adorables, sera le grand, l'essentiel & le principal objet de l'entendement. En sorte que la vûë claire & intuitive de Dieu & de ses divines perfections, c'est ce qui rendra essentiellement l'homme bienheureux : mille autres objets très-inferieurs, mais pourtant infiniment beaux

& agréables se présenteront sans peine à l'esprit du bienheureux, qui sera très-éclairé, & nullement revêtu de ce voile sombre d'ignorance qui l'afflige dans cette vallée de larmes & de miséres. Le cœur du bienheureux sera comme noyé dans un ocean de joye, & dans un fleuve de paix. Il brûlera sans cesse du feu du divin amour; il aimera sans mesure, sans bornes, sans dégoût, & sans nulle appréhension de ne pas aimer, ou de n'être point aimé. Ah! quel sort! qu'il est heureux! qu'il est à envier. Dans le Paradis, le corps, avec tous les sens, y sera de même que l'ame, participant d'une felicité convenable à sa nature: la vûë n'y apercevra que des objets charmans & brillans. L'oüie n'y entendra que des concerts & des chants aussi mélodieux qu'ils seront Saints & divins. L'odorat n'y poura ressentir que des odeurs flateuses & célestes. Le goût y sera réjoui, disent les SS. Docteurs (*a*), par une liqueur incorruptible qui plaira infiniment. Le sens du toucher jouira de sa béatitude, par la gloire & la splendeur dont il sera environné, & par l'éloignement & l'exemption de toute douleur, de toute incommodité, de toute situation génante; enfin, tout le corps, toute la substance de l'ame, avec leurs puissances & facultez, seront dans un état de joye, de bonheur, de contentement & de plaisir, qui ne peut s'exprimer, qui durera à l'infini, autant que Dieu même, qui est essentiellement éternel : *ibunt .... justi in vi-*

(*a*) S. Thomas d'Aquin.

tam æternam. (*a*) Qu'on eſt inſenſé, lorſqu'on néglige un ſi grand bien, & une félicité de cette eſpéce, pour s'attacher aux biens volages du monde! ſi le Ciel eſt une récompenſe, il faut donc faire ſes efforts pour la mériter. Si c'eſt une récompenſe immenſe & exceſſive, nous devons donc employer toutes nos forces, & donner tous nos ſoins pour nous en rendre dignes. La raiſon la plus foible, voit ſans peine la juſteſſe de ces conſéquences.

Si les travaux & les ſouffrances vous rebutent, animez-vous par l'excès & la durée de la récompenſe céleſte. (*b*)

(*a*) Math. 25. v. ult.

(*b*) *Si labor terret merces invitet.* Saint Bern.

SENTIMENS.

O Beau Ciel ! C'est donc vous qui êtes ma patrie : Paradis délicieux ! c'est donc vous qui êtes le terme heureux où je dois tendre sans cesse, & atteindre enfin avec le secours puissant de la grace. Paradis charmant ! que ma main droite soit mise en oubli, si je viens à manquer de vous rappeller en idée, soit dans le tems de la joye, pour ne pas m'y attacher, soit dans le tems de l'affliction, pour ne pas y succomber & m'y laisser abattre. Ah ! qui me donnera d'entrer dans l'aimable séjour des bien-heureux ! de voir ce beau Pays, d'habiter dans cette Région où tout rit,

(a) *Si oblitus fuero tui Jerusalem, oblivioni detur dextera mea.* Psal. 136. 5.

& où rien n'afflige ! où tout est attirant, & où rien ne rebute; où tout est bon, & où rien n'est mauvais; où tout est saint, & où rien n'est vicieux; où tout est grand, & où rien n'est petit; où tout est durable, & où rien n'est fragile; où tout agrée, & où rien ne déplaît! ah que les habitans du Ciel sont heureux! souffrez, mon ame, souffrez en paix & avec humilité. Consolez-vous, mon cœur, au milieu de vos peines, dans la vûë & dans l'attente du beau Paradis, où tout sera renouvellé en bien, *ecce nova facio omnia*:(a) d'où tous les maux seront à jamais bannis, & où tous les biens seront pour toujours réunis. (b) Dans nos travaux, dans nos peines, dans nos maux, dans

(a) Apocalip. 21. 5.

(b) *Omne bonum, sine omni malo*. S. Aug.

nos afflictions, fixons notre vûe du côté du Ciel, envisageons l'éternelle & excessive récompense qui nous attend, & que nous attendons, qui nous est promise, & que le rémunérateur souverain nous donnera, si la persévérance met le sceau à notre patience & à notre vertu. (*a*) Dieu du Ciel, accordez-moi la grace d'arriver un jour dans la Patrie céleste, & ne permettez pas que je m'en ferme les portes par le crime, & par une vie dereglée; benissez les desseins pieux que je forme, & dont l'exécution pourra me les ouvrir & m'introduire dans ce beau séjour.

1° Je veux à l'avenir penser souvent au Ciel, le désirer, & travailler fortement pour un

(*a*) *Qui persevera-verit usque in finem, hic salvus erit.* Math. 10. 22.

jour être habitant de cette Cité sainte; pour être enfin du nombre des Citoyens heureux de la nouvelle Jerusalem. (a)

2°. Je me rappellerai souvent en idée les délices de l'éternité, & je me priverai pour les mériter de celles du tems, persuadé qu'il n'y a rien à perdre, mais beaucoup à gagner dans cet échange divin; puisque pour quelques petits plaisirs fugitifs, on doit être innondé d'un torrent de volupté qui ne finira & qui ne séchera jamais. (a)

3°. Dans le tems nébuleux de l'affliction, je m'animerai à la patience, par la vûë du Ciel, par l'esperance de la récompense & de la félicité sans fin, me disant à moi-même, ce

(a) *Vidi civitatem sanctam, Jerusalem novam.* Apoc. 25.

(b) *Torrente voluptatis tuæ potabis eos.* Psal. 36. 9.

qu'une mere sainte & héroïne disoit autrefois à son fils, lorsqu'on le conduisoit au lieu où il devoit être martyrisé : *Nate, nate, aspice Cœlum.* (a) Mon fils, mon cher fils, lui disoit-elle, envisagés le Ciel, & regardés la récompense éternelle, elle vous dédommagera avantageusement de toutes les peines, & du dernier supplice que vous allés endurer : Souffrez, mon fils, & donnés votre vie avec une patience digne d'un vrai Soldat de Jesus-Christ. C'est ainsi que j'animerai mon cœur à l'amour des souffrances, & à la patience au milieu des maux & des croix de la vie, qui sont comme les instrumens du continuel martyre qu'endure le Chrétien pieux, en vivant selon les loix

(a) La Mere de S. Symphorien. Offic. Rom.

& les maximes du Saint Evangile. (*a*)

Sçaurois-je justement me plaindre, qu'une félicité infinie me coûte un peu de mépris, de nécessitez & de souffrances? Les Martyrs ont acheté le Ciel au prix de leur sang, ils ont crû après cela, qu'on le leur donnoit pour rien. Ah! bienheureuse Eternité! si les hommes sçavoient ce que tu vaux.

Auteur moderne.

(*a*) *Vita Christiani, si secundùm Evangelium vivat, Crux est, & Martyrium.* Saint Aug.

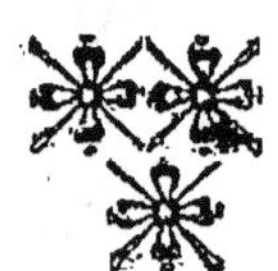

LE PARADIS.

Vers ſuivis.

A La gloire du Ciel, élevons nos eſprits;
Tâchons dans ces bas lieux d'en concevoir le prix;
Afin que détachez des biens de cette vie,
Nous ne formions des vœux que pour notre Patrie.
Ah! Si nous concevions ce que vaut ce bonheur,
Qui nous eſt deſtiné par notre Créateur;
Quelle eſt cette demeure, & ce ſéjour céleſte?
Nos cœurs faits pour le Ciel déteſteroient le reſte.
Mais comment concevoir cette félicité?
Notre eſprit eſt trop bas, il eſt trop limité:
Les ſenſibles objets de la belle nature
N'en montrent qu'un craïon, qu'une foible peinture.

Contemplons ce tableau, voyons dans l'univers,
De la main du Très-Haut les ouvrages divers.
Montons d'un vol rapide au ſommet des montagnes,
Pour voir tous les tréſors de nos riches campagnes.
Joignons l'automne en fruits aux beautez du printems,
Pour avoir dans l'inſtant tous les objets préſens:
Et promenans nos yeux dans ces fertiles plaines,
Voyons tout, s'il ſe peut, bois, prez, ruiſſeaux, fontaines.
En terre ayant jetté ce regard innocent,
Elevons notre vûe à ce beau Firmament:
Obſervons avec ſoin ces étoiles ſans nombre,
Que découvre à nos yeux une nuit un peu ſombre,
Dont chacune montrant un éclat radieux,
Semble un beau diamant enchaſſé dans les Cieux.

Sans changer de coup d'œil, admirons ces planettes
Que nous voyons briller & rouler sur nos têtes :
Voyons aussi l'éclat de la Lune en son plein
Qui nous éclaire tous sous un Ciel fort serein ;
Quel spectacle plus propre à ravir en extase.
A nous faire énoncer en des termes d'emphase ;
Mais ce n'est pas assez, ajoutons à la nuit,
Cette clarté du jour que le Soleil produit.
L'on jugera d'abord la chose incompatible,
Mais une fiction peut la rendre possible :
La supposant ainsi, quel est l'enchantement
Qui se présente aux yeux dans cet heureux moment ?
Que cette vûe est douce, agréable & charmante !
Que l'univers est beau ! tout y plaît, tout enchante :

Tout y montre à l'envi quel en est l'ouvrier,
(*a*)
On ne peut qu'admirer, exalter, s'écrier;
Que ce chef-d'œuvre est grand ! qu'il fait voir l'excellence
De l'Etre Tout-puissant dont il a pris naissance !
Mais qu'est-ce ? Par rapport au céleste bonheur ?
A ce divin Palais, où l'on voit le Seigneur ?
Ce qui frappe les yeux dans ce visible monde ;
Ce qui plaît sur la terre aussi-bien que sur l'onde ;
Tout cela disparoît, mis en comparaison ;
Avec ce beau séjour, où l'on trouve à foison
Des richesses sans fin, des trésors ineffables ;
Des honneurs, des plaisirs, à l'excès agréables ;
Où l'on voit face à face un Dieu dont l beauté

(*a*) *Cæli enarrant gloriam Dei, & opera manuum ejus annuntiat firmamentu.* Psal. 18. 1.

Enlevera les cœurs durant l'Eternité :

Où jamais le chagrin ne trouve aucune place,

Où de l'affliction l'on ne voit nulle trace :

Où les maux, les douleurs, les peines & les croix

Ne font pouſſer nuls cris, nulles lugubres voix. (*a*)

En un mot, où tout eſt, beauté, bonté, délices,

Exemption de maux, de péchez, de tous vices.

Où de la charité regnent les divins feux :

Où tous les habitans ſont à jamais heureux.

Ah ! Quel eſt le bonheur de cette Cité ſainte !

Où l'on vit dans la paix, ſans gêne & ſans contrainte.

Hâtons-nous, hâtons-nous d'arriver dans ce lieu,

Où l'on poſſede tout, en jouiſſant de Dieu.

(*a*) *Neque luctus, neque clamor, neque dolor erit ultrâ.* Apoc. 12.

C'eſt l'endroit du repos, comme le dit l'Apôtre (a)
Plaçons-là notre choix, préférons-le à tout autre,
Achetons cette perle à quel prix que ce ſoit ;
Courons à ce feſtin, où l'on mange, où l'on boit,
Sans ceſſe & ſans dégoût, ce vin, ce fruit de vie, (b)
Qu'on ne donne qu'à ceux qui ſont dans la Patrie. (c)
Déſirable Patrie ! objet charmant objet !
Vous ſerez déſormais de mes vœux le ſujet ;
Je ſoupire vers vous ; vers vous je tends ſans ceſſe ;
Votre doux ſouvenir excite ma tendreſſe ;
Ah ! beau Ciel ! beau ſéjour, aimable Paradis !
Quand ſerai-je en ton ſein heureuſement admis ?

La lecture de ces vers ſur le

(a) *Feſtinemus ingredi in illam requiem*. Heb.

(b) *Vincenti dabo edere de ligno Vitæ.* Apoc. 23.

(c) *Poculum ex vino conditc.* Cantic. 8. 3.

Parad

Paradis attendrit toute l'Assemblée ; les cœurs étoient touchez, les esprits étoient saisis ; les yeux étoient baignez de larmes, & le silence tint long-tems la place du discours & de la Conversation. Enfin on le rompit, & l'on pria le Pere Abbé, après l'avoir fort remercié de la lecture de son Ouvrage pieux & édifiant, de rester encore quelques jours chez Madame la Marquise, & de nous faire l'honneur d'assister à nos Assemblées. Il répondit qu'il étoit fort pressé de retourner dans sa solitude, mais que cependant il auroit encore une fois la satisfaction d'assister à nos Conférences. Je le ferai, ajouta-t-il, d'autant plus volontiers, que le Révérend Pere Romain a promis de nous faire part d'un Ouvrage édifiant de sa façon : Oui, dit alors ce Pere, j'aurai l'honneur de lire à l'Assemblée, si elle veut bien l'agréer, un petit Ouvrage sur les principaux Mystéres de la vie & de la mort du Sauveur, qui a été le fruit de ma derniere retraite, & que j'ai du depuis revû & retouché avec quelque exactitude. Je n'ai rien oublié pour le mettre en petit & en racourci : les réflexions m'y paroissent édifiantes, & les sentimens tendres & vifs. J'en dis trop, je dois me taire sur ce qui me regarde, & faire peu de cas de mes foibles productions.

CONVERSATION XVI.

L'ORAISON,

Réduite en pratique.

Monsieur le COMMANDEUR.
Monsieur le Chevalier du BOURG.
Madame la Marquise.
Le Révérend Pere ROMAIN.
MM. . . . .

L'ABBE' AU-VRAY.

CEtte Conversation fut destinée à entendre lire l'Ouvrage du Révérend Pere Romain, dont il avoit promis de nous faire part dans la derniere Conversation. Le Révérend Pere Abbé s'y trouva : il donna toute son attention à la lecture de ce pieux Ouvrage ; payant en cela de retour, le Pere Romain qui l'avoit écouté fort attentivement lorsqu'il nous lisoit le sien. On fit pourtant, comme par préambule, la Conversation quelques instans sur les nouvelles, & l'on y fit en peu de tems bien des réflexions sur le sujet de la paix & de la guerre : on y dit, que la paix étoit infiniment préférable à la guerre, puisque l'une étoit un don de Dieu très-précieux, & que l'autre en étoit un fleau fort à craindre. On ajouta qu'il falloit demander instamment la paix au Seigneur, lorsque la discorde l'avoit éloignée de nous, ou supplier sa divine bonté de nous la conserver, quand elle regnoit parmi les hommes, singuliérement dans le Royaume & chez nos voisins.

Voici l'Ouvrage pieux dont il eſt queſtion : il eſt touchant & inſtructif, & comme l'on a dit dans la Converſation précédente, il a pour objet les principaux Myſtéres de la vie & de la mort du Sauveur divin : il eſt fait en forme de méditations, à peu près dans le goût des précédentes.

LA NAISSANCE DE JESUS-CHRIST.

ME'DITATION I.

POUR LE LUNDY.

ADORATION.

JE vous adore, ô Jesus naissant dans une loge aux animaux, pour le salut des hommes : Je m'anéantis en votre présence, & je vous reconnois dans cet état d'abaissement pour mon souverain Seigneur, & pour le Dieu de toute la nature : Je m'unis à tous les hommages, & à tous les autres devoirs de religion que MARIE votre très-sainte Mere, & Joseph son époux sacré, vous rendirent dans cet instant.

REFLEXIONS.

POurquoi Jesus-Christ a-t-il voulu naître dans une grote, dans une étable abandonnée, & parmi des vils animaux? pourquoi a-t-il permis qu'on ait refusé à MARIE sa sainte mere, & à son époux saint Joseph, le logement dont ils avoient besoin, & qu'ils demandoient? C'est, sans doute, pour nous donner des leçons d'humilité. C'est pour abaisser notre orgueil, c'est pour nous aprendre qu'il faut, sur la terre, s'humilier, s'anéantir, si l'on veut être exalté & élevé dans le

Ciel. C'est de sa Crêche, que JESUS nous instruit, & qu'il nous dit par sa conduite & par son état volontaire d'humiliation & d'abaissement : aprennez de moi le grand art de s'humilier, & d'être petit à ses propres yeux ; aprenés de moi à détester l'orgueil, le faste, le luxe, & la pompe mondaine : Je suis la voie que vous devez suivre ; envisagés mon humilité, pour vaincre votre superbe. JESUS naît dans la saison la plus incommode & la plus froide, dans la privation de toutes les commoditez de la vie ; il pleure il gémit, il souffre, il est saisi de froid : quelle est la source de tant de souffrances ? la charité : il veut d'un côté satisfaire pour nous à la justice de son pere irritée par nos crimes : de l'autre il veut nous montrer le chemi de la céleſte Patrie, qui eſt la vertu de la patience, l'amour des ſouffrances, le parti de la pénitence & de la mortification. L'on voit encore dans le Sauveur naiſſant, un exemple ſingulier de pauvreté & de dépouillement volontaire, quoi de plus pauvre en effet, que l'Etable de Bethléem, & le ſpectacle ſacré qui s'y offre à nos yeux? le riche par excellence s'eſt fait pauvre & indigent pour l'amour de nous, dit l'Apôtre, afin que ſa pauvreté & ſon indigence devint pour nous une ſource féconde de richeſſes & de biens céleſtes (*a*): quelle leçon de détachement des faux biens de la terre, de mépris des vaines richeſſes, de patience dans la pauvreté, dans les beſoins, dans les néceſſités corporelles; en un mot,

(*a*) *Propter nos egenus factus eſt cùm eſſet dives, ut ejus inopia vos divites eſſetis.* S. Paul. 2. Cor. 89.

dans l'état de misere où l'on se trouve par l'ordre de l'adorable Providence. Jesus enfant est notre maître, il nous instruit en cent façons : écoutons-le (*a*), il nous parle sans mot dire : suivons-le, & nous ne marcherons pas dans les ténebres, puisque nous aurons la lumiére pour guide. (*b*)

SENTIMENS.

O Divin Enfant, aimable Jesus! qui ne vous aimera dans cet état de petitesse, dans cet état d'enfance & de simplicité? si je contemple votre majesté & votre grandeur sans bornes; j'adore, je m'anéantis, & je sens mon être se fondre, & comme se perdre en votre présence. Mais si je vous considére dans votre état d'Enfance, si je vous

(*a*) *Ipsum audite.* Math. 17. 6.

(*b*) *Qui sequitur me non ambala: in tenebris.* Joan. 8. 12.

vois emmailloté de langes, repoſé ſur une Crêche, couché ſur de la paille au milieu de deux êtres ſans raiſon, dans le ſein de la miſere & de la ſaiſon la plus imcommode: pour lors je ſens mon cœur touché, attendri, embraſé du feu ſacré de votre amour. (*a*) C'eſt alors que je me plais à dire & à répeter mille fois, que Dieu eſt bon, que Dieu eſt admirable, qu'il eſt aimable! que ſon ſaint Nom ſoit beni, que Jeſus ſoit aimé & adoré ſinguliérement dans cet état de petiteſſe, de tendreſſe, d'amabilité. Ah! je vous y adore, & je vous y aime dans cet état aimable, ô mon divin Sauveur! je vous y loue, je vous y rend mes très-humbles actions de graces; & pour vous

(*a*) *Magnus Dominus & laudabilis nimis: parvus Dominus & amabilis nimis*, S. Bern.

marquer ma vive reconnoiſſance, je veux, avec votre ſecours divin, vaincre mon orgueil, & humilier ma vanité ; n'avoir d'ambition que pour le Ciel, combattre ce fonds d'avarice, ce penchant vers les faux biens de la terre qui eſt en moi, & ſouffrir avec patience & avec joye, autant que je le pourrai, les maux & les afflictions de la vie.

Evangelizo vobis gaudium magnum quod erit omni populo, quia natus eſt vobis hodie ſalvator, qui eſt Chriſtus Dominus in civitate David. Luc. 2. 10.

Je vous annonce une nouvelle qui remplira de joye tous les peuples : C'eſt, qu'aujourd'hui dans la Ville de David, il vous eſt né un Sauveur qui eſt le Chriſt, le Seigneur.

Sic humiliavit ſe, ſic abbreviavit ſe, ſic exinanivit ſe Deus majestatis, ut & vos similiter faciatis. S. Bern.

Le Dieu de majesté s'est ainsi humilié, il s'est ainsi fait petit, il s'est comme annéanti de cette sorte, afin que vous en fassiés de même, & que vous marchiez sur ces divines traces.

JESUS NAISSANT.

Vers suivis.

O Charité sans bornes! ô sagesse d'un Dieu,
Que vos divins rayons brillent bien dans ce lieu
Où jadis le Sauveur pour l'homme daigna naître,
Où les grands, les petits adorerent leu maître.
Ciel quel lieu, quel palais pour le suprêm Roi!
Quelle entrée! & quels murs! quel pavé & quel toit!

Tout y prêche hautement une sainte indigence,
Tout y fait le procês à la vaine arrogance,
Dans ce louvre nouveau, point de gardes, ni cour,
Nul trône, point de sceptre, ah quel est ce séjour!
O palais du grand Roi! tes beautés sont cachées
Aux hommes sensuels, aux ames attachées;
A ces biens que l'on perd, le plus tard au tombeau,
Qui font l'homme pécheur & rebelle au très-haut.
Beau Palais, je t'admire, & j'aime ce Monarque,
Qui chez toi veut donner une si grande marque
De l'amour dont il brûle à l'égard des mortels:
Faisons-lui de nos cœurs, des présens éternels.

On trouva ces vers vifs & d'un goût de piété. Madame la Marquise nous chanta tout de suite, d'une maniére à se faire écouter, un Cantique nouveau ſur la naiſſance du Sauveur divin. M. le Chevalier, dont la mémoire eſt heureuſe & toute neuve enleva d'emblée cette chanſon pieuſe; il en retint même l'air, nous nous en apercûmes & nous le priâmes de le chanter, ce qu'il fit de fort bonne grace, après lui en avoir fait nos complimens de politeſſe, de même qu'à Madame la Marquiſe; le Pere Romain reprit la lecture de ſon Ouvrage édifiant. Mais me dirés-vous, mon cher Théophile, quel eſt donc ce Cantique pieux que l'on chanta? Je voudrois bien l'entendre : la diſtance des lieux entre vous & moi eſt trop grande, mon très-cher ami, pour que vous puiſſiez me l'entendre chanter; tout ce que je puis faire, c'eſt de l'expoſer à vos yeux en vous l'envoyant par écrit.

NOEL.

Sur l'air, dans cette Etable.

QUel grand Mistére
Brille dans ce Saint jour !
La Vierge mere
Enfante un Dieu d'amour,
C'est le Verbe éternel,
Le Monarque immortel,
Le Fils de Dieu le Pere ;
C'est le maître du Ciel.
Quel grand mistére !

Du Ciel, en terre ; [a]
Il vient ce Roi puissant,
De son tonnerre
Fraper le fier Satan ;
Ce trop rusé serpent
Qui fit tomber Adam ;
Pour lui faire la Guerre ;
Il se hâte, il descend
Du Ciel en terre.

Ce divin maître,
Dans le sein de la nuit,

(a) *Descendit de cælis.* Symb. Nicæ.

Daigne paroître, (a)
Ce beau soleil y luit.
Les divins messagers,
Par des sons passagers,
Le font bientôt connoître
A des heureux Bergers;
Ce divin maître.

Dans une Etable,
On y voit du très-haut
Le Fils aimable,
Mis dans un vil berceau:
O Cieux! étonnés-vous! [b]
Cieux, devenés jaloux:
Le Messie adorable
Naît en ce jour pour nous,
Dans une Etable.

Avec les Anges,
Joignons nos doux concerts;
De nos louanges,
Mêlons les tons divers;
Chantons le Roi des Cieux,
Naissant dans ces bas lieux,

(a) *Sedentibus in regione umbræ mortis lux orta est eis.* Matt. 4. 16.

(b) *Obstupescite cæli super hoc.* Jerem. 2. 12.

Emmailloté de langes :
Louons ce Dieu des Dieux, [a]
Avec les Anges.

JESUS ENFANT.

MEDITATION II.

POUR LE MARDI.

ADORATION.

MOn Sauveur aimable ; Jesus enfant, je vous adore & je vous aime ; je vous admire, & je vous loue dans tous les mysteres de votre divine Enfance ; sur-tout dans le mystére de votre Circoncision, dans celui de l'Epiphanie, dans votre Pré-

(a) *Deus Deorum, Dominus.* Psal. 49. 1.

sentation, & dans votre demeure à l'insçû de vos parens, dans le Temple de Jerusalem : puissiez-vous à jamais être adoré, beni & glorifié dans tous ces sacrés Mysteres.

REFLEXIONS.

QUe de leçons pieuses, que d'instructions édifiantes dans les differens Mystéres de l'Enfance sacrée de Jesus ! Sa Circoncision sanglante & humiliante nous enseigne l'amour des souffrances & des abaissemens, le retranchement des vices & des superfluitez. Son adoration par les Mages, leur vocation miraculeuse à laquelle ils furent si fidéles, les présens mystérieux qu'ils lui firent ; tout cela nous instruit, tout cela nous porte aux devoirs de la Religion, à la fidélité, aux graces; ſur-tout à celle de la vocation; à l'obeiſſance prompte aux inſpirations céleſtes. Le myſtére de la Préſentation dans le Temple, nous enſeigne l'obeiſſance parfaite à la loi, & l'obligation où nous ſommes de nous dévouer ſans délai au Seigneur, & à ſon divin ſervice. L'Enfant Jeſus quittant ſes paren pour quelques jours, & retrouvé dans le Temple de Jeruſalem, nous donne encore bien de ſalutaires leçons, ſinguliérement d'un parfait détachement des parens, ſur-tout dans les perſonnes conſacrées au Seigneur, & d'un attachement ferme & conſtant à tout ce qui touche la gloire du Seigneur, & les interêts divins; enfin tout eſt leçon, tout eſt prédication muette dans la divine Enfance de Jesus : ses actions nous dirigent, elles sont pour nous des regles de droiture & de sainteté, de soumission & d'obéissance : *facta ejus præcepta sunt* : (*a*) Heureux, si nous sçavons y conformer notre conduite, & sur-tout si nous aprenons de Jesus enfant, l'art de devenir enfant nous-mêmes, dans le sens de l'Evangile, par le moyen d'une aimable simplicité, d'une docilité sans replique, d'une parfaite innocence de mœurs.

SENTIMENS.

TRès-saint, très-adorable & tout aimable Enfant JESUS; mon cœur s'ouvre, quand je vous

(*a*) S. Greg.

rapelle dans ma penſée:je ne puis vous contempler dans cet état de douceur, de ſimplicité, de petiteſſe, ſans être attendri ſenſiblement: ah! que vous êtes aimable, ô Fils unique de MARIE! Que vos voyes ſont admirables! Que vous êtes grand, même dans vos petiteſſes apparentes! qui au fond ſont des vraies grandeurs, & des raviſſantes amabilitez. O mon doux Sauveur! Je vous donne mon cœur, avec toutes ſes tendreſſes, tout ce qui m'apartient, tout ce qui me touche eſt à vous par mille titres, ſinguliérement par le droit de conſécration & d'offrande que je vous en fais ſans réſerve. Daignez benir le deſſein ſincere que j'ai formé de devenir un enfant en innocence de mœurs, en ſimplicité de vûes & d'intentions, & en tendreſſe de sentimens & d'amour.

Nisi efficiamini sicut parvuli, non intrabitis in regnum Cœlorum. Math. 28. 3. Si vous ne devenez comme des enfans, vous n'entrerez point dans le Royaume des Cieux.

Infans salus infantium. Inf. Jesu Lit.

O divin Enfant! Vous êtes le salut & la vie, des vrais enfans chrétiens.

JESUS ENFANT.

QUATRAIN.

Enfant divin, objet du tendre amour,
Ouvrez nos cœurs, par l'attrait de vos graces;
Reglez nos pas sur vos pieuses traces,
Et menez-nous à l'éternel sejour.

JESUS DANS SA VIE CACHÉE ET PUBLIQUE.

MÉDITATION III.

POUR LE MERCREDI.

ADORATION.

VErbe divin qui avez gardé si long-tems un silence profond dans le secret de la retraite, & dans l'enceinte d'une maison pauvre & sans éclat; (a) je vous adore dans cet état d'obscurité & d'éloignement du monde, qui fait l'objet de l'étonnement

(a) *Verbum silens*, Litan. Inf. Jesu.

nement des Eſprits céleſtes, & des hommes vraiment pieux & éclairez: je vous adore de même, & je vous admire dans votre vie publique, expoſée aux yeux du monde, dévouée au ſalut des hommes, marquée au coin de mille merveilles, & d'une infinité d'œuvres ſaintes & pieuſes: partout vous êtes digne des hommages & des louanges de vos créatures, tirees du néant par votre main Toute-puiſſante, & rachetées par vos mérites infinis.

REFLEXIONS.

JESUS-CHRIST a mené durant le cours de pluſieurs années une vie toute cachée aux yeux des hommes, une vie reirée, ſilentieuſe, éloignée du monde. Pourquoi en a t-il ainsi usé ? Etoit-ce par précaution, & pour se conserver dans la sainteté ? Non sans doute, puisqu'il étoit Saint & impeccable par nature. C'étoit plutôt pour nous servir de modéle, & pour nous inspirer par-là de l'estime pour la vie cachée & intérieure: pour cette vie qui n'est point dissipée au-dehors, mais qui est toute recueillie au-dedans : pour cette vie qui est si sûre pour le Ciel, & si propre à nous maintenir dans l'innocence & dans la pureté. C'étoit pour nous faire concevoir de l'horreur pour la vie fastueuse, éclatante & mondaine. C'étoit afin de nous mériter les graces nécessaires, pour devenir des hommes intérieurs, qui ne cherchent que Dieu, qui marchent en sa divine présence, & qui ne s'étudient qu'à lui plaire, & à s'unir à lui. C'étoit enfin pour sanctifier la vie cachée, solitaire & intérieure que devoient mener dans la suite des siécles, dans la nouvelle loi, une infinité de personnes, tant de l'un que de l'autre sexe, dans les déserts, dans les Cloîtres, dans le monde même. Telles étoient les vûes de JESUS, autant que notre foible raison peut le connoître, dans le cours de sa vie cachée. La vie publique de ce Dieu Rédempteur fut précédée par le Baptême de la Pénitence, qu'il reçut par le ministére de saint Jean-Baptiste son Précurseur. Ciel! quelle édifiante leçon pour nous d'humilité, de pénitence & de recours aux personnes consacrées & destinées à la sanctification des autres! nombre de circonstances merveilleuses accompagnerent ce ſacré Baptême. Les Cieux y furent ouverts. La voix du Pere éternel s'y fit entendre. L'Eſprit Saint y parût ſous la forme d'une Colombe. Jean-Baptiſte refuſe d'abord de baptiſer celui dont il ſe reconnoît indigne de délier les cordons de ſes ſouliers ; il a ordre de paſſer outre, & de faire ſa fonction ; il obéit, il la fait, il baptiſe JESUS-CHRIST dans les eaux du Jourdain, qui furent par-là, diſent les Peres, comme conſacrées & deſtinées à ſervir de matiére au ſaint & vivifiant Baptême de la loi nouvelle, que le Sauveur alloit prêcher & établir. Du Jourdain, le Sauveur paſſe dans le fond du Déſert : il y jeûne, il y demeure durant l'eſpace de quarante jours : De-là, le jeûne de la ſainte quarantaine des Chrétiens. S'il quitte la retraite & la solitude du Désert, c'est pour semer le grain de sa divine parole ; c'est pour prêcher par-tout la Pénitence ; (*a*) c'est pour se montrer au monde ; (l'heure en étoit venue ;) c'est pour publier sa Loi toute céleste ; son Evangile tout divin, & ses maximes toutes admirables & toutes saintes ; c'est pour opérer des merveilles éclatantes, pour faire des miracles surprenans ; c'est pour former des Disciples & se choisir des Apôtres, qui après avoir été ses éleves, après avoir été remplis des dons de l'Esprit Saint, fussent en état de faire la conquête de l'univers ; d'instruire toutes les Nations, de les soumettre à son Empire. C'est enfin pour servir de modéle à

(*a*) *Pœnitentiam agite, appropinquavit enim regnum cœlorum.* Math. 4. 18.

tout le monde, (a) pour édifier tous les hommes, soit justes, soit pécheurs, par la sainteté de ses mœurs, par la régularité de sa conduite, par l'éclat de ses vertus; singuliérement de son humilité, de sa douceur, de sa modestie, de sa patience, de sa charité, de son détachement des créatures, de son attachement pour la vérité, de son horreur pour l'hypocrisie, & de son amour ardent & ineffable pour Dieu son Pere. (b) Qu'heureux furent les Juifs qui eurent ce modéle parfait devant les yeux; qui ouirent de sa divine bouche les paroles de vie qui en sortoient, qui furent les témoins de ses grands miracles &

(a) *Exemplum dedi vobis, ut quemadmodum ego feci, ita & vos faciatis.* Joan. 13. 15.

(b) *Ut cognoscat mundus, quia diligo patrem.* Joan. 14. 31.

de ses fréquentes merveilles ! mais plus heureux furent ses Apôtres qui le suivirent partout pas à pas, qui mangerent tous les jours avec lui, & qui logerent sous le même toit ! Nous serons nous-mêmes heureux à l'excès, si nous suivons en tout ce divin Rédempteur ; je veux dire, si nous imitons sa vie intérieure, de même que sa vie d'action, ses vertus d'humilité & de douceur, de même que celles de zéle & de prudence ; en un mot, si nous observons ses maximes en entier, & si nous nous conformons parfaitement à l'esprit de l'Evangile, qui est sa Loi.

SENTIMENS.

PArdon, mon aimable Sauveur, de mon peu de conformité à votre Loi sainte & évangélique, de mon peu de zéle à vous suivre, & à imiter vos vertus : soit celles qui ne parurent qu'aux yeux de MARIE & de Joseph, ou de quelqu'autres personnes en petit nombre : soit celles qui brillerent aux yeux du public, & qui édifierent une infinité de gens qui en furent les heureux spectateurs. Venez, Seigneur Jesus, venez en moi, vivez en moi, regnez en moi, par l'efficacité de vos graces, par la communication de vos vertus, par le goût de vos maximes, par la conformité à votre esprit.

Vit

Vita vestra abscondita est cum Christo in Deo. Col. 1. 3.

Votre vie est cachée en Dieu avec Jesus-Christ.

Martha & Maria sorores erant, ambæ non solùm carne; sed etiam religione Germanæ ambæ Domino cohæserunt. S. Aug.

Marthe & Marie étoient deux sœurs unies selon l'esprit de Religion, de même que selon la chair, & toutes les deux fort attachées à Jesus-Christ.

Il faut unir la vie contemplative avec la vie active, marquées par ces deux sœurs : il ne faut pas séparer la vie intérieure de la vie d'action & de dehors.

LA VIE CACHE'E DE JESUS.

SIZAIN.

Vie sans bruit du divin Conquérant;
Vous nous prêchez l'aimable solitude
Qui fait les Saints, qui rend pur, innocent;
Qui de nos cœurs bannit l'inquiétude.
Je vous choisis, vie douce & de paix;
Dans votre sein je vivrai désormais.

LA VIE PUBLIQUE DE JESUS.

DIZAIN.

JESUS dans ſa vie publique
Offre à nos yeux des faits tout ſurprenans;
Il perſuade, il inſtruit, ſans replique,
Les plus petits, de même que les grands:
Par-tout il prêche, il annonce, il publie
Les ſaintes Loix qui menent à la vie, (a)
Heureux l'homme qui le ſuit,
Qui l'écoute,
Qui le goûte,
Qui déteſte le crime, & qui n'aime que lui.

(a) *Si vis ad vitam ingredi, ſerva mandata.* Math. 19. 17.

L'EUCHARISTIE.

ME'DITATION IV.

POUR LE JEUDY.

ADORATION.

O Jesus réellement présent dans la divine Eucharistie, je vous y adore, je vous y crois, & je vous y aime de toute l'étenduë de mon cœur.

REFLEXIONS.

QUe les hérétiques ont grand tort, de refuser de croire la vérité, & la réalité d'un Mystére qui est si doux, si consolant, si avantageux à l'égard de ceux qui croyent, & qui ajoutent à leur foi la vénération & l'amour! L'oracle de la vérité s'est expliqué clairement : *Ceci est mon corps* (*a*), *ceciest mon sang* (*b*). Ces expressions sont nettes, & nullement ambigues. Malheur aux esprits incrédules ; malheur aux cœurs infidéles qui se laissent séduire par l'esprit d'erreur & de mensonge. Jesus - Christ réellement présent dans l'adorable Eucharistie, s'immole pour nous sur les Autels; quelle bonté! il se donne à nous dans la Communion sainte , quelle charité ! quel amour ! le Sacrifice de la Sainte Messe est si grand, c'est quelque chose de si divin & de si auguste, que ni les couronnes, ni les sceptres, ni les trônes, ni les Tri-

(*a*) *Hoc est Corpus meum* Math. 26 27.

(*b*) *Hic est sanguis meus*. Marc. 24. 24.

bunaux ne sont point si respectables : que dis-je, tout cela n'est que petitesse, par raport à la grandeur de ce Sacrifice, dont la victime est l'Homme-Dieu, dont le principal Prêtre est le Prêtre éternel selon l'ordre de Melchisedec, dont l'objet, ou l'Etre souverain à qui on l'offre, n'est autre que Dieu même ; dont la fin est d'honorer & de reconnoître le Domaine absolu, l'authorité suprême de Dieu sur tous les Etres créez : dont les fruits sont ineffables & infiniment à désirer. Ah ! que ce Sacrifice est grand & auguste ! qu'il est digne de nos respects & de notre vénération la plus profonde ! *Horrendum Sacrificium.* (a) cependant combien d'hérétiques qui le méprisent, en niant obstinément la vérité de son existence.

(a) S. Chrisost.

Combien de mauvais Chrétiens qui péchent contre ce Sacrifice adorable, ſoit en omettant d'y aſſiſter dans les tems requis, ſoit en y aſſiſtant avec une impiété, avec une négligence capable d'irriter le Seigneur plutôt que de l'apaiſer. Si l'Eucharistie eſt un Sacrifice excellent & tout divin, elle n'eſt pas moins un Sacrement aimable & tout avantageux. En cette qualité, & ſous ce raport, la divine Eucharistie eſt un banquet céleſte, une manne délicieuſe, un pain ſurnaturel qui nourrit nos ames (*a*), qui éclaire nos eſprits, qui embrâſe nos cœurs, qui anime notre lâcheté, qui fortifie notre foibleſſe, qui excite notre piété; qui attendrit notre dévotion, qui purifie notre conſcience, qui affermit notre

(*a*) *Panis quem ego dabo caro mea eſt pro mundi vitâ.* Joan. 6. 52.

foi, qui soutient nos espérances, qui maintient & qui fait croître notre charité ; qui nous sert de passe-port, si l'on peut user de ce terme, à l'égard de l'immortalité bien-heureuse ; en un mot, qui nous procure mille biens, singuliérement le don précieux de la perséverance, sans lequel tout échoue, & avec lequel tout réussit, tout est fait. Heureux le Chrétien qui reçoit dignement la divine Eucharistie ! heureux le fidéle qui communie toujours saintement ! heureux l'homme qui s'asseoit à la table des Anges avec des dispositions Angeliques, & qui mange le Pain céleste avec un goût de piété, avec un appétit sacré, avec une ferveur animée !

SENTIMENS.

O Sacré Banquet, ô festin céleste ! que vous êtes délicieux ô divine & aimable Eucharistie ! qui ne vous aimera ? quel cœur ! fut-il dur comme la pierre, pourroit refuser de s'ouvrir & de s'attendrir à vos aproches. Mon cœur, aimons ce Mystére tout aimable, désirons cette nourriture toute céleste, soupirons après ce sacré Festin ; où l'on mange l'Agneau sans tache, & où l'on boit son Sang infiniment précieux : mais sur-tout n'oublions rien, pour nous disposer comme il faut, pour être revêtu de la robe nuptiale ; & pour que notre lampe soit ardente du feu sacré de la divine charité, lorsqu'il s'agira d'entrer dans la Sale du festin, pour y participer aux sacrez Mystéres. Tel est, ô Jesus, ô Dieu caché, mais présent en vérité sur nos Autels. (a) Tel est mon dessein, ren ez le par votre grace ferme & efficace.

Qui manducat meam carnem, & bibit meum sanguinem habet vitam æternam, & ego ressuscitabo eum in novissimo die. Joan 6. 55.

Celui qui mange ma chair & qui boit mon sang, a la vie éternelle, & je le ressusciterai au dernier jour.

O pretiosum convivium, magnificum, salutiferum & omni suavitate repletum! hoc purgantur peccata, virtutes augentur, & omnium Charismatum abundantia, mens impinguatur. S. Amb.

O Banquet précieux & magnifique; ô festin salutaire & rempli d'une douceur infinie! dans

(a) *Vere tu es Deus absconditus.* Thom. à Kempis.

lequel notre cœur est purifié, nos vertus reçoivent de l'accroissement, & notre ame est comme engraîssée par l'abondance des graces qu'elle y reçoit.

L'EUCHARISTIE.

QUATRAIN.

DOn des dons, grand bienfait, divine Eucharistie,
Venez à mon secours dans l'instant de la mort :
Rendez-moi pur & saint dans le cours de la vie ;
En mourant, servez-moi d'un heureux passeport.

CANTIQUE.

SUr ce trône d'amour, je crois, j'adore, & j'aime,

Un Dieu caché, rédempteur des mortels;
S'offrant sur les Sacrez Autels,
Nous y donnant sa chair & tout soi-même.

Pardon, Jesus, pardon, adorable victime,
Ce que j'aimois, n'a plus pour moi d'attraits,
Et je veux faire desormais
Un éternel divorce avec le crime.

Mon cœur brûlez d'amour; quand vous servés d'Autel
Et de vase vivant au Monarque immortel.

LA PASSION ET LA MORT DU SAUVEUR.

MEDITATION

POUR LE VENDREDY.

ADORATION.

ADorons, ô mon ame ! Jesus souffrant & mourant pour nous sur la terre, afin de nous mériter les délices & la vie du Ciel ; jamais il ne fut plus digne de nos adorations & de nos louanges.

REFLEXIONS.

CONtemplons le Sauve
dans ses douleurs intérie
res, dans sa Passion sanglante,
dans sa mort également violen
& ignominieuse; par tout nous
verrons digne de nos admiratio
de nos tendresses, & de notre z
à lui ressembler. Avant de souf
dans son corps adorable, Je
souffrit infiniment dans son a
très-sainte. Le jardin de Geth
mani fût le théatre des doule
intérieures de ce divin réde
pteur: c'est dans ce jardin
mertume, que la tristesse v
fraper à la porte de son cœ
(a) qui lui fût ouverte; elle
entra, elle y produisit
effets surprennans, une ago

(a) *Tristis est anima mea usque ad mortem.* Math. 263

mortelle, une ſueur de ſang, des ſentimens d'effroi & d'ennui (*a*). On ne peut exprimer ce que Jesus-Christ ſouffrit dans ſon cœur dans cet inſtant, à la vûe des peines & des tourmens qu'il alloit endurer, à la vûe de la multitude & de l'énormité des crimes, pour l'expiation deſquels il alloit endurer ; à la vûe des pécheurs ingrats pour qui il alloit endurer. Enfin à la vûe de la perfidie du traître Judas, de la fuite lâche de ſes Apôtres, & du reniement multiplié de leur chef. O Jeſus ! quelle douleur & quelles peines intérieures n'endurâtes - vous pas dans le jardin des oliviers! peut-on les concevoir? mais quelle fut la multitude & la violence des maux, des tourmens que

(*a*) *Cæpit pavere, & tædere.* Marc. 14. 33.

vous voulûtes bien souffrir pour notre amour, dans les rues, & les differens Tribunaux de Jerusalem! ici, vous souffrez le plus sanglant des affronts, par la main audacieuse & inhumaine d'un indigne valet. L'à, vous êtes moqué, bafoué, couvert d'injures & de crachats. Chez Hérode, vous y êtes traité en insensé. Chez Pilate, que n'y souffrîtes-vous pas? une flagellation cruelle à l'excès couvrit votre corps adorable de playes & de sang. Une Couronne d'épines vous causa les plus sensibles douleurs. La préference de l'homicide Barrabas, vous revêtit d'une robe de honte devant les hommes, qui vous fût plus sensible que celle qu'on jetta sur vos épaules sacrées par dérision; après votre flagellation sanglante, Pilate vous condamne enfin à à la Mort;à la grande sasisfaction de vos ennemis. Comme un autre Isaac, je vous vois chargé du Bois destiné à consommer votre Sacrifice. Cette grande Croix vous cause des douleurs infiniment sensibles, & par sa pesanteur, & par ses contre-coups multipliez : vous souffrés tout, sans mot dire. Que votre silence est admirable ! qu'il est édifiant, qu'il est instructif ! enfin vous êtes attaché, non avec des cordes, mais avec des gros cloux à cette fameuse Croix, du sein de laquelle, sont heureusement émanées, la douceur de vos graces, l'efficacité de notre Rédemption ; la réconciliation de l'homme avec Dieu, la conversion des Gentils, la pénitence des pécheurs, la sanctification des Justes ; l'ouverture des portes du Ciel, la possession de la gloire & de la félicité sans bornes. O Croix ! quelle est votre sublimité, votre profondeur, votre étendue, votre fécondité ! c'est sur ce bois sacré de la Croix, que JESUS-CHRIST après trois heures de souffrances & de douleurs inexprimables, daigna expirer, mourir, répandre son Sang jusqu'à la derniére goûte pour le salut du genre humain; & cela, à la vûe d'un peuple infini, sur le Mont du Calvaire, au milieu de deux insignes criminels dont l'un devient un Saint, sous les yeux d'une Mere infiniment affligée dont la douleur ne pouvoit qu'augmenter celle du fils en présence de ses ennemis qui ne cessoient de l'insulter ; ô Dieu ! que de souffrances, que de peines, que de maux endurez pour l'homme ! Quelle ingratitude, quelle folie même, si nous ne sommes pas sensibles à tant de bontez, à une si grande charité, à un si prodigieux amour, de la part de notre aimable & divin Rédempteur !

SENTIMENS.

AH ! j'y suis très-sensible, ô mon doux JESUS ! à vos bontez, à vos misericordes, & à tous les maux qu'il vous a plû endurer pour moi, & pour tous les hommes sans exception. Je voudrois, par mon sang, vous marquer ma vive reconnoissance & mon tendre amour, mais vous ne demandez que ma bonne volonté, que mon cœur, que ma tendresse ; tout cela vous est acquis, & dû par mille titres. Les voilà sans réserve, prenez-en une éternelle possession, ne

permettez pas que je révoqu
jamais une si juste offrande: &
par vos souffrances excessives
par votre passion très-doulou
reuse, par votre mort violent
& ignominieuse, daignez m'ac
corder le don de la patienc
durant la vie, & la grace signa
lée de la persévérance jusqu'
la mort, afin que je puisse à ja
mais chanter vos divines miseri
cordes dans le séjour glorieu
de la béatitude. *Christus passi
est pro nobis, vobis relinquens
exemplum, ut sequamini vestigi
ejus.* (a).

JESUS-CHRIST a souffe
pour l'amour de nous, il vous
donné des exemples de patienc
afin que vous vous conformiez
lui, & que vous suiviez ses trace

*Non decet sub spinoso capit
membrum fieri delicatum.* S. Ber

(a) 1 Pet. c. 2, v. 21.

Il ne ſeroit pas ſéant ni convenable aux membres de vouloir être délicats, tandis que leur Chef ſe trouve couronné d'épines.

LA PASSION
DE
JESUS-CHRIST,

DISTIQUE.

LEs veines du Sauveur, qui les ouvrit? l'amour.
Amour! ouvrez mon cœur, pour que j'aime à mon tour.

CANTIQUE,

Sur l'air : du ſyſtême.

DAns le Jardin des Olives,
Contemplez votre Sauveur,

Voyez ſes douleurs ſi vives,
Cette ſanglante ſueur,
C'eſt pour vous, hommes coupables,
Qu'il endure tant de maux.
Votre iniquité l'accable,
Vos crimes ſont ſes bourreaux.

Judas, cet Apôtre impie,
Par un baiſer le trahit;
Avec fureur on le lie,
Chez Caïphe on le conduit,
A l'envi chacun outrage
Cet aimable Rédempteur:
On lui déplaît davantage,
Si l'on eſt toujours pécheur.

Pilate & les Juifs s'uniſſent
Pour le faire flageller;
Sous les coups qui retentiſſent,
Je vois ſon ſang ruiſſeler,
Ah! Quelle couronne horrible
Perce le front de mon Roi!
O Jeſus! Eſt-il poſſible,
Quevous ſouffriez tant pour moi.

Peuple cruel! Juge lâche!

Vous oſés tous d'une voix,
Condamner l'Agneau ſans tache,
A mourir ſur une croix :
Quoi ! Cet arrêt ſanguinaire
Doit ſi-tôt s'executer,
Chrétiens courés au Calvaire ;
Votre Maître y va monter.

Cette victime eſt livrée
A des ſoldats inhumains ;
Des cloux la pointe acerée,
Perce ſes pieds & ſes mains :
Un ſi grand ſpectacle étonne,
L'onde, la Terre, & les Cieux ;
Un Dieu meurt, ſa mort nous donne
Les droits les plus précieux.

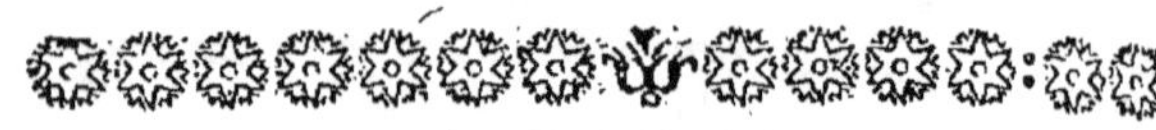

LE MYSTERE DE LA SÉPULTURE.

MÉDITATION VI.

POUR LE SAMEDI.

ADORATION.

LE Corps adorable de JESUS fut l'objet de la vénération, de la compassion, des tendresses de sa divine Mere, & de plusieurs ames pieuses, qui assisterent au mystére de la sépulture de ce divin Corps: entrons dans leurs dispositions saintes adorons ce sacré Corps separé de son ame, mais non point de l divinit divinité, diſent les SS. Docteurs. *Quod ſemel aſſumpſit, nunquam dimiſit.*

REFLEXIONS.

LE myſtére de la ſépulture nous edifie : il nous fait en ſilence des leçons de ſalut : il nous aprend que nous devons nous enſevelir ſpirituellement avec JESUS-CHRIST, ſuivant cette expreſſion de l'Apôtre : *Conſepulti & in baptiſmo.* (*a*) Sépulture ſpirituelle, qui nous détache du monde & des mondanitez, qui nous cache en Dieu & pour Dieu, qui nous fait oublier le monde, & qui fait que le monde nous oublie ; qui nous conſerve dans la pureté de cœur, qui nous maintient dans le ſilence & dans la paix, qui nous

(*a*) S. Paul, Col. 2. 12.

fait mourir aux vains plaisirs de la terre, pour nous faire vivre d'abord dans les vraies douceurs de la grace, ensuite dans le sein d'une béatitude, qui n'aura nulle fin & nul alliage de croix, de peines, de chagrins. Heureux ensevelissement! Qui n'a de triste que les dehors & les aparences, mais qui dans le fond, dans la réalité ne renferme que de la joye, du contentement, de la tranquillité, des biens & de solides espérances. Ce mystére nous donne encore d'autres leçons édifiantes; il nous enseigne qu'on doit prendre le parti de la retraite, après qu'on a eû le bonheur de mourir au péché, & cela par le retranchement des visites dangereuses, par la fuite des occasions prochaines, par l'éloignement des compagnies trop mondaines, par la visite plus fré quente des saints Temples ; ou bien même, si l'on y est apellé, par le choix d'un état de vie qui nous consacre tout-à fait au Seigneur, & qui nous broüille en entier avec le monde. L'ensevelissement (*a*) du Corps adorable de JESUS dans un sépulcre neuf, taillé dans le roc, où personne n'avoit encore été mis (*b*), nous aprend aussi qu'un cœur qui reçoit JESUS CHRIST dans la sainte Communion, doit être ou dans sa premiere innocence, ou dans un renouvellement de sainteté ; qu'il doit être affermi depuis long tems dans le bien & dans la vertu, ou du moins dans le dessein ferme & sincere de s'y mainte-

(*a*) *Crucifixus & mortuus, sepultus.* Symb. Nic......

(*b*) *Posuit illud in monumento suo novo, quod exciderat in petrâ.* Math. 27. 60. *In quo nundum quisquam positus erat.* Joan. 19 41.

nir à l'avenir, malgré toutes les oppoſitions du tentateur.

SENTIMENS.

TRès-ſaint & très-adorable Corps de JESUS deſcendu de la Croix avec vénération, embaumé avec les ſentimens d'une pieuſe religion, placé reſpectueuſement dans le ſépulcre de Joſeph d'Arimathie, je vous adore & je vous révere dans ces differens états, je baiſe tendrement vos playes, je me cache & je m'enſevelis avec vous pour reſſuſciter un jour glorieuſement avec vous. Vierge ſainte, mere infiniment affligée, je prends part avec zele à vos douleurs, j'y compâtis avec tendreſſe, j'honore les ſacrées diſpoſitions de votre cœur maternel & tou pieux dans ce Mystere, de même que dans celui de la mort & de la passion de votre divin Fils, & je vous suplie de m'obtenir de sa divine bonté, la grace d'une sainte mort, & d'une sépulture convenable, accompagnée des secours & des prieres de l'Eglise.

Consepulti sumus cum illo, per baptismum in mortem. S. Paul, Rom. 6. 4.

Nous avons été ensevelis avec Jesus-Christ par le Batême, pour mourir avec lui.

Postremò, munda sindone primæ stolæ spiritum meum, & involve, ut requiescam. S. Bern.

Enfin purifiez, ô mon divin Sauveur, mon ame! purifiez-la, pour ainsi parler, dans le Suaire de ma premiere innocence, afin que je puisse reposer en paix.

LE SAINT SÉPULCHRE.

STANCES.

QUel divin mausolée en ce jour se présente
Aux yeux de notre foi !
Entrons-y, pleurons tous avec la sainte amante
De Jesus le grand Roi.

Comme elle, en gémissant sur nos erreurs passées,
Faisons gémir Satan.
Que nos ames ne soient désormais empressées
Que pour le Dieu vivant.

Cachons-nous tous vivans, avec notre bon maître,
Dans le sacré Tombeau,
Offrons-lui notre sang, notre vie & notre Etre,
Tous nos biens, s'il le faut.

LA RÉSURRECTION DU SAUVEUR.

MÉDITATION VII.

POUR LE DIMANCHE.

ADORATION.

O JESUS vraiment & glorieuſement reſſuſcité le troiſiéme jour après votre mort, ainſi que vous l'aviez annoncé & prédit à vos Diſciples : je vous adore dans cet état de gloire & de triomphe, mon cœur en eſt ſaiſi de joye : que tout l'univers vous adore & vous loue dans ce myſtere éclatant (*a*).

(*a*) *Omnis terra adoret te & pſallat tibi.* | Pſal. 65 4.

SENTIMENS.

N'En doutons point, la Résurrection du Sauveur est un mystére d'espérance & d'appui par rapport à notre créance & à notre félicité. C'est un Mystére d'édification, à l'égard de notre conduite & de nos mœurs. Il est d'une certitude parfaite & constante, que JESUS-CHRIST après avoir souffert infiniment pour les hommes, après avoir goûté l'amertume de la mort, mais d'une mort la plus cruelle & la plus ignominieuse qui fut jamais, pour la rédemption du genre humain ; il est, dis-je, d'une certitude très-constante qu'il est vraiment & glorieusement ressuscité le troisiéme jour après sa mort, ainsi qu'il l'avoi lui-même prédit à ses Disciples dans le cours de ses Missions & de ses travaux Apostoliques. *Surrexit Dominus verè.* (*a*) Or, cette Résurrection sûre, certaine & constante, est une base, un appui très-ferme & très-solide de notre foi, de notre créance & de notre félicité. Car si Jesus-Christ n'étoit pas ressuscité, notre foi, notre Religion seroit vaine, selon le grand Apôtre ; elle seroit fausse, trompeuse & illusoire ; (*b*) mais étant ainsi qu'il l'avoit promis & assuré lui-même, véritablement ressuscité, par une puissance qui ne peut être que divine & céleste, il suit évidemment que les véritez que Jesus-Christ avoit avant sa Résurrection, publiées,

(*a*) Luc. 24. 33.

(*b*) *Si Christus non resurrexit, vana est fides vestra.* S. Paul. 1. Cor. 15. 17.

enſeignées & propoſées aux hommes, venoient d'en-haut, émanoient de la ſource de toute vérité, & conſéquemment qu'elles devoient être l'objet de notre créance, & que la Loi, la Religion établie par JESUS-CHRIST étoit bonne, ſurnaturelle & divine. Sur le même appui ſe trouve encore fondée l'eſpérance de notre félicité conſommée, de notre glorieuſe Réſurrection. JESUS-CHRIST eſt notre chef, (a) nous ſommes ſes heureux membres ; il doit y avoir conſtamment de la proportion & de la reſſemblance entre le Chef & les Membres: puiſque le Chef eſt glorieux, puiſqu'il eſt reſſuſcité, puiſque ſon ame & ſon corps ſont dans la béatitude, & dans une béatitude conſommée, ſes membres

(a) *Chriſtus caput eſt Eccleſiæ.* Eph. 5. 23.

seront donc de même glorieux, ils ressusciteront un jour, leur félicité, quant à l'ame & quant au corps, sera parfaite & consommée : *Per hominem mors, per hominem Resurrectio mortuorum* : (a) *si mortui non resurgunt, ergo Christus non resurrexit.* (b) Que nous sommes heureux de voir ce que nous voyons, d'entendre ce que nous entendons, de croire ce que nous croyons ! singuliérement de ressusciter au dernier jour glorieux & triomphans comme JESUS-CHRIST notre divin Chef & notre aimable Rédempteur ; mais ce sera à cette condition que nous réformerons nos mœurs, sur le modéle de sa vie, de sa mort & de sa résurrection. Il a vêcu, il est mort dans la sainteté & dans l'obéissance la plus parfaite à

(a) 1. *Cor.* 15. 21. (b) *Ibid.*

ſon Pere ; nous devons vivr
ſaintement, & mourir dans l
patience & dans la ſoumiſſio
parfaite aux ordres du Ciel.
eſt reſſuſcité véritablement (a
il faut que notre converſion,
faut que notre réſurrection ſp
rituelle ſoit vraie & ſincére:
eſt reſſuſcité, & il a paru (b)
pluſieurs dans cet état de réſu
rection : notre converſion d
paroître & édifier le public.
eſt reſſuſcité pour ne plus mo
rir (c), nous devons perſéve
dans notre retour à Dieu,
prendre bien garde de ne
regarder en arriere.

(a) *Surrexit Dominus verè.*

(b) *Et apparuit.* Ibid.

(c) *Christus reſurgens ex mortuis, non moritur, illi ultrà non dom bitur.* S. Paul. I 6. 9.

SENTIMENS.

TEls ſont mes vœux, & telle ſera ma conduite, ô Jeſus, mon divin Rédempteur! ſi vous daignez par votre grace ortifier ma foibleſſe. Je vous la demande humblement cette grace, & je l'attends de votre bonté infinie : J'eſpere auſſi de reſſuſciter dans un état glorieux avec vous, de regner éternellement avec vous, & d'être à jamais parfaitement heureux avec vous, & comme vous. Ainſi ſoit-il.

Reſurrexit propter juſtificationem noſtram. Roman. 4. 25.

JESUS-CHRIST eſt reſſuſcité pour notre juſtification.

Si compateremini & conregnaretis : ſi commoriemini & conre-

surgeretis. S. Bern. serm. 1. de Resurr. Domini sub finem.

Si vous souffrez avec JESUS-CHRIST, vous regnerez avec JESUS-CHRIST ; si vous mourez avec JESUS-CHRIST, vous ressusciterez de même avec JESUS-CHRIST.

JESUS-CHRIST

GLORIEUSEMENT RESSUSCITÉ.

STANCES.

L'Ange brille & paroît, il parle à Madelaine,
Ne cherchez plus, dit-il, Jesus parmi l
morts ;
Il n'est plus dans ce lieu ; sa vertu souv
raine
A sçû joindre son ame à son glorieux cor
La sainte amante croit ; elle court,
vole

Annoncer ce Mystére aux freres assemblez ;
Ce beau fait les surprend, il leur plaît, les console,
Et leur plaisir paroît par des cris redoublez.

Pierre sort, Jean le suit, arrivez au Calvaire,
Rien ne s'offre à leurs yeux, dans le sacré Tombeau,
Que du linge, ou plutôt que ce sacré Suaire
Qu'on révere, & qu'on voit en louant le Très-Haut.

Constante vérité, de Jesus l'ame sainte
N'est plus dans les bas lieux, elle a repris sa chair :
Nous reprendrons nos corps, constamment & sans feinte,
ue ce souvenir plaît ! qu'il doit nous être cher !

A l'issuë de la lecture de ce
ieux & édifiant Ouvrage, Mr.
e Commandeur se tourna vers

Mr. le Chevalier son Neveu, & il lui tint ce langage vraiment digne d'un tel Oncle: mon cher Neveu, vous venez d'entendre lire deux Ouvrages de piété, & très-propres à exciter dans le cœur des sentimens de religion, de piété, d'amour divin, de zéle pour le salut: Je vous exhorte autant qu'il est en moi, d'en faire un usage saint & pieux: je prie le R. Pere Abbé & le R. Pere Romain, de vous permettre de faire une copie de leurs Ouvrages: je me flatte de cette grace de leur part, & je m'attends de la vôtre, que vous m'en ferez aussi une copie bien lisible, afin que je puisse moi-même profiter, pour le bien de mon ame, de ces saintes méditations, de ces considérations pieuses, de ces versifications

cations vives & touchantes. Mon cher Oncle, répondit Mr. le Chevalier, vous serez obéï en tout : j'y ferai au moins de mon mieux : je conçois qu'il n'est rien tel que d'opérer son salut, de craindre & d'éviter le péché, comme les Saints & comme eux, d'aimer Dieu ardemment & sans réserve.

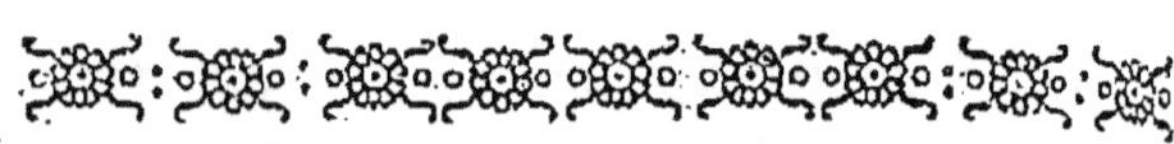

CONVERSATION XVII.

LES SACREMENS.

M. le Commandeur de RICHEMONT.
Me. la Marquise de TERRE-NEUVE.
Madame de Saint EVREMONT.
Me. la Comtesse de L'ISLE-BONNE.
MM. . . . . .

L'ABBE' AU-VRAY.

NOus fûmes privez dans cette conversation, du vénérable Abbé qui nous avoit honoré de sa présence, & beaucoup édifié par ses discours & ses Ouvrages de piété. Madame de l'Isle-bonne vouloit bie aussi s'en aller, & prendre con gé de Madame la Marquise

& de toute l'assemblée; mais nous fûmes plus forts que les raisons qui la portoient à reprendre son voyage, & à s'en retourner chez elle. Nous eûmes le plaisir de l'avoir encore dans deux ou trois de nos assemblées. Ce ne fut pas sans fruit, & sans utilité de notre part, car cette Dame nous aprit bien des choses, qui se passoient à la Cour, dont le détail nous rendit plus sages dans nos paroles, & plus prudens dans notre conduite : les nouvelles de la guerre occuperent encore une bonne place dans cette conversation : après-quoi, Mr. le Commandeur, qui fréquente souvent, & avec édification les Sacremens, proposa quelques questions au R. Pere Romain & à moi, touchant ces canaux sacrez de la grace. Ces questions étoient telles.

1°. Les Personnes qui approchent souvent des Sacremens de l'Eglise, instituez pour la sanctification de nos ames, par le divin Sauveur, font-elles mieux que celles qui par respect, & en vûe de leur indignité, s'en approchent très-rarement ?

2°. Est-ce un crime, un sacrilége, de faire des confessions nulles, par défaut de contrition, lorsqu'on croit l'avoir, & qu'on s'y est excité ?

3°. Quelle est la disposition la plus nécessaire & la plus convenable, par rapport à la sainte Communion ?

4°. Faut-il après avoir confessé, & aprés avoir participé aux sacrez Mystéres, employer un grand tems à l'action de graces ?

Le Réverend Pere Romain répondit aux deux premieres difficultez de M. de Richemont, & je répondis aux deux dernieres de mon mieux : Voici les réponses du Pere à la Lettre, & sans nul changement.

Il est constant que les Sacremens de la Pénitence & de l'Eucharistie, qui sont ceux dont il s'agit, sont des moyens excellens & très - efficaces pour réussir dans la grande affaire du salut. Ces deux Sacremens sont deux sources fécondes & intarissables de la grace, qui est cette eau salutaire dont parle l'Evangile, qui rejaillit jusqu'à la vie éternelle. La Pénitence nous purifie : l'Eucharistie nous anime, & nous nourrit spirituellement : la Pénitence écarte le péché : l'Euchariſtie fait croître la grace, la force, & les autres vertus dans l'ame : la Pénitence réconcilie le pécheur avec ſon Dieu : l'Euchariſtie unit le juſte avec le Saint des Saints : la Pénitence humilie & abaiſſe l'homme infiniment : (grande utilité, effet de conſéquence) l'Euchariſtie éleve & ennoblit l'homme à l'excez, en lui procurant la viſite en perſonne du Souverain des Rois. La Pénitence enfin détruit en nous la grande cauſe de notre perte, qui eſt le péché : l'Euchariſtie établit dans nous la grande cauſe de notre ſalut, qui eſt la charité, l'amour, la dévotion. Fut-il de voïe plus droite pour aller au Ciel ? fut-il de moyens plus efficaces pour atteindre au bonheur ſuprême ? Ces principes établis.

Il eſt aiſé de décider la queſtion que Mr. le Commandeur m'a fait la grace de me propoſer : (c'eſt toujours le Réverend Pere Romain qui parle) en diſant, que puiſque les Sacremens ſervent beaucoup pour le ſalut, pour le ciel, pour l'éternelle félicité, il eſt mieux d'en aprocher ſouvent, que d'y recourir rarement : Cette concluſion eſt évidente, cette conſéquence paroît juſte & ſenſée ; car d'employer les moyens néceſſaires & utiles pour atteindre au but qu'on ſe propoſe, & que l'on doit ſe propoſer, c'eſt inconteſtablement le parti le meilleur; c'eſt ſans contredit quelque choſe de mieux que de ne pas les employer : conſéquemment, employer ces moyens plus ſouvent, plus fréquemment, c'eſt quelque choſe de meilleur & de plus loüable que de les employer plus rarement, que de s'en servir avec moins de zéle, moins d'ardeur, moins d'empressement : plus souvent on s'aproche du feu, plus on se chauffe : plus souvent on boit à la source, plus on se désaltere : plus souvent on retouche un Ouvrage, plus on le polit & on le perfectionne : de même plus souvent on travaille à l'ouvrage du salut, mieux on l'opére. Plus souvent on s'approche du Thrône de la grace, mieux on se l'attire : plus souvent l'on mange le pain des forts, plus on est fortifié.

La Communion fréquente étoit constamment en usage dans la primitive Eglise : peut-on dire que les premiers Chrétiens qui avoient les prémices de l'e- pri prit, étoient blâmables, en se comportant de la sorte, ou qu'ils avoient embrassé le moins bon parti ? Une telle pensée seroit hors du bon sens, & contraire à la vérité. Mais, dira-t-on, les premiers Chrétiens étoient plus saints, mieux disposez, & moins indignes que nous : il faut en convenir, la chose est telle : mais aussi ils s'approchoient tous les jours de la Table sainte ; (*a*) & l'on ne demande point aujourd'hui, parlant en général, une approche si fréquente de la divine Eucharistie. D'ailleurs on peut, avec le secours divin, se rendre moins indignes, se disposer mieux, devenir plus purs & plus saints,

(*a*) *Quotidiè.......... Frangentes circà domos panem sumebant ibum cum exultatione, & simplicitate cordis, laudantes Deum.* Act. 2. 46.

& conséquemment approcher de plus près des dispositions des premiers Chrétiens, & comme eux, à proportion, s'approcher plus souvent des sacrez Mysteres. Dira-t-on qu'on s'éloigne par respect, par un esprit de vénération & de religion! Que n'étant que des vers de terre, nous ne devons pas nous approcher si souvent du souverain de Monarques, du grand Roi, du Dieu de l'univers. Spécieu prétexte, raison apparente mais peu solide! respectez infiniment, reconnoissez-vous indignes tant qu'il vous plaira annéantissez vous en la présenc d'une si haute Majesté, tout cela est très-bon & très-louable mais que votre respect & votr vénération, que votre religio & votre modestie ne soien point un obstacle à votre bien à la sanctification & au salut de votre ame ; ce qui seroit sans doute, si vous restiez les six mois, les années sans lui procurer la nourriture qui lui est destinée, & qu'elle désire. L'esprit de religion n'est point opposé à l'esprit de confiance & d'amour, qui veut qu'on s'approche : il n'est point contraire au zéle qu'on doit avoir pour son salut : il est compatible parfaitement & aisément avec l'esprit de soumission aux vœux de Jesus-Christ, & à ses invitations amoureuses & attraïantes, „ de nous approcher de lui dans „ nos peines & dans nos travaux, „ promettant de nous soulager „ & d'en diminuer le poids. “ (a) Le Roi des Rois doit être,

(a) *Venite à me omnes qui laboratis, & onerati estis, & ego reficiam vos.* Math. 11. 28.

il est vrai, respecté profondément ; mais au même-tems il doit & il veut être aimé tendrement ; il faut allier ici la tendresse avec la vénération, l'amour avec le respect, la réception de l'adorable Jesus avec l'adoration & le culte que nous lui devons.

Communier très-rarement par un motif de respect : c'est tomber dans l'illusion, & dans les piéges de satan : c'est suivre les traces du Roi Acab, qui ne voulant pas par un faux respect, à l'égard de la Puissance divine, demander un miracle au Seigneur ; que le Seigneur même vouloit qu'il lui demandât, ce qui déplût par là même à sa divine Majesté, ainsi que le Prophete le lui témoigna. (*a*) Quan

(*a*) *Pete tibi signum à Domino, & dixit Acab, non petam, & non tentabor Dominum.* Isai. 7. 11. 12.

un grand vous invite à sa table, il faut s'y asseoir : refuser de le faire, c'est l'offenser : c'est par un respect mal-entendu manquer de respect & de soumission à ses ordres & à ses volontez. Le vrai respect consiste à obéir, à seconder les vûes & les desseins des Supérieurs. Tout autre respect est faux, illusoire, trompeur ? Ah ! qu'il est bon de communier souvent ! mais avec un respect infini, avec une très-profonde humilité, avec les dispositions requises & nécessaires.

Mais est-ce tous les jours, toutes les semaines, tous les mois, qu'il est à propos & avantageux de s'approcher de la table des Anges ?

Saint Augustin, ce grand & fameux Docteur de l'Eglise, ne blâme ni ne loue la Communion de tous les jours. (a) A peine la permettoit-on autrefois aux Théreſes, aux Catherines de Sienne qui étoient des Saintes du premier Ordre. Les Directeurs des ames doivent y penſer ſérieuſement avant de la permettre aux perſonnes qui ſont ſous leur conduite : il faut pour cela un grand vol de dévotion, un grand fonds de diſpoſitions & de piété, une grande union avec JESUS-CHRIST, un grand détachement de ſoi-même & des créatures, & une grande pureté de conſcience.

La Communion de toutes les ſemaines eſt plus d'uſage dans la ſainte Egliſe. Il eſt une infinité de Fidéles dans les Cloîtres, & même dans le ſiécle, qui en ſont à ce point de fréquentation des Sacremens. I

(a) *Nectando, nec vitapero. S. Aug.*

en eſt même qui communient plus d'une fois la ſemaine. Une certaine fertilité en bonnes œuvres, une fuite conſtante du péché mortel ; nulle affection, dit le grand & ſaint Evêque de Geneve, au péche veniel ; (*a*) un certain détachement du monde, une certaine union avec Dieu : En un mot, une ſainteté, une piété particuliére, voilà les diſpoſitions pieuſes qu'exige une telle fréquentation de nos ſacrez Myſtéres.

La Communion de tous les quinze jours, ou de tous les mois eſt fort à conſeiller, pourvû qu'on mene une vie exemplaire, pieuſe & édifiante.

Il en eſt qui fréquentent les Sacremens aux grandes Fêtes de Notre Seigneur & de la ſainte

(*a*) Introduct. à la Vie dév.

Vierge : Cette maxime eſt bonne, elle eſt louable.

Mais de ne s'approcher de nos ſaints Myſtéres que deux fois, qu'une fois l'année, c'eſt être, ou bien pareſſeux en fait de ſalut, ou bien peu ſenſible à la gloire, & aux avantages que l'on reçoit, lorſqu'on mange l'Agneau ſans tache, & qu'on eſt admis dans la ſale des nôces du céleſte Epoux ; ou enfin, c'eſt être pénetré d'un faux reſpect, qui loin d'agréer à JESUS-CHRIST réſidant ſur nos Autels, déplaît au contraire à ſon cœur tendre & paternel, arrête le cours de ſes graces ultérieures, & prive le Chrétien qui en uſe de la ſorte de quantité de graces & de ſecours qu'il auroit reçu par le canal d'une fréquentation plus grande de la divin Euchariſtie.

La deuxiéme demande de Monſieur le Commandeur eſt celle-ci, s'il m'en ſouvient bien. Eſt-ce un crime, un ſacrilége de faire une Confeſſion nulle, par défaut de contrition, tandis qu'on a crû l'avoir, & qu'on s'y eſt excité ?

Pour mettre dans tout ſon jour cette déciſion ; je dis, que la Contrition eſt ſi néceſſaire & ſi requiſe à la Confeſſion ſacramentelle, que ſans elle toute Confeſſion eſt nulle, toute Confeſſion eſt invalide, inefficace & ſans effet. Pourquoi ? C'eſt, diſent les ſaints Docteurs, parce que le péché ne peut point être remis, ſi le cœur qui y a conſenti ne le déteſte : l'iniquité ne peut point être effacée ſi la volonté qui l'a enfantée n'en a du regret : les fautes ne ſont point pardonnées, ſi l'on n'eſt pas ſincerement fâché de les avoir commises. Le Publicain s'humilie au bas du Temple ; il frappe sa poitrine, il est pénetré de sentimens de douleur à la vûe de ses crimes. Il supplie le Seigneur de les lui pardonner : Sa priere unie à sa douleur est efficace : il reçoit le pardon qu'il souhaite, il est justifié ; tandis que le Pharisien qui tient une conduite opposée, qui ne reconnoît & ne déteste point ses fautes, demeure dans son premier état, souillé comme auparavant dans le fond du cœur, malgré son beau dehors de régularité & de vertu. (*a*) N'en

(*a*) *Publicamus à longè stans....... Percutiebat pectus suum, dicens : Deus propitius esto mihi peccatori : Dico vobis descendit hic iustificatus in domum suam ab illo : quia omnis qui se exaltat humiliabitur, & qui se humiliat, exaltabitur.* Luc. 18. 13. 14.

doutons point : C'eſt un principe inconteſtable reçû par-tout, que ſans la Contrition le péché demeure dans l'ame ; ſans une vraie douleur, le péché n'eſt point remis, bien qu'on le confeſſe avec ſincerité, & qu'on en reçoive l'abſolution de la part du Prêtre ; en ce cas l'abſolution eſt ſans fruit & ſans effet, par le défaut d'une diſpoſition eſſentiellement requiſe, qui eſt la Contrition. Sur quoi il faut remarquer que cette Contrition doit être non-ſeulement vraie & ſincere, mais ſurnaturelle, mais excitée par un mouvement de la grace, & pour une fin céleſte & connue par la foi ; en ſorte qu'on ſoit mari d'avoir offéſé Dieu, parce que le péché déplaît à ſa divine Majeſté, parce que Dieu eſt infiniment bon, infiniment aimable, infiniment grand, infiniment parfait, ou bien parce qu'on craint ſes châtimens ; la réprobation éternelle, le feu qui ne s'éteint point, le ver de la conſcience qui ne meurt point...... Or il arrive, plus ſouvent qu'on ne penſe, que la Contrition qu'on croit avoir n'eſt pas ſincere, n'eſt pas vraie, n'eſt pas dans le cœur, mais ſeulement dans l'eſprit, dans l'imagination, dans l'idée, & pour lors elle n'opere rien, elle n'influe point à la rémiſſion du péché, ainſi que nous l'avons expoſé ci-deſſus. Ce qui arrive également, lorſque la Contrition n'eſt pas ſurnaturelle, lorſqu'on n'eſt pas mari de ſon péché pour l'amour de Dieu, par rapport à Dieu, mais ſeulement par des motifs humains & naturels, tels que ſont la crainte du châtiment des hommes, de leurs reproches, de leurs censures : Dans ce cas-là, il est très-constant que la Contrition n'est point suffisante & telle qu'il la faut pour obtenir le pardon des péchez déclarez dans la Confession. La raison qu'on en apporte, c'est qu'il doit y avoir de la proportion entre les dispositions requises à un effet, & l'effet même : or l'effet qui est la rémission du péché, l'infusion ou l'augmentation de la grace sanctifiante étant très-surnaturel, il faut en conséquence que la Contrition soit surnaturelle, & dans son principe & dans sa fin ; il faut détester le péché par rapport au Créateur, & par un mouvement pieux qui naisse de la grace : il n'est rien là que de très-vrai & de très-raisonnable. Je reprends ces réflexions : si donc la Contrition n'est pas vraiment dans le cœur, bien qu'on penſe l'y avoir ; ſi elle n'eſt pas ſurnaturelle, quoi qu'on la croye telle, pour lors le Sacrement eſt nul & invalide, l'abſolution n'eſt point efficace, le péché reſte dans l'ame tel qu'il étoit auparavant : l'on n'eſt pas cependant, diſent les Théologiens, coupable d'un crime de ſacrilége, & d'un péché grief, ſi la bonne foi a préſidé là. Si on s'eſt excité à la douleur de ſes péchez avec un certain ſoin, ſi on a cru moralement être bien diſpoſé. Pour prévenir ces inconvéniens, quel conſeil ? quel parti prendre ? de s'exciter un tems notable à la Contrition de la demander avec zéle a Seigneur, dont la miſéricord qui pardonne les crimes & l fautes des hommes touchez repentans ne nous refuſera p les ſecours & les graces néceſſaires pour être véritablement touchés & maris de nos déreglemens. Au lieu d'un acte de douleur, formé du bout des lévres à la hâte, à la légere, formons en pluſieurs, avec attention, avec piété, & s'il ſe peut, avec ſentimens, avec larmes; ſur-tout avec un propos ferme de ne plus retomber dans les mêmes fautes. J'ai dit pluſieurs, parce que dans le nombre multiplié d'actes de Contrition, il pourra ſe faire, dit un Auteur, il y a même apparence qu'il s'y en trouvera quelqu'un de bon, de vrai, de ſurnaturel, qui ſera conſéquemment tel qu'il le faut, pour percevoir les fruits du Sacrement, & pour que l'abſolution ſoit valide & efficace. Le nombre de ſix, de huit, de dix n'eſt pas requis, il ne faut point donner dans la ſuperſtition, ni dans le ſcrupule ; mais pourtant il eſt tout vrai de dire, que dans le nombre un peu copieux de ces ſortes d'actes, il eſt plus ſûr qu'il y en aura quelqu'un de légitime, de ſurnaturel, de convenable, que ſi on n'en formoit qu'un ou deux. Quand on en fait peu d'ordinaire, on y apporte peu d'attention & peu de ſoins : lorſqu'on en fait beaucoup, on s'excite mieux, on penſe mieux à ce que l'on dit, à ce que l'on fait. Telles furent les réponſes du Révérend Pere Romain aux deux premieres difficultez que Monſieur le Commandeur avoit propoſées. Voici celles que j'eus l'honneur de faire en peu de mots à cet illuſtre & pieux Chevalier, par rapport aux deux queſtions qu'il m'avoit faites à l'entrée de la

Conver

Converſation, dont l'une eſt conçûe en ces termes.

Quelle eſt la diſpoſition la plus neceſſaire & la plus convenable, par rapport à la ſainte Communion ?

Je répondis de la façon qui ſuit.

S'il eſt queſtion des diſpoſitions éloignées, la plus convenable & la plus à deſirer, c'eſt la bonne vie, c'eſt une vie réguliere, chrétienne & conforme à la loi de celui qu'on veut & qu'on doit recevoir. Vivez, dit ſaint Ambroiſe, vivez de telle ſorte, que vous puiſſiez être en état de recevoir tous les jours le Saint des Saints, s'il vous étoit permis de le faire. *Sic vive ut quotidie merearis accipere.* S'il s'agit des diſpoſitions prochaines, outre la foi qui eſt ici ſi neceſſaire, l'Euchariſtie étant appellée un

Mystere de foi, *mysterium fidei*, la meilleure & la plus convenable disposition à ce Mystere tout aimable, c'est un vrai & tendre amour appuyé sur la base ferme de l'humilité. Approchez-vous, dit saint Gregoire, avec un saint tremblement, & avec un amour tendre & sincere, *accedite cum tremore & dilectione*. C'est ici un Sacrement d'amour, *Sacramentum amoris* (*a*). Le cœur qui doit le recevoir ne doit-il pas être enflâmé d'amour? JESUS-CHRIST se donne tout à nous dans la Communion sainte, ne devons-nous pas en reconnoissance, au moins lui donner notre cœur, lui consacrer notre amour, nos tendresses? Le Roi des Rois, le Souverain des Monarques vient loger chez nous,

(*a*) Saint Thomas d'Aquin.

que dis-je, dans nous-mêmes : avec quel respect, avec quelle modestie & quelle humilité ne devons-nous pas le recevoir ? L'humble Centenier de l'Evangile doit être notre modele en ce point : nous devons nous écrier avec lui : je ne merite pas, Seigneur, la gloire & le bonheur de vous recevoir, je m'en reconnois fort indigne : si je m'approche de vous, c'est pour vous obéir, c'est pour m'unir à vous plus étroitement, pour vous aimer plus ardemment, pour recevoir le gage de mon salut & de ma félicité éternelle, *pignus uturæ gloriæ* (*a*).

La derniere difficulté que M. eRichemont nous fit l'honneur e nous proposer, fut, si après voir été absous de nos pechés, près avoir été nourris du Corps

(a) *Offic. de Festo Corp. Ch.*

adorable de JESUS-CHRIST, il falloit employer un grand tems à remercier le Seigneur, à faire son action de graces. Je répondis de cette sorte : l'action de graces après la Confession, sur-tout après la Communion sainte (a), d'une necessité si universellement reconnue, qu'il n'est nullement necessaire que je m'arrête à en démontrer l'obligation & le devoir. Hé quoi ! pourrions-nous omettre de témoigner à Dieu notre reconnoissance, après la réception du plus grand des presens, après l'absolution & le pardon de nos crimes, quelle seroit notre ingratitude ! mais le grand point consiste à bien faire cette action de graces : elle doit être vive & fervente ; une reconnoissance lâche & languissante déplaît au bienfaiteur : elle doit être prompte, sans délai, sans remise autant qu'il se peut. Celui qui donne bien-tôt, donne deux fois; celui qui remercie bientôt, remercie doublement : elle doit être courte & abrégée, c'est ce qui s'observe parmi les hommes. Il semble que cette conduite n'est pas mal à-propos à l'égard de notre divin Maître. Une certaine brieveté sied bien dans les choses divines. *Brevis Oratio penetrat cœlos.* Il est cependant à remarquer, qu'un quart d'heure d'action de graces après la sacrée Communion, ce n'est constamment pas trop, que dis-je, c'est bien peu pour un grand bienfait.

Tout cela est bon, tout cela est très-vrai, s'écria pour lors Madame la Marquise, mais je ne suis pas encore contente & pleinement satisfaite; mon cœur souhaiteroit quelqu'autre exposition au sujet des Sacremens.

Elle dit au Pere Romain tout bas ce petit mot : les fruits des Sacremens.....Madame, reprit le Pere, je vous prie de vous rappeller en idée, que j'ai touché cette matiere au commencement de ma premiere réponſe à M. le Commandeur. Il eſt vrai, mon Réverend Pere, dit pour lors Madame la Marquiſe, je m'en rapelle actuellement l'idée. Comme c'étoit en paſſant & en racourci, les idées s'en étoient effacées de mon eſprit : quoiqu'il en ſoit, votre Réverence me permettra de lui repréſenter que la Grace, qui eſt le grand fruit, le grand effet des Sacremens, a été touchée ſi rapidement, qu'à peine en a-t-on fait mention. Cette matiere eſt importante, elle eſt délicate, elle eſt du tems. Mon révérend Pere, voudriez-vous bien prendre la peine de nous en parler avec quelque étendue? Madame, répondit le Pere, il ſuffit que vous ordonniez, pour que j'obéiſſe; mais puiſque la matiere eſt de conſéquence & très-délicate, ainſi que vous venez, Madame, de le dire; je vous prie d'agréer que je prenne quelques répics de tems pour y mieux penſer, pour mieux digerer cette délicate & importante matiere; je veux même mettre en jeu ma plume; je ne veux rien dire que je n'aye écri, afin que mes penſées en ſoient plus juſtes, mes expreſſions plus exactes, & mon ſtile plus précis & plus moëleux. Cela étant, mon révérend Pere, repris la Marquiſe, remettons ce petit Traité à la prochaine aſſemblée, où l'on doit parler, je penſe, des ſaints Offices; qui, de même que les Sacremens, nous procurent les graces

& les faveurs du Ciel ; & d'ailleurs vous aurez du tems dans l'intervalle pour mâcher & pour bien digerer ce sujet important. Si Madame de Roche-Colombe, ajoûta-t-elle, vouloit, avec sa belle voix, nous réjouir un peu, après tant de sérieux, nous lui serions bien obligés. Madame la Marquise, répondit la Baronne, je suis un peu enrhumée, mais je ferai ce que vous souhaitez, vaille que vaille. Voici la pieuse Chanson qu'elle entonna.

L'EUCHARISTIE.

CANTIQUE.

Sur l'air : Non, non volage.

Vaine hérésie,
Fille d'Enfer,
Fruit trop amer :

Vaine héréſie,
Fille d'Enfer,
Tu combats envain.
Pour l'eſprit malin,
Contre l'Euchariſtie,
Prends un autre ton,
Change, avec raiſon,
De génie.

Quand Dieu révele,
Taiſez-vous ſens,
Trop impuiſſans;
Quand Dieu révele,
Taiſez-vous ſens.
Raiſon écoutez,
Jamais ne doutez;
Ne ſoyez point rebelle;
Malheur au mortel,
Aux pieds de l'Autel
Infidele.

L'Etre ſuprême,
Le Roi des Rois,
L'auteur des Loix;
L'Etre ſuprême,
Le Roi des Rois,
En ami très-cher,

Nous donne ſa chair,
Son Sang & tout ſoi-même.
Ce Dieu n'eſt-il pas
Tout rempli d'appas?
Ah! qu'on l'aime.

❋

Sans plus attendre,
Aimons Jeſus,
Ou n'aimons plus;
Sans plus attendre,
Aimons Jeſus;
C'eſt un Souverain
A qui tout humain
Doit s'empreſſer de rendre,
De nuit & de jour,
L'honneur & l'amour
D'un cœur tendre.

❋

Prêtre & victime,
Sur nos Auteis
Pour les mortels:
Prêtre & victime,
Sur nos Autels,
Il calme pour nous
Le divin courroux;
Il fait la guerre au crime,

Verse ses bienfaits,
Fait part de sa paix,
Don sublime !

Cieux, mers & terre,
Esprits & corps,
Vivans & morts;
Cieux, mers & terre,
Esprits & corps,
Exaltez le Dieu
Caché dans ce lieu,
Par qui brüit le tonnerre:
Desormais, mon cœur,
Ne brûlons d'ardeur
Qu'à lui plaire.

Malgré son rhûme, qui au fonds n'étoit pas grand'chose; Madame de Roche-Colombe enleva toute l'Assemblée. C'est, comme je l'ai dit ailleurs, la plus belle voix de la Province; l'éclat en est tout particulier, & la mélodie en est ravissante: cette Dame a de la musique & de la méthode; elle s'en sert avec une exactitude qui paroît moins l'effet de l'art que de la nature, peu de personnes chantent aussi parfaitement que cette Dame. Nous lui en fimes quelques complimens de politesse, à quoi elle ne repondit que par un silence modeste.

CONVERSATION XVIII.

LES SAINTS OFFICES.

Madame la MARQUISE.
Mad. de SAINT-EVREMONT.
Monsieur le COMMANDEUR.
Le Révérend Pere ROMAIN.
MM. . . . .

L'ABBE' AU-VRAY.

MAdame de Saint-Evremont, dont les pensées sont fort judicieuses, fit une réflexion à l'entrée de cette conversation, qui plût à toute l'assemblée : la voici en propres termes : il n'est rien de plus digne de l'honnête-homme, à plus forte raison du bon Chrétien, que de fréquenter les Sacremens

& les SS. Offices. Pourquoi ? C'est que l'honnête-homme suit les lumiéres de la raison, & la droiture de l'esprit : le bon Chrétien se laisse conduire par l'esprit de piété & de religion : or la raison droite, & l'esprit de piété veulent, qu'on garde un corps de religion, & que l'on suive certains usages pieux, universellement adoptez ; qu'on mene une vie édifiante & réguliere, & non point impie & libertine : qu'on se procure les biens de l'ame, de même qu'on se procure ceux du corps ; qu'on se rende digne dans le tems, du bonheur qui nous est destiné dans l'éternité. Or n'est-ce pas par la fréquentation sainte des Sacremens, & par l'assistance pieuse aux SS. Offices, que l'on garde ce corps de religion, que l'on se conforme aux maximes & aux usages de notre religion sainte; qu'on mene une vie édifiante, qu'on se procure les biens spirituels; & qu'on se rend dignes de la récompence éternelle qui nous est promise dans les Cieux? Concluons, qu'il est de l'honnête homme, & du vrai Chrétien, de fréquenter ainsi les Sacremens de l'Eglise, & d'assister aux Offices saints qu'on est en usage d'y célebrer. J'ajoute qu'une telle fréquentation & assistance pieuse adoucit l'humeur, tranquilise le cœur & l'esprit, inspire un certain air d'affabilité, & polit en conséquence les maniéres d'agir & de parler. La piété, dit le Socrate moderne, contribue beaucoup à la bonne humeur. (*a*)

La remarque de Madame de Saint-Evremont, reprit alors Madame la Marquise, n'est pas à

(*a*) Disc. 29. tom. 5.

mépriser : elle mérite au contraire nos attentions ; & pour peu qu'on les lui prête, on tombera d'accord de tout ce qu'elle vient de nous faire l'honneur de nous dire. Elle se tourna tout de suite du côté du Pere Romain, en lui disant poliment, mon Réverend Pere, nous attendons vos expositions sur la Grace : faites-nous l'honneur de nous en faire part, ainsi que vous nous avez fait le plaisir de nous le promettre. Madame, lui dit le Pere, je suis prêt à faire ce que vous désirez. Ce discours, au reste, que je donne sur le sujet de la Grace, est fort court, & dans le goût de ceux du spectateur.

LA GRACE,

DISCOURS.

Gratiâ Dei ſum, id quod ſum; & Gratiâ ejus in me vacua non fuit. S. Paul 1. Cor. 15.

Ce que je ſuis, c'eſt par la Grace de Dieu que je le ſuis, & ſa Grace n'a point été inutile en moi.

LA Grace eſt une perle précieuſe, que tout le monde eſtime dans la théorie; mais dans l'etat pratique des choſes, il n'en eſt pas de même: on la néglige, on la mépriſe, on la foule aux pieds. Ce riche talent eſt enſoui, par une infinité d'hommes pareſſeux & négligens, qui aiment mieux croupir dans l'eau dormante d'une oisiveté blâmable, que de se donner des mouvemens pieux, pour faire valoir ce céleste talent. Le sort de ces paresseux serviteurs sera-t-il heureux? Non sans doute : ils seront livrez aux flammes dévorantes du siécle à venir, ils seront précipitez dans les noirs abîmes, qui servent de prison aux serviteurs inutiles & réprouvez. (*a*)

On dispute beaucoup sur la Grace, & l'on profite peu de la Grace. Un grand saint du siécle dernier, interrogé sur la Grace, fut prié d'exposer son sentiment touchant l'influence de la Grace, sur le cœur, & sur les actions de l'homme: (c'etoit un Prélat aussi éclairé que pieux;) (*a*) quel parti embrassa-t-il?

(*a*) *Servum inutilem ejiccite in tenebras exteriores*. Math.

(*b*) Saint François de Sales.

Quelle fût ſon opinion, quelle fût ſa doctrine, ſur un ſujet ſi délicat & ſi divin? Le parti qu'il prit, fût de n'en point prendre; & bien qu'il ſçût ſans doute à quoi s'en tenir, il ne voulut point s'expliquer; il ne trouva pas à propos d'expoſer au naturel ſes ſentimens: mais éludant pieuſement la difficulté, il dit, qu'il étoit d'avis qu'on devoit s'attacher à faire valoir le divin talent de la Grace, à faire un ſaint & louable profit de la Grace, à mériter la gloire au moyen du bon uſage de la Grace, plutôt que de diſputer ſi fortement ſur le ſujet de la Grace. Réponſe digne d'un Saint: une ſageſſe céleſte y éclate, elle édifia les perſonnes qui l'interrogeoient, & peut-être fût-ce en conſéquence, que la fameuſe diſpute, *de auxiliis*, termina bientôt &

Cette réponse pleine de prudence & de piété, n'est-elle pas une leçon pour nous ? Et ne nous aprend-elle pas, qu'il faut faire ses efforts pour bien user des dons de Dieu, plutôt que pour en parler, & pour en penser sçavamment ?

Je n'ignore pas, qu'en fait de la grace, il est des articles d'une créance nécessaire, sur lesquels l'Eglise s'est expliquée nettement ; qu'elle a décidez fortement, & qu'elle propose soigneusement à ses enfans, afin de les obliger à les croire avec fermeté & avec une simplicité chrétienne : simplicité qui n'a rien de bas, mais qui au contraire est noble & relevée ; d'autant plus noble, d'autant plus relevée, qu'elle est plus humbl & plus soumise, plus agréabl aux yeux de Dieu, plus confo me aux exemples des Saints, même des grands Docteurs ; plus méritoire & plus digne des récompenses éternelles. Heureuse simplicité, s'écrie un célebre & pieux Ecrivain, qui s'écarte des voyes difficiles & raboteuses des questions & des disputes, & qui marche par le chemin sûr des commandemens de Dieu ! on doit ajoûter, & des décisions de la sainte Eglise. (a) C'est à cet état d'une noble 'très-sage simplicité, qu'il faut evenir & nous remettre ; si ous en sommes déchûs par es préventions funestes, par ne attache déreglée à nos senimens, ou par l'effet d'un orueil criminel & révolté. *Re-*

(a) *Beata simplici-, quæ difficiles æstionum relinquit as, & planâ ac firmâ pergit semitâ mandatorum.* De Im. Christ. lib. 4. c. 18. n. 2.

vertendum est ad simplicitatem infantium, quia in eâ collocati speciem dominicæ humilitatis circumferemus (*a*) : S'il y a dans les matiéres de la grace des points de nécessité, & d'une décision formelle ; il en est d'autres qui sont libres, qui sont contestez, qu'on peut admettre ou nier qu'on peut soutenir ou révo quer en doute : par rapport ces derniers, il est constan qu'on peut, pour user du ter me de l'Apôtre, abonder dan son sens (*b*) ; sans risquer du cô té de la foi, on peut sans étr hérétique soutenir avec les Th mistes la grace efficace par ell même, ou avec l'école d Congruistes, n'admettre qu'u efficacité naissante de l'allian

(*a*) S. Hyl. Com. in Math. 18.

(*b*) *Unusquisque in suo sensu abun* Rom. 14. 5.

des circonstances congrues & convenables ; je viens à mon premier but : point tant de disputes, en fait de la grace ; mais consentement, adhésion simple aux décisions de l'Eglise : profit, bon usage des graces, des secours, des dons de Dieu.

Que la grace est nécessaire à l'homme ! quelle lui est utile & avantageuse ! sans la grace, qu'est-ce qu l'homme ? un bois sec & stérile, qui n'est propre qu'à être jetté au feu (*a*). Sans la grace, que peut l'homme ? Rien, dit la vérité même, qui soit digne de la vie éternelle (*b*). Mais avec la grace, que ne peut pas l'homme ? Je puis tout, dit l'Apôtre des Nations en celui qui

(*a*) *Quid sum sine gratia ? Nisi stipes inutilis ad efficiendum.* Aut. Imit. lib. 3. c. 45.

(*b*) *Sine me nihil potestis facere.* Joan. 15. 5.

me fortifie par le puissant secours de sa grace (*a*). Quelque tenté que je puisse être, quelque accablé que je sois de peines & d'afflictions, je ne craindrai aucun mal, tant que votre grace, Seigneur, sera avec moi. C'est elle qui est ma force, c'est elle qui me conseille & qui me soutient : elle est plus puissante que tous mes ennemis, & plus éclairée que tous les sages : elle est la maîtresse de la vérité, la regle de la discipline, la lumiére du cœur, l'ennemie de la tristesse, l'exterminatrice de la crainte, la nourrice de la dévotion, & la mere des saintes larmes. Telles sont les pensées, tels sont les sentimens de l'Auteur inconn du précieux Livre de l'Imita

(*a*) *Omnia possum in eo qui me confortat.* S. Paul. Philip.

tion de JESUS-CHRIST, qui ajoute, que votre grace, ô mon Dieu ! me prévienne & m'accompagne toujours, & qu'elle me tienne sans cesse appliqué à l'exercice des bonnes œuvres, par JESUS-CHRIST votre Fils, qui regne dans tous les siécles. (a)

En vérité, Pere Romain, s'écria Madame la Marquise, votre petit discours sur la Grace m'a charmé. J'en suis très-satisfaite, & j'ai l'honneur de vous en faire mon remercîment sincere : nous nous joignîmes à Madame de Terre-Neuve, & nous tînmes tous le même langage ; ce digne Religieux en parut un peu rougir ; & pour rompre les chiens, il me pria avec empressement de dire deux mots sur l'assistance aux saints

(a) Lib. 3. c. 45.

Offices : Il est bien tems, ajouta-t-il, de traiter cette édifiante matiére, le préambule de notre entretien n'a sûrement pas été court : Je ne me refusai point aux voeux du Pere Romain, & voici comment je m'énonçai sur ce sujet rapidement, & sans trop m'étendre.

Les Offices sacrez qui se célebrent dans la sainte Eglise, sont d'une excellence & d'une dignité supérieure à tout ce que nous voyons d'auguste, de relevé dans les Palais des grands, & dans les Cours même des Princes & des Monarques de la terre. Toutes les cérémonies, tous les services, toutes les illuminations, tous les feux d'artifice, tous les mouvemens qui se terminent aux Têtes Couronnées, ne méritent pas constammen d'être mis en parallele, & d'ê tre placés à niveau avec les divins Offices, qui ont pour objet le Très-Haut, & pour fin le culte & l'honneur de la divine Majesté, le salut & la sanctication des peuples. Ciel! Quelle différence! les mondains ne l'apperçoivent pas cette différence infinie; parce que leurs yeux sont chassieux; ils ne voyent pas clair dans les choses de Dieu : mais les principes que nous avons avancez, n'en sont pas moins certains. C'est à la mort que les partisans du monde ouvrent les yeux : C'est alors que leur vûe devient plus claire, que leur jugement est plus sain, que leurs décisions en fait de morale sont plus justes & plus sensées; c'est dans ce moment, qu'ils sentent, qu'ils pénetrent la grandeur des choses divines, la sublimité & les avantages des œuvres de la Religion, à la tête desquelles on doit placer l'adorable sacrifice des Autels, dont la dignité suréminente, la valeur infinie, l'efficacité excessive, les cérémonies mystérieuses, les fins avantageuses & relevées sont l'objet de l'étonnement des bienheureux esprits & des hommes mortels. Que ce Sacrifice est grand, qu'il est auguste, qu'il est adorable! *Sacrificium illud adorandum, tremendum, ac Deo plenum* (a): il est en vérité digne de nos respects les plus profonds, de notre vénération la plus religieuse, de notre modestie la plus parfaite, de nos attentions les plus sérieuses, de notre piété la plus tendre & la plus sincere. Qu'on a grand tort, & qu'on est blâmable, lorsqu'on assiste à ce redoutable Sacrifice avec si peu de religion,

(a) Auteur moderne.

avec si peu de respect & de modestie, avec si peu de silence & d'attention ! Ah ! que les esprits Célestes s'y trouvent avec des dispositions bien différentes (*a*) ! On les a vûs, au rapport de saint Chrysostôme, prosternez durant les saints Mystéres, par respect pour la victime qui y est immolée ; & des hommes qui ne sont que cendre & que misére, sont présens à cette action divine, qui est le chef-d'œuvre des mains de Dieu, avec un air d'indifférence, d'irréligion, de dissipation qui des-honore la Majesté divine, qui scandalise le prochain, & qui souille la conscience des personnes qui se comportent de la sorte.

Dans le tems de la célébra-

(*a*) *Per id tempus, Angeli sacerdoti assi-* | *dent.* S. Cryf. ...

tion des Mystéres sacrez, les meilleures & les plus aisées dispositions dans lesquelles on puisse entrer & se maintenir; c'est de suivre le Prêtre qui célébre comme pas à pas. De s'humilier quand il s'humilie; de prier, quand il prie; d'adorer, quand il adore; de louer, quand il loue; de remercier, quand il remercie; de consacrer son cœur à Dieu, quand il consacre; de communier spirituellement, quand il communie Sacramentellement; de prier l Seigneur de verser sur nous ses bénédictions saintes, quand i benit le peuple; sur le tout, de penser de tems en tems au Sacrifice sanglant de la Croix, à la Passion & à la Mort du divin Rédempteur de nos ames. La Messe étant une vive & réelle représentation du sanglan

Sacrifice qui s'opéra sur le Calvaire; peut-on, lorsqu'on célebre, ou qu'on entend la sainte Messe, ne pas se rappeller en idée ce sanglant & douloureux Sacrifice, qui a réconcilié la créature avec le Créateur, & qui lui a mérité mille faveurs & mille graces (a)?

Outre la célébration de la sainte Messe, il est dans l'Eglise d'autres Offices saints & divins, ausquels la piété & l'usage des vrais Fideles demandent que l'on assiste autant qu'il se peut. J'entends sur tout les Vêpres qui se chantent sur le déclin du jour, pour exalter & glorifier le saint Nom de Dieu, pour attirer du Ciel de nouvelles faveurs, pour sanctifier en entier les jours fêtez & con-

(a) *In se reconcilians ima summis.* S. Paul. Heb.

ſacrez au Seigneur. Manquer ſans raiſon d'aſſiſter à ces Offices ſaints, eſt-ce dévotion ? Eſt-ce une omiſſion louable ? Nullement. C'eſt plutôt une indévotion, une pareſſe, une négligence en fait de ſalut, qu'on ne peut que blâmer, ſur-tout ſi ce défaut ſe change en habitude & en uſage.

N'eſt-il pas encore du bon chrétien & du vrai fidele, d'aſſiſter aux Saluts, où le très-ſaint Sacrement eſt expoſé ſur les Autels à la vénération des Fideles, où JESUS-CHRIST reçoit de la part des Chrétiens les adorations & les hommages qui lu ſont dûs, & où il accorde ſe graces précieuſes, & ſon ador ble & paternelle Bénédiction ?

Si la parole de Dieu eſt an noncée au peuple au milieu d Offices du matin ou du ſoi pourqu pourquoi se priveroit-on du bonheur de l'entendre ? & pourquoi, si on l'entend, n'en feroit-on pas un profit saint & utile ? il est écrit : Bien-heureux sont ceux qui entendent la divine parole, & qui la font fructifier. (*a*) Il n'est pas donné à tous les peuples d'avoir des Prédicateurs à souhait, ainsi que nous les avons. (*b*) Plus Dieu est libéral à notre égard, plus nous devons être à l'égard de Dieu fidéles & reconnoissans : malheur à celui qui méprise les faveurs du Ciel, ou qui en abuse.

A ces mots, je me tûs un instant, après quoi reprenant la parole, je priai Madame la Comtesse de l'Isle-Bonne, dont

(*a*) *Beati qui audiunt Verbum Dei & custodiunt illud.* Luc. 11. 18.

(*b*) *Non fecit taliter omni Nationi, & judicia sua non manifestavit eis.* Psal. 147. 9.

la voix approche de celle de Madame de Roche-Colombe, de nous chanter un quelque chose qui pût nous égaïer honnêtement, ajoutant que le Pere Romain & moi nous avions assez long-tems parlé sérieux, pour qu'il fût tems de dire ou de chanter quelque chose qui pût inspirer une honnête & sainte joye. Cette Dame répondit avec beaucoup de politesse à mes désirs : elle entonna sur le champ une espéce de Motet en François, dont les paroles sont édifiantes, dont l'air est mélodieux & fort musical : c'est celui qui suit.

LE PARADIS.

CANTIQUE.

Sur l'Air : *Vaſte Mer.*

BEau ſéjour, d'où le Seigneur m'appelle ;
Séjour des bien-heureux Citoyens :
Hélas ! à ta gloire immortelle,
Préférerai-je encor tant de faux biens ?
Non, non, non, non, mon cœur dans
ſes déſirs,
Ne veut plus des objets périſſables :
Aux plaiſirs conſtans & durables,
Il vole par ſes tendres ſoûpirs.

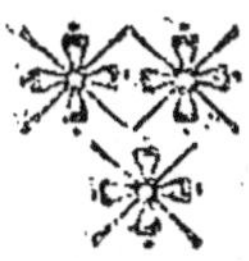

CONVERSATION. XIX.

La dévotion à MARIE.

Me. la Marquiſe de TERRE-NEUVE.
Me de ROCHE-COLOMBE.
Madame de SAINT-EVREMONT.
Monſieur le COMMANDEUR.
MM. . . . .

L'ABBE' AU-VRAY.

LE préambule de cette Converſation ne fut nullement ſérieux, on n'y penſa qu'à chanter. Madame la Marquiſe qui parle plus qu'elle ne chante, mais dont la voix n'eſt pourtant pas déſagréable, nous chant d'abord un Cantique nouveau l'honneur de la Reine des Vierges, qui plût beaucoup à l'A ſemblée. Madame de Roche-Colombe, qui chante plus qu'elle ne parle, quoi qu'elle diſe bien ce qu'elle dit, entonna tout de ſuite une Chanſon pieuſe de nouvelle production. Enfin Madame de Saint Evremont nous débita auſſi joyeuſement ſa marchandiſe, qui fut un agréable Noel (nous étions pour lors dans l'Octave des Fêtes de ce nom) mais ce fut à voix de ruelle, ſa voix ayant beaucoup diminuée, par un mal de poitrine qu'elle avoit eu depuis peu: Vous me ſçauriés mauvais gré, mon cher Théophile, ſi je ne vous faiſois point part de ces trois petits Poëmes Lyriques.

A L'HONNEUR DE MARIE.

CANTIQUE.

Sur l'Air : *Non, non, volage.*

LOin la tristesse,
Chantons, chantons
Sur les hauts tons ;
Loin la tristesse,
Chantons, chantons
La Reine des Saints,
Et ses dons divins,
D'un cœur plein de tendresse ;
A les exalter,
A les publier,
Qu'on s'empresse.

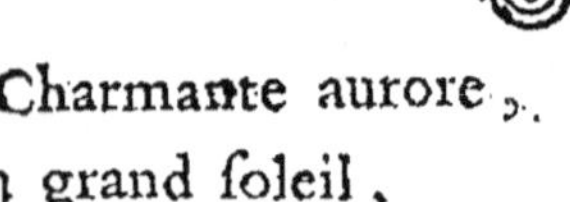

Charmante aurore,
Du grand soleil,
Beau sans pareil ;

Charmante aurore,
Du grand ſoleil :
Ce Roi tout-puiſſant,
Prédit ſi ſouvent,
Que l'univers honore :
Vous l'avez conçu,
Ce Myſtére eſt crû,
On l'adore.

Marie eſt Mere
Du Dieu Sauveur,
O quel bonheur !
Marie eſt Mere
Du Dieu Sauveur.
Son cœur du péché,
Jamais entaché,
Plût au céleſte Pere :
Son Corps dans le Ciel,
Brillant, immortel,
On révere.

Vierge très-pure,
Reine des Cieux,
Voici nos vœux ;
Vierge très-pure,

Reine des Cieux :
Eloignez de nous,
Le divin couroux ;
Montrez la route sûre,
Qui mene en ce lieu,
Où l'on aime Dieu
Sans mesure.

SUR LE MESME SUJET.

CANTIQUE.

Sur l'Air : *Du systême.*

CHantons la Reine des Anges,
Publions-en les grandeurs ;
Employons dans ses louanges,
Et nos esprits & nos cœurs :
Que tout le monde révère,
Le crédit auprès de Dieu,
Qu'elle a par titre de Mere,
Dans le Ciel, comme en tout lieu.

A cette Mere de grace,

Recourez juste & pécheur,
D'abord vous trouverez place,
Dans son tendre & sacré cœur:
Puissante Médiatrice,
Elle ne permettra pas
Que satan, ni que le vice
Vous perdent par leurs appas.

Qu'on se trouve dans la peine;
Que l'on soit dans le chagrin;
Par l'ordre de cette Reine
Tout devient calme & serein:
Au milieu de la tempête,
Au plus fort de l'ouragan,
Dans son sein, si l'on se jette,
On triomphe de satan.

Dans tout le cours de la vie,
Servons la Reine des Cieux;
Tout ce qui touche Marie,
Doit nous être précieux:
Faisons une rude guerre
Aux ennemis de son nom,

Pour rendre vain leur tonnerre
Armons-nous de l'Oraiſon.

Que l'on ſoit ſur-tout fidele,
A peindre en ſoi les vertus,
Dont MARIE eſt le modele,
Et qu'elle a chéri le plus:
Loin tout orgueil & tout faſte,
Chériſſons l'abaiſſement;
Que le cœur ſoit pur & chaſte,
Qu'il aime Dieu tendrement.

NOEL.

Sur l'Air: *Du Syſtême.*

UN Dieu naît dans un étable,
Pour ſauver l'homme pécheur;
Il y paroît miſérable,
Pour cauſer notre bonheur:
Accourez, peuples fideles,
Venés lui faire la Cour,
Ne lui ſoyez point rebelles,

Conſacrez-lui votre amour.

Pour appaiſer la colere
De Dieu ſon Pere en courroux ;
Il épouſe la miſère,
Il ſe fait ſemblable à nous.
Accourez........

Le Très-Haut daigne paroître,
Comme un très-petit enfant,
L'Eternel commence d'être ;
Ah ! Que ce Myſtére eſt grand !
Accourez........

Qui pourroit ne pas ſe rendre
Aux attraits d'un Dieu ſi bon ?
Qu'on l'aime, ſans plus attendre,
En tout tems c'eſt la ſaiſon.
Accourez........

Jesus couché dans la Crêche
Nous détache des faux biens ;
En ſilence, il dit, il prêche,
Suivez-moi, ſoyez des miens.
Accourez........

Joignons-nous avec les Anges,
Uniſſons-nous aux Paſteurs ;
N'épargnons pas nos louanges,
Nous recevrons ſes faveurs.
Accourez........

Préſentons lui nos hommages ;
Prodiguons-lui notre encens ;
Ainſi que les trois Rois Mages
Qui vinrent de l'Orient.
Accourez........

Joſeph vanté comme juſte
Par les ſacrez Ecrivains ;
Dans cette grotte vetuſte
Adore le Saint des Saints.
Accourez.......

Mais n'oublions point MARIE,
Dont le Fils eſt notre Dieu ;
Aimons-la toute la vie,
Chantons ſa gloire en tout lieu.
Accourez........

Du joyeux on vint au ſérieux, après deux mots de compliment qu'on fit à ces Dames pour les remercier de la bonté qu'elles avoient euës de nous réjouir & de nous honorer de leurs chants mélodieux. Monſieur le Commandeur prit la parole, & s'adreſſant à Madame la Marquiſe, il lui dit, que de toutes les dévotions envers les Saints, il lui paroiſſoit que celle qui regarde MARIE la Reine des Saints, étoit la mieux placée, & la plus avantageuſe à l'homme. Madame de Terre-Neuve qui excelle en dévotion à l'égard de MARIE, ne fut pas en peine de lui répondre. Vos penſées, Monſieur, lui dit-elle, ſont les miennes : je ſuis fortement de votre avis, & je penſe tout comme vous, qu'on ne peut mieux placer ſa tendreſſe (après Dieu) qu'en le consacrant à la divine Mere, qui est notre Reine, notre Mere, notre Avocate. Madame, reprit Monsieur le Commandeur, je n'ignore pas que les tendresses de votre cœur, après Dieu le souverain Etre, que vous aimez par-dessus toutes choses : je n'ignore pas, dis-je, que les tendresses de votre cœur, sont pour MARIE : Je vous en félicite avec zéle, & je vous prie instamment de prie[r] souvent la très-sainte Vierg[e] pour moi, persuadé que je suis que vos prieres lui sont agréables. Je ne pourrai qu'en res[-] sentir des douces & saintes in[-] fluences. Vous me flatez, Mon[-] sieur, vous me flatez un pe[u] trop, repliqua la Marquise[;] quoiqu'il en soit, je ne des[-] voue pas que j'aime tendreme[nt] la divine Mere : J'ai même fa un petit recueil de pensées détachées, & de pratiques pieuses, qui regardent le culte & la dévotion que l'on doit à MARIE; afin de me ranimer de tems en tems à cette excellente dévotion, & de m'en faciliter la pratique & l'exercice. Madame, reprit Monsieur le Commandeur, ne pourrions-nous pas avoir la satisfaction & l'honneur de vous entendre lire ce pieux uvrage, qui est sans doute rès propre à édifier & à réveiller la dévotion envers la Reine es Vierges? J'aurai, Monsieur, uisque vous le souhaitez ainsi, honneur de vous le lire, & en faire part à l'Assemblée, à ondition que l'on excusera les autes qui s'y sont glissées, ou ar un effet de mon ignorance, u par un défaut d'attention. Voici, mon cher Théophile, ce pieux Ouvrage, tel que cette Dame nous le lût : Je l'ai fidélement transcrit sur l'original, qui a pour titre.

RECUEIL

De pensées & de pratiques détachées, à l'honneur de MARIE.

I.

LA vraie dévotion à MARIE a été dans tous les tems l'objet de l'estime & de l'ambition des vrais Fidéles. S'il s'e trouvé dans le cours des siécle des Contradicteurs & des Censeurs de cette dévotion, ce n'e que dans le parti du Prince de Enfers, qu'on les a apperçû Dans le sein de l'Epouse de JÉSUS-CHRIST, l'on ne vit jam de pareils Adversaires. Nes rius ce fameux ennemi de la maternité divine, n'est pas le seul Hérésiarque qui ait servi de supôt & d'instrument à l'Ange rebel, pour attaquer les privileges & le culte de MARIE. Tous les Hérétiques furent toujours opposés plus ou moins ouvertement à la divine Mere: Comment ne le seroient-il pas? L'hérésie qui les anime, est une fille de l'Enfer, née du pere des mensonges, qui est l'ennemi capital du Dieu Sauveur, & conséquemment de celle dont il a pris naissance. (a) La fille ressemble à son pere, le génie, le penchant, les vûes, les inclinations, les horreurs, les aversions du pere de l'hérésie, sont, ô malheur! l'héritage fatal qu'il laisse, qu'il transmet à sa fille errante; disons mieux,

(a) *De quâ natus est Jesus.* Math. 1.

aux mortels errans & séduits. MARIE a été destinée pour briser la tête du serpent infernal, (*a*) doit-on être surpris si cet ancien serpent lui en veut, & à tout ce qui la touche ? D'où nous devons tirer cette juste & religieuse conséquence : puisque Satan & tous ses suppôts avec lui s'en prennent à la divine Mere, à ses privileges, à son culte, à la dévotion qu'on lui doit ; il faut prendre une route toute opposée, en nous attachant avec ardeur à MARIE, en nous consacrant pour toujours à son culte, en épousant avec zele ses interêts, & en les soutenant avec feu.

II.

Si Dieu veut que l'on rende aux Saints ses favoris un cult religieux qui les honore, il veu

(*a*) *Ipsa conteret caput tuum.* Gen. 3. 15.

à plus forte raison, ce grand Dieu, que l'on honore la Reine des Saints sa bien-aimée, d'un culte de piété & de religion, qui peut s'inscrire en faux contre cette vérité ? Un fils bien né honore sa mere, & il se plaît beaucoup dans les honneurs qu'on lui rend. JESUS-CHRIST est le Fils de MARIE, mais quel Fils ? le mieux né, le plus parfait qui fut jamais, & qu'on puisse concevoir : il se plaît donc dans le culte, dans les honneurs qui sont rendus à sa très-digne Mere. De penser autrement, ne seroit-ce pas se brouiller avec la droite raison ? „ Honorons donc, „ s'écrie un grand Saint, honorons d'un zéle tendre & moëleux la divine MARIE ; puisque „ telle est la volonté de celui qui „ a voulu faire couler jusqu'à

„ nous par son canal, ses graces
„ & ses faveurs. (a)

III.

Je vois par-tout des Autels érigez, des Oratoires consacrez des Basiliques construites à l'honneur de la divine MARIE. Par-tout j'entends publier se grandeurs, chanter ses éloges exposer aux peuples les fruits & les maximes de la dévotion, & du culte qu'on lui doit; dan tous les lieux, je m'apperço que les vrais fidéles aiment MA RIE, honorent MARIE, se me tent sous la protection de MA RIE, en entrant dans les Co fréries établies à son honneu Delà je tire cette conséquenc que l'esprit & les vœux de l'

(a) *Totis ergo medullis cordium totis præcordiorum affectibus Mariam hanc veneremur, quia sic est voluntas ejus, totum nos habere luit per Mariam* Bern.

glise sainte, sont, que ses enfans soient de vrais & zélés serviteurs de MARIE. Cette conséquence n'est-elle pas juste ? & si elle est juste, ne devons-nous pas conformément aux vûes de notre Mere la sainte Eglise, servir fidélement la digne Mere de son Epoux sacré, qui est JESUS-CHRIST ?

IV.

MARIE est très-digne par son mérite personnel de notre culte & de nos attachemens les plus sinceres. Pourrions-nous en douter ? Quatre choses font le merite d'une personne. Un esprit éclairé, un cœur droit, une conduite sage & prudente, une vie remplie de bonnes œuvres. Or toutes ces choses conviennent à MARIE ; tout cela se trouve dans MARIE éminemment. Comment l'esprit de MARIE ne seroit-il pas très-éclairé & rempli de lumieres les plus vives ? Elle est dans le Ciel élevée en gloire au-dessus des Anges les plus sublimes, au-dessus des Saints les plus glorieux : elle est la mere du divin Soleil de justice; elle l'a porté dans son sein virginal nombre de jours & de mois. Si près du Soleil divin, auroit-elle pû n'être pas éclairée & frapée de ses rayons ? Si élevée en gloire, pourroit-elle n'être pas toute lumineuse, toute éclairée, toute brillante dans son entendement ? Après l'ame de Jesus-Christ son fils adorable, l'ame de MARIE voit Dieu plus clairement & plus parfaitement; elle voit en Dieu plus d'objets créés que nul Saint, que nul esprit bienheureux. Quelles sont donc les lumieres & les connoissances de son esprit ? Le cœur de MARIE ne fut jamais souillé de nulle tache mortelle ni vénielle, d'aucun peché ni grief, ni leger: quelle droiture! quelle pureté dans le cœur de MARIE! le peché même originel, la tache que tous les enfans d'Adam contractent de leur premier pere, ne fût jamais dans l'ame de MARIE. Sa Conception, de même que sa naissance, fût immaculée & sans nulle souillûre. Lorsqu'il est question, dit saint Augustin, du peché, mon dessein n'est pas d'y comprendre la Vierge très-sainte, la digne mere de Dieu (*a*). Le saint Concile de Trente emprunte la pensée de ce Pere dans son decret du peché originel, & il use de la même façon de s'exprimer (*b*): un cœur tel que ce-

(*a*) *Cùm de peccatis agitur, de sancta Virgine Maria propter honorem Domini, nullam prorsus habere volo questionem.* S. Aug.

(*b*) *Declarat hæc*

lui de MARIE, plein de grace & d'amour, *Ave gratia plena* (*a*), auroit-il pû manquer de droiture, de probité, de sainteté? Non, non, jamais il ne fût de cœur plus pur, plus droit, plus sincere & plus saint que celui de la Reine des Saints; j'excepte toujours, & pour tout JESUS le divin Rédempteur, le Saint des Saints, le juste par excellence (*b*), la sagesse, la prudence dans la conduite auroit-elle pû ne pas se trouver dans celle que l'Eglise appelle, la Vierge très-prudente, *Virgo prudentissima* (*c*), le siege de la sagesse *sedes sapientiæ* (*d*), & que saint Bernard nomme la Mere de l

ipsa sancta Synodus non esse suæ intentionis comprehendere in hoc decreto, ubi de peccato originali agitur. Beatam immaculatam Virginem Mariam. ss. 5. Decr. pec. orig.

(*a*) Luc.

(*b*) *Jesum Christ* *justum.* 1 Joan. 2

(*c*) *In Off. Assum*

(*d*) *Litan. B. M*

Sage

Sageſſe, *Mater ſapientiæ.* La fertilité en bonnes œuvres eſt la ſource de la récompenſe & de la gloire ſans fin. Peut-on penſer qu'aucune créature ſoit plus élevée en gloire, que la Reine des Anges & des Saints ? N'eſt ce pas d'elle qu'il eſt dit : *Exaltata eſt ſancta Dei genitrix ſuper choros Angelorum, ad cæleſtia regna* (*a*) Si MARIE. eſt la créature la plus élevée en gloire, ſi ſa récompenſe eſt ſupérieure à celle des Apôtres & des Prophetes. Quelle fécondité, en bonnes œuvres, a été la ſienne ? Quel amas, quel tréſor de merites dans l'inſtant de ſa mort ! Peut-on en avoir une idée juſte & parfaite ? De ces véritez conſtantes, il eſt aiſé de former ce raiſonnement, puiſque MARIE eſt une créature

(*a*) *In Offic. Aſſumpt. B. M.*

ſi digne, ſi ſainte, ſi parfaite, ſi méritante; elle doit être l'objet de notre vénération, de nos hommages, de notre culte.

V.

Quelle eſt la mere qui n'aime avec tendreſſe ſes enfans? Quels ſont les enfans bien nés qui n'aiment tendrement leur bonne mere? MARIE eſt notre mere dans un ſens d'adoption; elle nous aime en cette qualité au-delà de nos attentes, & nous, qui ſommes ſes enfans, nous ne l'aimerions pas? Quel ſeroit notre re cour? Quelle ſeroit notre recon noiſſance? Ou plutôt quelle ſe roit notre ingratitude, ſi nous manquions? MARIE eſt d'ailleu notre Reine, notre Dame, not Avocate, notre Refuge, not Médiatrice auprès du ſouvera Médiateur, qui eſt JESUS-CHRI ſon fils (*a*) ? Qui pourroit ſe diſpenſer, qui pourroit s'excuſer de lui rendre ſes hommages, d'avoir de la dévotion & de la tendreſſe à ſon égard.

V I.

La vraie dévotion à la Reine des Vierges eſt une ſource abondante & intariſſable de biens, de fruits, d'utilitez. De cette dévotion bien priſe, il en naît trois principaux avantages. 1°. La protection, mais une très-puiſſante protection contre les ennemis du ſalut. 2°. La réception de beaucoup de graces & de ſecours céleſtes. 3°. L'heureuſe réuſſite dans la grande affaire du ſalut. Marie eſt la protectrice des Chrétiens, ſingulierement de ceux qui s'attachent plus fortement & plus affectueuſement à

(*a*) *Opus eſt mediatrice apud mediatorem iſtum*. S. Bern.

son service : *Ego diligentes me diligo (a)*. Plus un homme s'attache au Service divin, plus il reçoit d'influences & de secours de la protection divine. Plus un Chrétien s'attache au service & au culte de MARIE, plus il entre dans les bonnes graces de cette divine mere, & plus il en est aidé, secouru, protegé. C'est ce qu'on voit & ce qu'on éprouve tous les jours. Or la protection de MARIE est très-puissante, très-efficace & très-propre pour nous rassûrer dans nos craintes, & pour nous fortifier dans nos combats contre les ennemis du salut. Vous n'aurez rien à craindre, dit saint Bernard, si MARIE vous protege (a) ; mille fois dans la vie demandons le secours de sa puissante protection, & disons-lui dan

(a) Prov. 8 17.

(b) *Ipsa protegente non metuès.*

les ſentimens de la plus tendre confiance : Vierge ſainte, protegez-nous contre le grand ennemi du ſalut, & recevez-nous dans votre ſein maternel, ſur-tout dans le dangereux inſtant de la mort : nous vous en ſupplions avec l'Egliſe (*a*), & nous l'attendons de votre bonté & de votre charité ineffable. La ſource des graces, c'eſt Dieu ; le canal, la diſtributrice des graces, c'eſt MARIE, diſent les Saints Peres. *Noſter hic aquæ ductus* (*b*), MARIE eſt la mere de grace & de miſericorde, ainſi que la nomme l'Egliſe (*c*). MARIE nous obtient mille graces & mille ſecours dans le cours de la vie, ainſi que ſes ſerviteurs fideles l'éprouvent & le publient

(*a*) *Tu nos ab hoſte protege, & horâ mortis ſuſcipe. In Offi. parv. B. M.*

(*b*) *S. Bern. ſerm. de aquæ ductu.*

(*c*) *Maria Mater gratiæ, Mater miſericordiæ. In Offi. parv. B. M.*

a.ec zele. MARIE eſt notre mer
tendre, qui pouvant tout obte
nir, comme une autre Berzabée
de ſon fils adorable, le vrai Sa
lomon, employe ſans ceſſe ſes in
terceſſions puiſſantes pour nou
délivrer dans nos dangers, pou
nous éclairer dans nos doute
pour nous ranimer dans nos la
gueurs, pour nous conſoler da
nos afflictions, pour nous ſeco
rir dans nos beſoins ſpirituels
temporels. Je dis temporels, co
me il paroît clairement dans
nôces de Cana, à l'occaſion
vin qui y manquoit; car ce fu
la priere de MARIE (*a*), com
tout le monde le ſçait, que
ſus-Chriſt fit le premier de ſes
racles, par le changement de l'
en vin en faveur des nouve
Epoux de Cana, qui dans le co
de la nôce vinrent à manque

(*a*) *Vinum non habent*. Joan. 2 4.

cette liqueur. C'est ainsi, s'écrie saint Bernard, que la charité tendre & puissante de la bienheureuse Vierge est grande à notre égard, soit en compàtissant avec tendresse à nos maux & à nos miseres, soit en nous y procurant de l'assistance & du secours réel & véritable (*a*); de-là cette ardeur à invoquer MARIE, à implorer son secours dans toutes les Régions où la foi chrétienne & orthodoxe est heureusement établie. De-là tant de vœux que l'on fait, tant de sacrées oblations que l'on présente, tant de Messes que l'on célebre à l'honneur de MARIE. De-là tant d'Offices, tant de Rosaires, tant de prieres que l'on recite pour implorer les intercessions puissantes de MARIE. Ah!

(*a*) *Sic potentissima, & piissima charitas & affectu compatiendi & subveniendi abundat effectu æque locuples in utroque.* S. Bern.

ce n'eſt pas envain qu'on l'invoque dans les neceſſitez, ſoit de l'ame, ſoit du corps. Je conſens, dit un grand Saint, je conſens, Vierge ſainte, que l'on retienne dans le ſilence, & qu'on enſeveliſſe dans l'oubli les effets de votre compaſſion & de votre bonté à notre égard, ſi l'on vient à ſe reſſouvenir que vous ayez manqué d'aſſiſter ceux qui ont eu recours à vous dans leurs preſſantes neceſſitez (*a*).

Un moyen des plus grands, des plus efficaces, des plus univerſellement reconnus pour réuſſir dans l'affaire importante & eſſentielle du ſalut; c'eſt la dévotion vraye & ſincere à MARIE. Nul vrai ſerviteur de MARIE qui périſſe, dit le Proverbe ſacré qui

(*a*) *Sileat miſericordiam tuam, Virgo Beata, ſi quis eſt, qui invocatam te, in neceſſitatibus ſuis, ſibi meminerit defuiſſe.* S. Bern.

est dans la bouche de tout le monde (*a*), une des moins équivoques, & de meilleures marques de prédestination pour le Ciel, disent tous les Ecrivains pieux, c'est la vraye & solide dévotion à l'égard de MARIE. Il est impossible, s'écrie saint Anselme, cité par saint Bonaventure, (deux grands Saints fort dévoués au culte de MARIE) il est impossible que l'on vienne à perir lorsqu'on a recours à vous, ô Vierge sainte! & qu'on a le bonheur d'être l'objet de votre tendresse & de votre bienveillance (*b*). C'est une femme, dit saint Augustin, qui a fait entrer la mort dans le monde; mais c'est aussi une femme qui y a fait rentrer la vie. Eve

(*a*) *Cliens Mariæ nullus in æternum perit* Adag.

(*b*) *Omnis ad te conversus, & à te repectus impossibile est ut pereat.* S. Ansel.

notre mere, selon la chair, nous avoit fait des enfans de mort, mais nous sommes, si on peut parler ainsi, devenus des enfans de vie, & d'une vie éternelle; par le moyen de MARIE, qui a conçû & enfanté le Sauveur du monde (*a*). Pensée hardie, mais qui n'en est pas moins vraye. Si le dragon des enfers avoit à moitié englouti un malheureux pécheur: MARIE, si elle prenoit sa cause en main, la gagneroit, remporteroit la victoire, & l'enleveroit de sa gueule. Il n'y a pas lieu de douter, dit un sçavant & pieux Auteur, qu'il est de la gloire de MARIE, que tous ses fideles serviteurs soient prédestinés, & que le démon qui est son ennemi declaré, n'ait point cet avantage d

(*a*) *Per fœmineam mors, per fœmineam vita, per Evam interitus, per Mariam salus.* S. Aug.

lui pouvoir reprocher ; que malgré tout son pouvoir, il lui a enlevé quelqu'un de ses serviteurs : cela ne s'accorderoit pas avec les sentimens des Saints Peres & de toute l'Eglise, qui disent que Marie est toute-puissante (d'une toute-puissance suppliante) : *omnipotentia supplex*, puisqu'elle n'auroit pas eu le pouvoir ni la force d'empêcher que le Démon ne lui ôtât une personne qui s'étoit donnée à elle, dans l'espérance de ne plus craindre ses ennemis. Il faudroit dire, ou que la sainte Vierge n'est pas toute-puissante, ou qu'elle ne veut pas sauver tous ceux qui ont l'honneur de la servir : si on disoit qu'elle a manqué de délivrer ceux qui la servent, des peines de l'enfer. On ne peut pas dire qu'elle manque de pouvoir, puisque nous sçavons que son Fils ne sçauroit lui rien refuser. Pourroit-on dire qu'elle manque de bonne volonté, & qu'elle ne veut point sauver ses serviteurs bien-aimés ? Ne seroit-ce pas la traiter cruellement, puisque nous sçavons que c'est une bonne mere, qui a mille fois plus de tendresse pour ses enfans, que n'en sçauroient avoir toutes les meres du monde. Telles sont les pensées & les expressions de cet Auteur (*a*), qui ajoûte en preuve de ce qu'il avance un trait d'histoire qui est trop curieux & trop édifiant pour ne pas en faire mention en détail. Il est tiré d'un ancien Auteur de la vie de saint Dominique (*b*). Le voici tel qu'il est rapporté par l'Auteur moderne dont j'ai déja cité les pieuses réflexions.

(*a*) R. P. Boissieu, dans le Livre du Chrétien prédestiné par la Dévotion de Marie, II part. ch. 12.

(*b*) *Joan. Martinus à parte vitæ.* B. Domin.

» Saint Dominique força l'en-
„ nemi juré de la ſainte Vierge à
„ faire ſon éloge par la bouche
„ d'un hérétique Albigeois qui
„ étoit tourmenté pour ſes blaſ-
„ phêmes, par quinze mille dé-
„ mons qui s'étoient emparés de
„ ſon corps. Il fut amené à ce
„ Saint dans la Ville de Carcaſ-
„ ſonne en Languedoc, où étant
„ exorciſé & interrogé, qui eſt
„ celui de tous les bienheureux
„ qu'ils craignent davantage, &
„ qui mérite d'être plus aimé,
„ honoré & ſervi des hommes ?
„ Ne voulut rien répondre ; lorſ-
„ que ce Saint vit au milieu d'une
„ multitude d'Anges revêtus d'ar-
„ mes dorées, la ſainte Vierge,
„ qui ayant touché le poſſedé
„ d'une baguette d'or qu'elle te-
„ noit en ſa main, commanda à
„ ces eſprits rebelles d'obéir à S.
„ Dominique. Voici ce qu'ils ré-

pondirent après s'être agités long-tems, & avoir témoigné leur rage & leur desespoir par des cris horribles. ,, O notre ennemie, ,, notre ruine & notre confusion, ,, pourquoi êtes-vous descendu ,, du Ciel pour nous tourmenter? ,, Faut-il donc que vous nous ,, contraigniez, vous qui êtes l'A- ,, vocate des pécheurs, & le che- ,, min assuré du Paradis, de dé- ,, couvrir une verité qui nous est ,, si préjudiciable? Ecoutez, Chré- ,, tiens, écoutez ce qu'il faut que ,, nous avoüions. Cette mere de ,, Dieu qui est ici presente, a tout ,, pouvoir pour tirer ses serviteurs ,, de nos mains: c'est elle qui dis- ,, sipe tous nos artifices, comm ,, le Soleil dissipe les nues. C'e ,, elle qui renverse toutes nos en ,, treprises: nous confessons ma ,, gré que nous en ayons, que n ,, de ceux qui ont perséverés da

„ſon ſervice, n'a jamais été dam-
„né avec nous. Un ſeul ſoupir
„qu'elle preſente à la très-ſainte
„Trinité, fait plus d'effet que
„toutes les prieres de tous les
„autres Saints. Elle ſeule nous
„fait plus craindre que tout le
„reſte du Ciel enſemble, & il
„nous eſt impoſſible de rien ga-
„gner ſur ſes fideles ſerviteurs:
„ſçachez que par la force de ſes
„prieres pluſieurs Chrétiens, con-
„tre toute ſorte de droit, ſont
„ſauvés à l'heure de leur mort,
„& que ſi cette *Mariette*, (c'eſt
„ainſi qu'il l'appelloit par mépris)
„n'eût renverſé nos deſſeins,
„nous aurions déja exterminé l'E-
„gliſe, & éteint la foi de tous les
„ordres qui la compoſent.

Cet aveu public, en faveur de la Reine des Anges, fait par les eſprits malins contre leurs interêts, & malgré leur inclination, eſt une preuve ſans replique de l'utilité, des fruits de la vraye dévotion envers MARIE. Cette déclaration ſi ſinguliere confirme & appuye fortement cette penſée: que la dévotion à la très ſainte Vierge ſert infiniment pour réuſſir dans la grande affaire du ſalut, pour éviter l'éternelle réprobation.

Du reſte, les dernieres paroles de ce trait d'hiſtoire exhalent l'orgueil des démons, ſentent le fanfaron, & ſont en quelque façon oppoſées à cet Oracle de JESUS-CHRIST: Vous êtes Pierre, & ſur cette pierre je bâtirai mon Egliſe, & les portes de l'enfer ne prévaudront pas contre elle (*a*).

VII.

Le culte envers la Reine des Ange

(*a*) *Tu es Petrus, & ſuper hanc petram, ædificabo Eccleſiam meam, & portæ inferi non prævalebunt adverſus eum.* Math 16. 18.

Anges est infiniment avantageux ; la dévotion à MARIE est très-bonne & très-utile aux hommes, on ne sçauroit en disconvenir ; mais afin que ce culte soit utile, afin que cette dévotion soit avantageuse, il faut que ce soit un culte & une dévotion d'hommage & de respect, une dévotion d'amour & de tendresse, une dévotion de confiance & de recours, une dévotion d'imitation & de ressemblance.

Oui, notre dévotion à l'égard de MARIE doit être une dévotion de respect, de vénération & d'hommages. MARIE est la Reine des Anges & des hommes, la Reine du Ciel & de la terre ; la grande Dame des Chrétiens, la digne mere de Dieu. Qui pourroit lui refuser ses hommages, sa vénération, son respect ? Qui pourroit s'exempter de l'honorer, de la saluet avec l'Ange, & de lui dire mille fois dans la vie, *Ave Maria, gratia plena.* Si le culte religieux que l'on rend aux Anges du dernier ordre, ou aux Saints les moins élevés en gloire, doit être étayé sur un fonds de vénération, d'humilité, de modestie; on doit à plus forte raison appuyer le culte que l'on rend à la Reine des Cieux, sur ce même fonds de respect, de modestie, de vénération: loin de nous à jamais ces sentimens de mépris ou d'indifference à l'égard de MARIE que l'esprit d'erreur inspire aux hérétiques, ou que l'esprit d'impieté & d'irréligion fait naît aux mauvais Chrétiens. Si no penfons à MARIE, que ce so avec une respectueuse estime révérence. Si nous parlons MARIE, que ce soit avec mod ... tie, avec religion, & avec fer mens ; que ce ne soit pas par maniere d'acquit, avec un air excessif de familiarité, avec des façons de s'énoncer peu graves & peu respectueuses. Si nous entendons parler de MARIE indécemment, en termes d'impieté, de mépris, de blasphême; élevons-nous contre ces impies & ces témeraires qui tiennent de pareils discours, fermons-leur la bouche avec fermeté, & ne permettons pas autant qu'il dépendra de nous, qu'on deshonore en notre présence, par des discours indignes & mauvais, celle qui ne merite que des louanges, des actions de graces, & des éloges de notre part.

Une dévotion d'amour & de tendresse. MARIE est notre mere, mais la meilleure & la plus tendre des meres, *monstra te esse matrem*, s'écrie l'Eglise (*a*), si elle

(*a*) *In Off. parv. B. M.*

eſt notre mere, nous devons donc l'aimer ſincerement & avec tendreſſe, ainſi que des enfans bien nés doivent aimer leur bonne mere ; le caractere de l'amour filia & maternel, c'eſt la cordialité, la ſincerité, la tendreſſe. La très ſainte Vierge nous aime en qualité de mere, avec une tendreſſ inexprimable, & nous, en qualit d'enfans, ne devons-nous pas par un juſte retour, l'aimer ter drement, véritablement, & d'un façon intime & cordiale ? c'eſt ai ſi que l'aimoit ſaint Jean l'Eva geliſte, le premier de ſes enfa adoptifs, tels que nous ſommes(a imitons notre frere aîné, aimo notre mere avec tendreſſe ; p nous l'aimerons, plus elle no aimera, & plus elle nous obtie

(a) *Qui loco filii poſitus, ejus vicem implet transfuſo in illum, filiali affectus* Arr dus Carnot.

dra des graces & des bienfaits de la part du Pere céleste.

Une dévotion de confiance & de recours : un enfant a sans cesse recours à sa bonne mere, avec une confiance tendre & filiale. Enfans de MARIE, tels que nous avons la gloire & le bonheur d'être, observons la même conduite, *monstra te esse matrem.* Mere tendre & pleine de bonté, faites voir que vous êtes notre mere & notre médiatrice, en nous procurant le bien d'être exaucés, & la consolation de recevoir les effets de nos demandes ; c'est ainsi qu'une infinité de fois dans la vie, nous devons avoir recours à notre mere commune, en lui représentant nos besoins & nos necessitez, soit de l'ame, soit du corps. Cette maxime étoit celle du grand dévot de MARIE, saint Bernard ; c'est à quoi il exhorte avec zele dans les pieux écrits. Etes-vous, dit ce Pere, dans des doutes, dans des obscuritez, dans des perplexitez facheuses, dans des afflictions, & dans des chagrins sensibles? Etes-vous dans des perils & des dangers imprévûs? Pensez à MARIE, invoquez-la, implorez son puissant secours, *in angustiis, in periculis, in rebus dubiis, Mariam cogita, Mariam invoca.* Si le tentateur, ajoûte c Saint, est sur le point de vaincr votre constance & votre fermet dans le bien, par les flots & le tempêtes des tentations qu'il ag te dans votre cœur, regardez l'é toile du matin, appellez à vot secours la divine MARIE, *respi stellam, voca Mariam.* Ce sera moyen prompt & efficace de su monter Satan, de vous maint nir dans la vertu, & de demeur fidele à votre Dieu. D'ailleur

MARIE eſt notre azile & notre refuge : *Refugium peccatorum* : elle eſt notre Avocate & notte Patrone puiſſante, *Advocata noſtra* : elle fait de notre cauſe la ſienne propre : de nos interêts, elle en fait les ſiens. Pourquoi, ainſi qu'en uſent les clients à l'égard des Patrons de leurs cauſes, n'aurions-nous pas ſouvent recours à elle dans les differens dangers, où nous ſommes, de perdre le grand procès de notre ſalut ?

Une dévotion d'imitation & de reſſemblance, l'eſſentiel du culte que l'on rend aux Saints, le point capital de la dévotion qu'on a à leur égard. C'eſt, dit ſaint Auguſtin, d'imiter leurs vertus, de ſuivre leurs traces, de marcher par le chemin qu'ils ont tenus pour arriver à la céleſte patrie (*a*). Toute autre dévotion eſt

(*a*) *Summa devotionis eſt imitari quod colimus.* S. Aug.

mal entendue, mal prise & très-imparfaite, pour ne pas dire quelque chose de plus. L'imitation est la marque la plus infaillible de l'estime que l'on fait d'une personne, & de l'amour que l'on a pour elle. Si nous avons de hauts sentimens d'estime à l'égard de la très-sainte Vierge ; si nous l'aimons sincérement, si nous lui sommes tendrement attachés nous devons conséquemmen[t] nous efforcer de l'imiter, de lu[i] ressembler, de penser, de parler d'agir comme elle: d'exprimer, & comme peindre en nous-même les vertus qu'elle a chéries l[e] plus. Telles sont l'humilité, l[a] douceur, la pureté, la modesti[e] l'amour de Jesus-Christ, la ch[a]rité fraternelle, l'obeissance exa[c]te à la Loi & aux Superieurs, [la] patience, l'horreur du peché, la fuite des moindres fautes, l[a]

mo

mour de la retraite & du silence, le détachement des créatures, l'union avec Dieu ; enfin l'assiduité au travail, à la lecture & à la priere. MARIE après JESUS-CHRIST, est le modele le plus parfait, le plus accompli que nous puissions envisager & nous proposer à suivre. Heureux ceux qui le suivent & qui s'y conforment ! ils s'attireront par-là les tendresses & les bontez de cette divine mere, qui écoutera favorablement leurs vœux, & qui leur procurera par ses intercessions puissantes, tous les secours & toutes les graces dont ils auront besoin pour réussir dans la grande affaire de leur sanctification & de leur salut. C'est la doctrine de saint Bonaventure, ce Docteur si éclairé & si tendrement attaché au culte de MARIE (*a*).

(*a*) *Ipsam Dei Ma-* | *trem, & peccatorum,*

Madame, je vous prie de suſ pendre pour un inſtant la lec ture de votre Recueil, di pour lors le Révérend Pere Ro main ; je ne puis plus arrêter l demangeaiſon que j'ai de vou marquer combien ce Recuei édifiant à l'honneur de MARIE m'a cauſé de la joye & de la ſa tisfaction ; & combien, en con ſéquence des penſées & des ré flexions qui y ſont contenues je me ſens touché, pénetr & preſſé vivement, de m dévouer d'une façon tout particuliere au culte, qu a pour objet la Reine de

tanquam bonus & devotus filius in omnibus pro poſſe ſtudeas imitari, tunc enim procul dubio te illi tanquam matri veraciter exhibentis, & ipſa te tanquam filium ſuum veraciter adjuvabit, & quæ digne ab eo peti ris dabit, & in omn bus ad ſalutem, ti neceſſariis ſimplicit miniſtrabit; & tand in Cœleſti gloriâ, te pud ſe, feliciter coll cabit. S. Bonave ſtim. divini amor.

Saints : Je ne puis désavouer, que je n'eusse auparavant quelque dévotion & quelque attachement pour la divine Marie ; mais depuis la lecture de votre pieux Recueil, je suis là-dessus tout autre, & tout changé en mieux : Marie sera désormais plus souvent dans ma pensée, dans mon cœur, dans mes discours, & si l'on peut s'exprimer ainsi, dans mes œuvres & dans ma conduite. Après le culte souverain & sans égal que je dois à Dieu, je me livrerai comme à corps perdu, & tête baissée au culte de la divine Mere, que le Docteur Angélique appelle d'hyperdulie, c'est-à dire, supérieur au culte ordinaire que l'on rend aux Saints & aux Esprits célestes : persuadé que je suis que ce culte est dans l'ordre de Dieu, qu'il est agréable à Dieu, qu'il plaît beau coup à MARIE, & à toute l Cour céleste, qui ne peut que prendre plaisir, & une part infi nie aux éloges & aux honneur qui sont rendus à la Reine de Cieux. Convaincu de même que je le suis, qu'il n'est point de sortes de biens, soit grands soit petits, soit corporels soit spirituels, qui n'éma nent de cette dévotion, & cel à l'égard des petits comme de grands, des indigens comm des riches, des foibles esprit comme des sages, & des esprit forts : car MARIE, dit saint Bo naventure, est (après Dieu) l source inépuisable de la misér corde, & la veine de la grac Et suivant saint Bernard, elle e toute à tous; elle ouvre à to le sein de sa clémence & de bonté, afin que tous participe à sa plénitude. D'ailleurs je me rappelle d'avoir lû dans un fort bon Ecrivain, qu'un très-grand nombre de Saints, & singuliérement saint Thomas d'Aquin, avoient déclarés peu de tems avant leur mort, qu'ils n'avoient jamais eu recours à la très-sainte Vierge, pour obtenir quelque grace du Ciel, qu'elle ne leur eût été accordée. C'en est fait, je serai toujours plus dévot & plus fidéle serviteur de MARIE : Mais je m'apperçois, Madame, que je coupe le fil de votre lecture d'une maniére indiscrete, & que ma parenthese, ou mon épisode passe les bornes. Je cesse donc de parler, pour avoir l'honneur de vous entendre. Madame de Terre-Neuve reprit sur le champ sa lecture, en ces termes.

SUITE DU RECUEIL PIEUX DE MADAME LA MARQUISE, à l'honneur de la très-ſainte Vierge.

Pratiques de piété à l'honneur de MARIE.

VIII.

LEs Pratiques pieuſes à l'hon- neur de la très-ſainte Vier- ge, ſont en ſi grand nombre qu'il ſeroit mal-aiſé de les rap- porter toutes : je me borne quelques-unes des principales qui ſont du goût de bien de gens.

Il eſt dans l'Egliſe de Dieu une infinité de Chrétiens qui récitent tous les jours les Litanies de la très-ſainte Vierge & l'Antienne, qui commence par ces mots : *Salve Regina* : Il convient de dire celle-ci le matin, & l'autre le ſoir, dans la priere que l'on nomme l'Exercice du Chrétien, & que tout bon Chrétien fait après ſon lever & avant de ſe coucher.

Non-ſeulement les Chanoines & les Religieux, mais même pluſieurs perſonnes de l'un & de l'autre ſexe, engagez dans le ſiécle, récitent ſouvent avec piété le petit Office de la Vierge, qui eſt à la fin du Breviaire Romain : Il en eſt auſſi bon nombre qui le diſent tous les jours, ainſi que le font les Chartreux, les Religieuſes de Notre-Dame, les Dames de la Visitation.....

L'Office court & moëleux de la Conception Immaculée de MARIE, est de même en usage parmi les Fidéles. (Il est vrai que ces deux mots ont été retranchez à Rome :) *Domina exaudi orationem meam...... Has horas Canonicas* : on dit à leur place : *Domina protege orationem meam...... Hæc laudum præconia* : La récitation de cet Office ne peut qu'agréer à la plus pure des Vierges, & nous obtenir par son entremise bien des secours, pour nous maintenir nous-mêmes dans la pureté du cœur.

IX.

La récitation du Rosaire est en grande recommandation dans la sainte Eglise. Cette façon de prier est émanée du Ciel ; c'est la ſainte Vierge elle-même qui l'a enſeignée à ſaint Dominique, ce célebre Fondateur de l'Ordre des Révérends Peres Prêcheurs, lequel publia cette maniére de prier dans le monde avec beaucoup de zéle & de fruit. Le Bienheureux Alain de la Roche contribua beaucoup à la mettre en uſage, & les ſouverains Pontifes ont approuvés avec empreſſement, & enrichis de grand nombre d'Indulgences la Confrairie du ſaint Roſaire répandue dans tout le monde Chrétien.

La maniére de réciter le Roſaire eſt à la fin de ce Recueil ; c'eſt une façon de le dire d'un nouveau goût.

Il eſt bon de dire le Roſaire tous les jours, ou en entier, ou en partie : on le récite en entier lorſqu'on dit les quinze dizains.

d'*Ave Maria* que cette priere renferme.

On ne peut exposer en détail les fruits & les grands biens que le saint Rosaire a produit dans le monde. Le Bienheureux Alain en fait un détail, dont il a été lui-même le témoin oculaire, qui charme & qui surprend : la conversion des pécheurs, le retour des hérétiques dans le bercail de l'Eglise, la réconciliation des Princes qui étoient en guerre, le rétablissement sur leurs Trônes, des Rois chassez de leurs Royaumes, la résurrection des morts, une infinité d'autres avantages & d'autres biens réels, ont coulez en différens siécles, de cette source abondante de bénédictions spirituelles & temporelles. Je dis temporelles, telle que fut la fameuse victoire remportée à la bataille de l'Epanthe sur les Turcs, du tems & du regne du Pape saint-Pie V. Ah! qu'il est bon, qu'il est avantageux de réciter tous les jours avec piété le Rosaire, ou du moins le Chapelet. Le Chapelet est la troisiéme partie du Rosaire, à laquelle on ajoute un dizain & trois *Ave*; ce qui fait le nombre de soixante-trois *Ave Maria*: nombre mystérieux, qui selon certains Auteurs, a rapport aux soixante-trois années que la très-sainte Vierge a vêcu sur la terre; bien que d'autres Ecrivains prétendent que la sainte Vierge a vêcu plus long-tems, & qu'ainsi le nombre de soixante-trois, qui a été prescrit pour le Chapelet, par la Vierge elle-même à un saint Ecclésiastique, qui entra dans l'Ordre de saint François, que ce nombre, dis-je, de ſoixante-trois *Ave* a quelqu'autre rapport myſtérieux. Le grand ſaint François de Sales n'auroit jamais pris ſon repos, qu'il n'eût auparavant payé le tribut à ſa bonne Mere, pour uſer de ſes termes, & cela en récitant le Chapelet, avec ſa piété & ſa modeſtie ordinaire.

La petite Couronne de la ſainte Vierge eſt fort connue & fort uſitée parmi les Fideles : elle conſiſte à réciter trois fois le *Pater* & douze *Ave* à l'honneur des douze prérogatives de la Mere de Dieu. On dit d'abord le *Credo* ſur la Croix de la petite Couronne ; ſur les trois gros Grains, trois fois l'*Oraiſon Dominicale*, une fois ſur chacun : ſur les douze petits Grains douze *Ave*, après leſquels le *Gloria*

Patri, le *Salve Regina* & le *Sub tuum Præſidium*.

X.

Il eſt des perſonnes qui récitent tous les jours dix *Ave* à l'honneur des dix principales vertus de la très-ſainte Vierge, ſinguliérement de ſon humilité, de ſa charité, de ſa patience, de ſa pureté, de ſa conformité à la volonté de Dieu, &c. La Bienheureuſe Jeanne de France Fondatrice de l'Ordre de l'Annonciation, inventa & publia cette maniére d'honorer la divine Mere. Les Papes l'ont approuvée, en y attachant des Indulgences pour les perſonnes qui réciteront chaque jour ces dix Salutations Angéliques durant l'eſpace d'un an.

Il en eſt d'autres, qui tous les matins ſe mettent ſous la protection de MARIE, en récitant trois *Ave*, avant même leur priere du matin : après avoir adoré Dieu le souverain Etre, ces personnes saluent MARIE comme la Fille bien-aimée du Pere Eternel, comme la digne Mere du Verbe fait chair, comme l'Epouse heureuse de l'Esprit Saint; immédiatement avant de se coucher, ces mêmes personnes font la même priere avec un cœur & une confiance d'enfant, & dans une posture humble & suppliante. Elles y ajoutent le *Sub tuum Præsidium*.

XI.

D'entrer dans les Confrairies & les Societez saintes, établies en l'honneur de MARIE, c'est une maxime louable, & qui est d'une grande vogue, si l'on peut ici user de ce terme, parmi les vrais Fideles : Celle du saint Rosaire est d'une étendue infiie : Celle du Scapulaire est rès-estimée : nous sçavons, dit in Auteur moderne, que MARIE a fait une infinité de graces, & qu'elle en fait encore chaque our à ceux qui ont l'honneur d'être revêtus de la livrée sainte du Scapulaire : Ce fût le Bienheureux Simon Stok Anglois de Nation, de l'Ordre des Religieux du Mont-Carmel, qui fut choisi pour établir cette dévotion : MARIE lui apparût accompagnée d'une grande multitude d'Anges, environnée d'une lumiére céleste ; elle lui fit présent du Scapulaire, avec ordre de le communiquer à ceux qui seroient dans le dessein de s'engager dans son service, l'assurant que *cet habit seroit un gage héréditaire de son affection envers son Ordre ; l'étendart de sa Confrairie, la faveur qu'il avoit demandée, le signe de la paix & de l'alliance éternelle, la sécurité dans les dangers, une marque de salut.*

Combien de Fideles dans la vraie & sainte Eglise, qui approchent avec zele des Sacremens dans les jours fêtez à l'honneur de la sainte Vierge, & qui jeûnent la veille de ces mêmes Fêtes, qui sont la Fête de la Conception, de la Nativité, de l'Annonciation, de la Purification & de l'Assomption! Cette pratique ne peut qu'être agréable à MARIE, & très-utile aux Fideles.

XII.

Une maxime qui est approuvée par un usage fort étendu, c'est de jeûner tous les Samedis de l'année, à l'honneur de la Reine des Vierges. (Le Samedi est le jour de la semaine particuliérement

ticuliérement deſtiné à ſon Culte). Il en eſt même qui font d'autres auſtéritez ce jour-là, dans la même vûe : un inſigne pécheur qui obſervoit cette pratique fort exactement, ſe convertit enfin parfaitement, au rapport de l'Hiſtorien Ceſaire, (*a*) & il fit une fin heureuſe. Sainte Elizabeth Reine de Portugal, jeûnoit tous les Samedis, & toutes les veilles des Fêtes de Notre-Dame au pain & à l'eau, diſent les Hiſtoriens de ſa vie : & par cette maniére de pénitence, elle obtenoit de MARIE tout ce qu'elle ſouhaitoit.

XIII.

Enfin il en eſt qui récitent chaque jour quelque Oraiſon pieuſe en langue vulgaire à l'honneur de MARIE, pour s'exciter par-là à une plus tendre &

(*a*) Hiſtor. lib. 7. c. 39.

plus sensible dévotion à son égard : l'Oraison suivante, qui est de fraîche date, a été goûtée ; & elle est récitée par plusieurs personnes.

ORAISON

A la très-sainte Vierge pour tous les jours.

VIerge très-sainte & toujours Immaculée, digne Mere de Dieu, Reine de l'univers, prosterné humblement à vos pieds, je me dévoue pour toujours à votre saint Culte, je vous honore & je vous salue avec l'Ange, comme remplie de graces & de dons célestes ; je vous reconnois pour la meilleure, & pour la plus tendre des Meres ; je me jette avec tou la confiance d'un enfant dans le ſein de votre bonté & de votre tendreſſe maternelle, & je vous ſupplie très-inſtamment de m'accorder la faveur de votre bénédiction ſainte, & la grace de me proteger contre les ennemis de mon ſalut ; de me fortifier dans mes foibleſſes ; de me ſecourir dans mes néceſſitez, & de me délivrer dans mes dangers : aſſiſtez-moi ſur-tout, ô divine Marie ! dans le terrible & dangereux inſtant de la mort ; obtenez-moi par vos puiſſantes interceſſions la précieuſe grace de la perſéverance juſqu'à la fin, afin que je puiſſe poſſéder & contempler Dieu à jamais ; & que de concert avec vous, j'aye le bonheur de l'aimer, de le benir, & de le glorifier dans tous les ſiécles. Ainſi ſoit-il.

Aimés mon cœur, aimés la divine Marie.

Ma langue publiez sans cesse ses grandeurs;
C'est le moyen aisé d'atteindre à cette vie,
Où l'on goûte à longs traits d'éternelles
douceurs.

MARIE.

O nom puissant ! sous la protection auquel personne ne doit désesperer de son salut. (a)

L'Oraison qui suit peut se faire utilement dans les jours fêtez à l'honneur de MARIE, pour se consacrer tout de nouveau à son saint culte.

(a) MARIA, ô nomen ! sub quo nemini desperandum. S. Aug.

ORAISON

A la très-ſainte Vierge, pour les jours fêtez à ſon honneur.

VIerge très-ſainte & très-pure, au moment même de votre Conception, Mere du Rédempteur divin, Avocate des hommes pécheurs, proſterné humblement à vos pieds, je me conſacre, & je me dévoue déſormais à votre ſaint Culte ; pénetré d'un déſir ſincere de vous honorer, de vous aimer & de vous ſervir le reſte de mes jours. Que ne puis-je étendre votre Culte & la vraie dévotion qui vous eſt dûe dans tous les lieux de l'univers ! Agréez mes vœux, recevez-moi au nombre de vos zélez ſerviteurs, protegez-moi contre tous les ennemis du salut, & ne permettez pas que je sois enveloppé dans leurs filets, ni que je devienne le jouet de leur malice : Après Dieu je mets en vous toute ma confiance, ô la plus tendre & la meilleure des Meres ! Que pourrai-je craindre sous les aîles de votre puissante protection ? Je remets tout, ô MARIE, entre vos mains. Mon ame & mon corps, mon cœur & mon esprit, mes biens spirituels & temporels, mes miseres & mes afflictions, ma vie & ma mort ; donnez à tout votre sainte & maternelle bénédiction, & par vos intercessions puissantes, faites que la grace domine en moi, que le péché en soit à jamais banni, & que la gloire céleste soit mon heureux partage dans l'Eternité. Ainsi soit-il.

XIV.

Les deux Oraisons suivantes sont du goût de bien des gens : l'une regarde le divin cœur de Jesus ; l'autre a pour objet le sacré cœur de Marie ; il ne convient pas de séparer l'un de l'autre.

ORAISON

Au divin cœur de Jesus.

Très-saint & très-adorable cœur de Jesus ouvert pour notre amour, je vous adore profondément, & je vous aime de toute l'étendue de mon cœur, que je vous présente & que je vous donne sans réserve ; daignez l'agréer, quelque indigne, quelque souillé & quelque imparfait qu'il soit : daignez le blesser des traits de votre amour, le purifier dans les flâmes de votre divine charité, & le perfectionner par la conformité à vos saintes & adorables dispositions. O sacré Cœur! qui êtes l'objet des complaisances de Dieu le Pere, des adorations & des tendresses des bien-heureux esprits & des ames saintes ; je me consacre, & je m'unis à vous à jamais ; j'entre, & je me cache dans vous, pour toujours, vous suppliant de me servir d'azile contre tous les efforts de satan, l'ennemi de votre gloire & de mon salut ; de me défendre de tous ses piéges pernicieux, & malgré la multitude de ses traits envenimez de m'accorder la grace d'arriver heureusement jusqu'au lieu où l'on aime sans crainte, sans borne & sans mesure. Ainsi soit-il.

Cœur humain, je vêcus & je mourus pour
toi ;
Ne dois-tu pas mourir, du moins vivre pour
moi ?

ORAISON
Au ſacré Cœur de MARIE.

COEUR ſacré de MARIE, portrait vivant & parfait du divin Cœur de JESUS, Cœur plus pur & plus brillant que les rayons du ſoleil ; plus ardent & plus enflammé que le buiſſon d'Horeb ; plus doux & plus aimable que le fils de Saul, vous êtes l'objet de mes admirations, de ma tendreſſe, & de mes hommages : prêtez-vous, Cœur tout bon & tout compatiſſant, à mes vœux & à mes beſoins : ne me refuſés pas la faveur de vos pieuſes interceſſions, diſſipez les ténébres fatales de mon eſprit ; rendez mon cœur victorieux des attraits ſéduiſans de la volupté, des malins efforts de ſatan, l'ennemi de votre Culte & de mon bonheur, & des vaines apparences & illuſions du ſiécle. Appaiſez à mon égard le ſouverain Juge des vivans & des morts ; & faites qu'au travers des vagues & des tempêtes de la mer orageuſe du monde, je puiſſe heureuſement continuer ma route, éviter les naufrages & les écueils, & arriver enfin avec joye au port tranquille & déſirable de félicité éternelle. Ainſi ſoit-il.

Cœurs mortels, voulez-vous atteindre au vrai bonheur?
Joignez vos feux aux miens, aimons le Rédempteur.

XV.

En tout la maniere de s'y prendre fait beaucoup.

MANIERE
DE BIEN RE'CITER LE ROSAIRE ET LE CHAPELET.

LE ROSAIRE.

Sur la Croix, le gros grain & les petits, on pourra faire les prieres suivantes.

Sur la Croix.

O Jesus, l'Auteur & le Consommateur de notre foi

(a) je vous adore avec la très-sainte Vierge, & je vous supplie par ses mérites de m'accorder une foi vive & animée.

Vierge sainte, obtenez-moi cette vertu que vous possedâtes sur la terre dans un degré éminent.

Sur le premier gros Grain, avant de dire le Pater.

Source de tous les biens, ô mon Dieu, je vous adore avec la très-sainte Vierge; & je vous rends graces de toutes les faveurs dont vous l'avez comblée.

Sur le premier petit Grain, avant de réciter l'Ave Maria.

Je vous salue Vierge sainte,

(a) *Aspicite in Auctorem fidei, & Consummatorem Jesum* Heb.

comme la fille bien-aimée du Pere éternel, obtenez moi l'eſprit d'humilité & d'obéiſſance.

Sur le deuxiéme petit Grain.

Je vous ſalue, Vierge ſainte, comme la Mere du Verbe fait Chair, obtenez-moi l'eſprit de ſageſſe & de diſcrétion.

Sur le troiſiéme petit Grain.

Je vous ſalue, Vierge ſainte, comme l'Epouſe de l'Eſprit Saint, obtenez-moi le précieux don de la charité.

Au Gloria Patri.

Je vous remercie, ô très adorable Trinité, de toutes les graces qu'il vous a plû faire à la très-ſainte Vierge & à moi par ſon entremiſe.

LES MYSTERES JOYEUX.

PREMIERE PARTIE. DU ROSAIRE.

I. MYSTERE JOYEUX.

L'INCARNATION.

Sur le gros Grain.

O Verbe incarné dans le sein de MARIE, je vous adore dans ce mystere d'anéantissement, avec la très-sainte Vierge, & je vous supplie par ses mérites de m'accorder la vertu d'une profonde humilité.

Sur le premier petit Grain.

Vierge ſainte, obtenez-moi une humilité profonde.

Sur chacun des autres petits Grains on fera la même priere : ou en eſprit, ſi l'on dit le Roſaire en public : ou de vive voix, ſi on le dit en particulier. On en fera de même dans les autres dizains. Par là on évitera mieux les diſtractions, qui ne ſont que trop ordinaires dans la récitation du Roſaire, & conſéquemment on le dira avec plus de fruit.

Au Gloria Patri.

Je vous remercie, ô très-adorable Trinité, de toutes les graces qu'il vous a plû faire à la très-ſainte Vierge, & à moi par ſon entremiſe.

II. MYSTERE JOYEUX.

LA VISITATION.

Sur le gros Grain.

O Jesus visitant, avec MARIE, sainte Elizabeth; & sanctifiant Jean-Baptiste votre Précurseur dans le sein de sa Mere; je vous adore dans ce Mystere de charité, avec la très-sainte Vierge, & je vous supplie par ses mérites de m'accorder une charité ardente envers le prochain.

Sur le premier petit Grain.

Vierge sainte, obtenez-moi la charité fraternelle.

Au Gloria Patri.

Je vous remercie........

III. MYSTERE JOYEUX.

LA NAISSANCE DE JESUS-CHRIST.

Sur le gros Grain.

O JESUS, naissant dans une vieille mazure au milieu de deux animaux, dans le sein de la pauvreté & de la misere, je vous adore dans ce Mystere d'humiliation, avec la très-sainte Vierge, & je vous supplie, par ses mérites, de m'accorder l'esprit de détachement & de la pauvreté Evangélique.

Sur le premier petit Grain.

Vierge sainte, obtenez-moi l'esprit de détachement.

Au Gloria Patri.

Je vous remercie........

IV. MYSTERE JOYEUX.

LA PRESENTATION DE JESUS-CHRIST AU TEMPLE.

Sur le gros Grain.

O JESUS, présenté dans le Temple de Jerusalem au Pere Eternel par les mains pures de MARIE, je vous adore dans ce Mystere de Religion, avec la très-sainte Vierge, & je vous supplie, par ses mérites, de m'accorder l'esprit d'une piété tendre & sincere.

Sur le premier petit Grain.

Vierge sainte, obtenez-moi l'esprit de la vraie piété.

Au Gloria Patri.

Je vous remercie........

V. MYSTERE JOYEUX.

JESUS-CHRIST RETROUVÉ DANS LE TEMPLE.

Sur le gros Grain.

O JESUS, cherché avec empressement pendant trois jours, & enfin trouvé dans le Temple au milieu des Docteurs, les interrogeant, & leur répondant avec une sagesse admirable, je vous adore dans ce Mystere de joye, avec la très-sainte Vierge, & je vous supplie, par ses mérites, de m'accorder le don de Sagesse dans les réponses & les conseils.

Sur le premier petit Grain.

Vierge sainte, obtenez-moi le don de Sagesse & de circonspection.

Au Gloria Patri.

Je vous remercie.........

LES MYSTERES DOULOUREUX.

DEUXIE'ME PARTIE, DU ROSAIRE.

I. MYSTERE DOULOUREUX.

L'AGONIE DANS LE JARDIN DES OLIVES.

Sur le gros Grain.

O JESUS, agonisant & triste jusqu'à la mort dans le Jardin des Oliviers, je vous adore dans ce Mystere de douleur, avec la très-sainte Vierge, & je vous supplie, par ses mérites, de m'accorder une parfaite & vive douleur de mes péchés.

Sur le premier petit Grain.

Vierge sainte, obtenez-mo

ſprit de componction.

Au Gloria Patri.

Je vous remercie.........

II. MYSTERE DOULOUREUX.

LA FLAGELLATION.

Sur le gros Grain.

O JESUS, attaché à une colomne, dépouillé & flagellé par des mains cruelles & inhumaines, je vous adore dans ce Myſtere d'humiliation & de ſouffrances, avec la très-ſainte Vierge, & je vous ſupplie, par ſes mérites, de m'accorder la patience dans les maux & les afflictions de la vie.

Sur le premier petit Grain.

Vierge ſainte, obtenez moi la patience dans les adverſités.

Au Gloria Patri.

Je vous remercie.......

III. MYSTERE DOULOUREUX.

LE COURONNEMENT D'EPINES.

Sur le gros Grain.

O JESUS, couronné d'épines, pour nous mériter la Couronne immortelle de la gloire, je vous adore dans ce Mystere d'ignominie avec la très-sainte Vierge, & je vous supplie, par ses mérites, de m'accorder la paix & la patience dans les mépris.

Sur le premier petit Grain.

Vierge sainte, obtenez-moi la patience dans les mépris.

Au Gloria Patri.

Je vous remercie.......

IV. MYSTERE DOULOUREUX.

LE PORTEMENT DE LA CROIX.

Sur le gros Grain.

O Jesus, montant ſur le Calvaire, chargé d'une peſante Croix pour y conſommer votre ſacrifice, je vous adore dans ce Myſtere douloureux & édifiant, avec la très-ſainte Vierge, & je vous ſupplie, par ſes mérites, de m'accorder l'eſprit de ſoumiſſion & de patience dans les Croix.

Sur le premier petit Grain.

Vierge ſainte, obtenez-moi la vertu de réſignation.

Au Gloria Patri.

Je vous remercie..........

V. MYSTERE DOULOUREUX.

LE CRUCIFIEMENT.

Sur le gros Grain.

O JESUS, attaché à la Croix, & mourant pour notre amour au milieu de deux criminels, je vous adore dans ce Mystere d'abaissement & de douleur, avec la très-sainte Vierge, & je vous supplie, par ses mérites, de m'accorder la grace d'une mort sainte & précieuse.

Sur le premier petit Grain.

Vierge sainte, obtenez-mo la grace de mourir saintement.

Au Gloria Patri.

Je vous remercie.......

LE

LES MYSTÉRES GLORIEUX.

TROISIE'ME PARTIE.

DU ROSAIRE.

I. MYSTERE GLORIEUX.

LA RE'SURRECTION.

Sur le gros Grain.

O Jesus, vraiment reſſuſcité glorieux & triomphant de tous vos ennemis, je vous adore dans ce Myſtere de gloire, avec la très-ſainte Vierge, & je vous ſupplie, par ſes mérites, de m'accorder la grace d'une vraie réſurrection ſpirituelle.

Sur le premier petit Grain.

Vierge ſainte, obtenez-moi la grace de reſſuſciter ſpirituellement.

Au Gloria Patri.

Je vous remercie.......

II. MYSTERE GLORIEUX.

L'ASCENSION.

Sur le gros Grain.

O JESUS, montant au Ciel avec gloire & magnificence, je vous adore dans ce Myſtere de triomphe, avec la très-ſainte Vierge, & je vous ſupplie, par ſes mérites, de m'accorder le don de penſer ſouvent au Ciel, & d'y tendre efficacement.

Sur le premier petit Grain.

Vierge sainte, obtenez-moi le zéle du salut.

Au Gloria Patri.

Je vous remercie.........

III. MYSTERE GLORIEUX.

LA DESCENTE DU SAINT-ESPRIT SUR LES APOSTRES.

Sur le gros Grain.

O Jesus, envoyant votre Saint-Esprit à vos Apôtres, ainsi que vous le leur aviez promis, je vous adore dans ce Mystere d'amour, avec la très-sainte Vierge, & je vous supplie, par ses mérites, de m'accorder un tendre & ardent amour.

Sur le premier petit Grain.

Vierge ſainte, obtenez-moi la parfaite charité.

Au Gloria Patri.

Je vous remercie........

IV. MYSTERE GLORIEUX.

L'ASSOMPTION DE MARIE

Sur le gros Grain.

O JESUS, élevant en corps & en ame dans le Ciel votre ſainte Mere, après ſa précieuſe mort, je vous adore avec elle dans ce Myſtere glorieux, & je vous ſupplie, par ſes mérites, de m'accorder la grace de monter un jour en triomphe dans le Ciel, avec vos Elus.

Sur le premier petit Grain.

Vierge sainte, obtenez-moi la faveur de monter glorieusement dans le Ciel.

Au Gloria Patri.

Je vous remercie........

V. MYSTERE GLORIEUX.

LE COURONNEMENT DE LA TRE'S-SAINTE VIERGE DANS LE CIEL.

Sur le gros Grain.

O JESUS, récompensant votre très-digne Mere dans le Ciel, & la couronnant comme Reine des Anges & des hommes, je vous adore avec elle dans ce Mystere éclatant & glorieux, & je vous supplie, par ses mérites, de m'accorder la victoire sur mes passions, & la couronne de gloire, qui en eſt le prix.

Sur le premier petit Grain.

Vierge ſainte, obtenez-moi la victoire ſur mes paſſions, & la couronne éternelle.

Au Gloria Patri.

Je vous remercie.........

Aux Litanies qu'on dit à la fin des dizains, on ſe proſternera en eſprit aux pieds de la très-ſainte Vierge, & on la ſuppliera d'intercéder pour nous, ſur-tout au moment de la mort.

Au *De profundis*, on priera pour les morts, ſingulierement pour les ames qui ont été plus dévotes à Marie.

Au *ſub tuum præſidium*, on ſe mettra, avec une humble & tendre confiance, ſous la protection puiſſante de la très-ſainte Vierge.

On dit le Chapelet de la même façon qu'on dit le Roſaire, en recitant l'Oraison Dominicale & la Salutation Angélique, de dizain en dizain pendant six fois, ou du moins cinq; & cela en pensant aux Mysteres dont on a fait mention. Le Lundi, aux Mysteres Joyeux; le Mardi, aux Mysteres Douloureux; le Mercredi, aux Mysteres Glorieux: le Jeudi, on revient aux Mysteres de Joye; le Vendredi, aux Mysteres de Douleur; le Samedi, aux Mysteres Glorieux: quant aux dix *Ave* de surplus, il en est qui les disent à l'honneur des dix principales vertus de la très-sainte Vierge; qui sont, sa pureté inéfable, sa piété fervente, sa prudence singuliere, sa profonde humilité, sa prompte obéissance, sa pauvreté parfaite & Evangélique, sa patience admirable, son ardente charité, sa fidéle sincérité dans ses paroles & dans ses actions, & sa très parfaite conformité à la volonté de Dieu en toutes choses.

On peut aussi reciter le Chapelet, à l'honneur des sept Joyes principales que la très-sainte Vierge reçut à l'incarnation du Verbe; à la visite de sainte Elisabeth; à la naissance de JESUS-CHRIST; à l'adoration des Mages; au recouvrement de JESUS CHRIST dans le Temple de Jerusalem; à la Résurrection, & ; son Assomption glorieuse dan le Ciel. Cette maniere de rec ter le Chapelet a été enseignée au rapport de certains Auteurs par la sainte Vierge elle-même

Du reste, le mot de Rosaire émane de celui de rose, & même que la rose plaît beaucou aux yeux & à l'odorat: le Rosai bien dit, agrée beaucoup à M RIE, & monte en odeur de su

V

vité jusqu'au Trône de cette Reine des Cieux.

Le terme de Chapelet, naît & dérive de celui de chapeau, comme qui diroit petit chapeau: or le chapeau couronne & environne la tête: le Chapelet recité pieusement, est donc comme une espece de couronne de fleurs que l'on met, pour parler ainsi, sur la tête de la très sainte Vierge, & qui ne peut que lui agréer infiniment. Saint Jean Capistran, de l'Ordre des Freres Mineurs, a beaucoup étendu & mis en usage cette maniere de prier.

Le Recueil de Madame la Marquise finit là; & la Conversation, de même, termina dans cet instant. En nous levant, nous remerciâmes avec empressement cette illustre Dame, de la bonté qu'elle avoit eûe de nous faire part d'un Ouvrage aussi pieux & aussi édifiant.

Elle nous rendit graces de nos remercimens ; sa modestie parut en souffrir. Elle nous pria tout de suite d'entrer dans le parterre, où elle nous fit voir des fleurs d'une beauté singuliere, qu'elle avoit acquises depuis peu : elle nous montra aussi quelques réparations, & certains agrémens qu'elle avoit fait dans ce Jardin de plaisance ; nous les trouvâmes fort à notre goût, ce qui lui causa bien du plaisir & de la satisfaction.

CONVERSATION XX.

REPRISE

ET

CONCLUSION DE L'OUVRAGE.

Me. la Marquiſe de TERRE-NEUVE.
Me. la Comteſſe de L'ISLE-BONNE.
Madame de Saint EVREMONT.
M. le COMMANDEUR.
M. le CHEVALIER.
MM. . . . . . .

L'ABBE' AU-VRAY.

NOus voici enfin arrivés, mon cher Théophile, à notre derniere Converſation, qui fût une des plus courtes, & à mon goût une des plus agréables & des plus utiles : je ne ſçai, ſi vous, qui êtes d'un goût exquis, la trouverez telle ?

Madame la Comteſſe de l'Iſlebonne ouvrit l'entretien par le narré d'une nouvelle qui plût beaucoup à toute l'Aſſemblée. La voici, à peu près dans les termes & les penſées de cette Dame.

M. le Marquis de Font-Neuve vient de terminer à l'amiable le fameux procès qu'il avoit avec M. le Comte de la Valdorelle. Ce procès avoit duré dix ans ; les dépenſes, les ſoins, les voyages, les mouvemens de part & d'autres étoient montés au ſuprême point ; on ne ſçauroit les exprimer. Enfin, le mois dernier ces deux Meſſieurs, au moyen de leurs amis, & de deux Avocats habiles, ſe raprocherent, convinrent de tout, &

mirent le sceau à leur accommodement, par une bonne transaction qu'ils passerent sur le champ, & par un repas magnifique, où l'on bût (je vous le laisse à penser) maintes & maintes fois à la santé des nouveaux réunis, lesquels s'y donnerent réciproquement mille marques d'amitié, & d'une parfaite réconciliation : je dis, réconciliation, parce que bien que ce procès ne fût pas criminel, mais seulement civil & d'interêt; il n'avoit pas laissé que de désunir ces deux Seigneurs à un point fâcheux & peu édifiant, ainsi qu'il est ordinaire aux procès, d'enfanter de tels fruits. Ah ! que les procès sont à éviter, s'écria alors le Pere Romain, les procès sont des guerres particulieres, ajouta-t'il : ce sont des guerres civiles de Citoyens à Citoyens, des guerres souvent domestiques, de parens à parens, de freres à freres. Guerres, où la victoire est incertaine; où les dépenses sont sûres; où les soins sont fatiguans; où les mouvemens vont à l'infini; où le sommeil est court, & intercadant; où l'esprit perd la tranquilité; le cœur perd la paix & l'union, & l'ame perd souvent la vie de la grace, & l'amour de son Dieu. Ah! je le répete, que les procès sont à éviter! les procès sont des champignons: les meilleurs ne valent rien.

Mais, dit alors M. le Chevalier, pourquoi donc, dans le monde, a-t'on établi des Juges, des Officiers de Justice, des Cours, des Barreaux, des Parlemens? Si les procès ne sont point bons, s'ils ne valent rien; pourquoi la Justice est-elle en si grande vénération? Pourquoi les

Princes lui confient-ils leur puiſſance & leur autorité ? Monſieur le Chevalier, lui répondit le Pere Romain, il en eſt de la Juſtice & des procès, comme de la Médecine & des remédes : la Médecine eſt néceſſaire dans le monde, parce que les maladies y ſont fréquentes ; de même la Juſtice eſt néceſſaire & requiſe dans les Etats des Princes, parce que les injuſtices n'y ſont pas rares. Sans le ſecours de la Médecine & des remédes, que deviendroient les malades ? Sans l'aide & le puiſſant ſecours de la Juſtice, que deviendroient les veuves & les orphelins, les innocens calomniés, les pauvres opprimés ? Il faut dans l'univers, des Juges, des Officiers de Juſtice, des Cours, des Parlemens ; comme il faut des Médecins, des Apoticaires, des remédes ; ces principes ſont vrais & inconteſtables : mais il n'eſt pas moins vrai, que comme on ne prend, ou que l'on ne doit prendre des remédes que dans la néceſſité, on ne doit auſſi faire de procès que dans un vrai beſoin, dans une néceſſité réelle. Après qu'on a employé en vain les voyes de la douceur, de la raiſon, de la politeſſe & de la charité, on peut appeller la Juſtice à ſon ſecours ; mais encore un coup, que ce ne ſoit qu'après que la charité & la politeſſe n'auront pas pû réuſſir. C'eſt ainſi qu'on le pratique dans un des Etats voiſins de ce Royaume, où il y a des Juges Conciliateurs établis pour porter les Parties à un accommodement amiable, avant qu'elles entreprennent de plaider. En deux mots, les procès ſont des médecines améres ; il faut en avoir du rebut : on doit combattre le penchant qu'on y auroit : il faut bien peſer les raiſons qui nous y portent, & quand les menaces d'en venir en Juſtice peuvent ſuffire, on doit bien ſe garder d'en venir aux effets. Je me rappelle là-deſſus quelques Vers du fameux Deſpreaux, qui ne peuvent qu'être du goût de l'Aſſemblée. (*a*)

Crois-moi, dût (*a*) Auzanet, t'aſſurer du ſuccès,
(*b*) Abbé, n'entreprends point, même un juſte procès ;
N'imite point les foux, dont la ſotte avarice
Va de ſes revenus, engraiſſer la Juſtice ;
Qui toujours aſſignants, & toujours aſſignés ;
Souvent demeurent gueux, de vingt procès gagnés.
Toutefois ſi jamais quelque ardeur billieuſe

(*a*) Fameux Avocat de Paris.

(*b*) 2. Epit. Dédiée à M. l'Abbé de Roche.

Allumoit dans ton cœur l'humeur lytigieuse;
Consulte-moi d'abord, & pour la réprimer,
Retiens bien la leçon, que je te vais rimer.
Un jour, dit un Auteur, n'importe en quel Chapitre,
Deux Voyageurs à jeun rencontrerent une huitre:
Tous deux la contestoient; lorsque dans leur chemin
La Justice passa, la balance à la main;
Devant elle à grand bruit, ils expliquent leur cause,
La Justice pesant ce droit litigieux,
Demande l'huitre, l'ouvre, & l'avale à leurs yeux;
Et par ce bel Arrêt, terminant la bataille,
Tenez, voilà dit-elle, à chacun une écaille.
Des sottises d'autrui, nous vivons au Palais,
Messieurs, l'huitre étoit bonne, à Dieu, vivez en paix.

Je vous laisse à penser, mon cher Théophile, si ces Vers égayerent la Conversation; on se prit à sourire plus d'une fois;

enſuite le Révérend Pere Romain reprenant la parole, dit qu'en fait de Procès il falloit, en trois mots, les éviter autant qu'il ſe peut, les terminer au plus vîte, & les ſoutenir en Chrétien & en honnête homme.

Voilà bien des réflexions ſur les procès, dit alors Madame la Marquiſe ; laiſſons cette matiere diſgracieuſe, & peu conforme à l'eſprit de l'Evangile. Parlons de quelque choſe qui regarde la vraie piété, & la politeſſe louable. Je ne crois pas que M. le Chevalier me veüille du mal de réouvrir de pareils diſcours ; mon neveu, reprit M. le Commandeur, ne peut Madame, qu'aprouver votre penſée, qui eſt très-bonne. Toute la Compagnie penſe de même que vous. Il n'y a qu'à en venir à l'exécution. Pour cet effet, continua M. le

Commandeur, je prie le Révérend Pere Romain de nous débrouiller quelques difficultés qui me naissent actuellement dans l'esprit, sur le sujet en question.

Je demande d'abord s'il est permis dans les lieux saints & retirés du monde, d'être poli, d'être civil, & honnête ? Si l'esprit de Religion & de piété ne défend pas de mettre en usage, dans la Maison du Seigneur & dans les Cloîtres, l'art de la politesse, de la courtoisie, de l'honnêteté ?

En second lieu, je prie sa Révérence de nous dire ce qu'elle pense sur la maxime des Gens de guerre & de naissance, au sujet de l'honneur, des affronts & des mépris : sçavoir, qu'il faut en tirer raison ; qu'il faut que l'épée ou le pistolet en décide, & remettre l'honneur là où l'on l'a flétri ou enlevé. Maxime qui a fait couler bien des ruiſſeaux de ſang, & qui n'eſt que trop en vogue chez les perſonnes qui ſe piquent d'être gens d'honneur.

Enfin, ſa Révérence eſt priée de nous expoſer ſon ſentiment ſur cette double queſtion; ſçavoir, ſi la politeſſe, ſi l'honnêteté doit être ſincere & intérieure; ſi elle doit être chrétienne & naiſſante d'une vûe de foi?

Monſieur le Commandeur, dit le Pere Romain, n'a qu'à ordonner pour être obéi: je vais le contenter, ſi je le puis, & mettre au jour mes penſées & mes réflexions ſur les difficultés qu'il vient de me faire l'honneur de me propoſer. Par rapport à la premiere, je dis, qu'il eſt certainement permis d'être poli, civil & honnête dans les lieux conſacrez au Seigneur, & dans les Cloîtres; mais à un certain point,

& dans un certain degré.

La charité, qui est la mere de la politesse & de l'honnêteté chrétienne, peut & doit, sans contredit, trouver place dans les lieux saints, & dans les Monasteres, comme par-tout ailleurs. Si la mere est admise dans les lieux consacrés à la religion & à la piété; pourquoi la fille ne le seroit-elle pas? Pourquoi ne pourroit-on pas être poli, honnête & humain, là où l'on peut, & où l'on doit être charitable, doux & débonnaire? Nul qui ne doivent convenir du principe; nul qui puisse nier la conséquence.

J'ai ajouté, à un certain point, & dans un certain degré: C'est, que dans le Temple du Seigneur & dans les Monasteres, l'honnêteté, la politesse ne doit pas y être, ni si étendue, ni si marquée, ni si brillante que dans les autres endroits ; attendu que dans la maison de Dieu, la grande & l'unique attention de l'homme, doit être d'adorer le Très-Haut, de l'aimer, de lui rendre ses actions de graces, de le prier de lui offrir son cœur en sacrifice.......... les civilités, les politesses, les condescendances excessives à l'égard des Créatures peuvent le détourner des devoirs de la Religion, qu'il est obligé de rendre au Créateur : en conséquence, l'homme Chrétien doit, dans les Eglises, se maintenir dans un air modeste & sérieux ; garder un silence exact, & ne pas se livrer à des ris indécens, ni à des manieres trop libres. Si la bienséance exige de lui quelques paroles, quelques gestes, quelques coups d'œil, que ce soit toujours en abregé, pour m'exprimer ainsi, &

d'une façon qui ressente l'homme pénétré de la présence de JESUS-CHRIST, qui réside réellement, & vraiment sur nos Autels : en un mot, politesse, bienséance, honnêteté dans le lieu sacré, comme dans le lieu profane : mais moins d'affectation, moins d'étendue, moins de discours & de gestes : la modestie & la Religion doivent y dominer.

Dans les Monasteres, également, la politesse ne doit pas y être trop étendue, trop libre, trop affectée & trop mondaine. Un air trop aisé, qui sent la vanité, le damoiseau, la précieuse, ne convient point à des personnes mortes au monde, & qui ne doivent s'étudier qu'à plaire à JESUS-CHRIST, par les humiliations & la pénitence. C'est dans ce sens, que sainte Thérese, cette illustre sçavante dans les voies de de Dieu, ne veut point l'art de la politesse dans les Monasteres de sa Réforme. L'excès de politesse, un air de civilité, trop mondain & trop affecté, lui déplaît ; mais nullement, l'essentiel de l'honnêteté, le nécessaire de la politesse, de la bienséance & du sçavoir vivre : autrement, cette Sainte auroit approuvé & goûté l'impolitesse, la grossiereté, la rusticité, les manieres rebutantes & brusques, ce qu'on ne peut pas penser de cette héroïne Chrétienne, qui, avec une sainteté supérieure, jouissoit de beaucoup d'esprit & de bon sens : l'excès donc de politesse, sur-tout dans les Communautés Religieuses & ferventes, ne vaut rien ; il n'est point à conseiller : il faut dans les Maisons saintes, une politesse plus unie, plus simple, plus cordiale & plus familiere. Quant à la deuxiéme difficulté de M. le Commandeur; voici ce que j'en pense.

Le vrai honnête homme, selon Dieu, & selon les hommes; l'honnête homme à tous égards, comme l'on a dit dans une de nos Conversations, qu'il falloit l'être, ne croit pas que le véritable honneur consiste à se venger, à tirer raison des injures & des affronts par l'épée, ou par d'autres instrumens de mort. Non, le titre & la qualité d'honnête homme n'exige point qu'on soit dans de telles maximes, qui sont contraires à l'ordre établi & publié par la souveraine sagesse, à la tranquillité & à la paix qui doit regner parmi les hommes; aux lumieres de la droite raison, qui ne veut pas qu'on ôte à l'homme un bien aussi précieux que la vie, pour une fumée d'honneur mondain, pour une parole en l'air ; pour un geſte inconſidéré ; pour un fétu, pour un rien. L'honneur faux & mondain demande de pareilles vengeances ; les partiſans du monde ſont pénétrés de ſemblables maximes ; mais c'eſt à tort : car la vengeance eſt un vrai vice, une vraie baſſeſſe, une obéiſſance aux paſſions ; une ſervitude réelle à l'égard de l'amour propre & de l'eſprit du monde : la clémence, le pardon des injures, l'oubli des affronts fut dans tous les tems & dans tous les lieux, l'objet des éloges, de l'eſtime & de la vénération des hommes mêmes payens. La vengeance, la haine, le ſouvenir des injures, & conſéquemment les duels & les autres manieres de ſe venger, doivent donc être, par la loi des contraires, regardés comme des objets dignes de blâme, de mépris & d'indignation. L'honnêteté mondaine, l'honneur du siécle faux & imaginaire ne doivent point, selon le Grand saint Grégoire, être la régle de nos actions, de notre conduite, de nos jugemens. (a) Rien de plus faux, rien de plus pernicieux que de juger suivant les principes & les maximes de l'esprit du monde. JESUS-CHRIST, qui ne peut, ni se tromper, ni tromper les hommes, étant la vérité & la bonté même, doit regner sur tous nos jugemens; sur toute notre conduite; sur toutes nos démarches, & sur toutes nos actions; en conséquence, son Evangile Saint, & ses maximes célestes doivent nous régler en tout, & nous diriger dans toutes nos voyes: en suivant cette rou-

(a) *Nequaquam, se pro mundi hujus honestate contineant.* S. Greg.

te, plus de sang répandu, plus de haine & de dissention ; plus de duels & de combats particuliers ; plus de vengeance & de ressentiment des injures ; ah ! que les hommes seroient heureux, & qu'ils vivroient en paix, s'ils se comportoient de la sorte, & s'ils jugeoient ainsi des choses ! Mais hélas ! le monde l'emporte, le Christianisme disparoît, le paganisme, ou plûtôt la passion entraîne ; Satan est servi ; Belial est adoré, & JESUS-CHRIST notre Dieu & notre Maître unique n'est ni écouté ni obéi : quel déreglement ! quelle folie ! En vérité, en vérité, c'en est une des plus réelles, des plus sûres & des plus blâmables. A toutes ces raisons, que la vraie vertu dicte, & que l'esprit d'une piété solide ins-

(a) *Unus est Magister vester Christus.* | Math. 23. 8.

ſpire; ajoutons l'autorité du Prince, qui défend ſous de très-griéves peines, les vengeances particulieres, ſingulierement les duels; & concluons qu'il n'eſt point de l'homme d'honneur, qu'il n'eſt point du véritable honnête homme, de répandre le ſang humain avec cruauté, à la façon des lions & des tigres.

La politeſſe purement extérieure, qu'on nomme, en termes du ſiécle, l'eau benite de Cour n'eſt pas celle qui doit être l'objet de notre eſtime, & de no empreſſemens. Non, non, cett politeſſe hypocrite ne doit poin faire le ſujet de nos éloges, n être le but de nos vœux. Il fau que notre politeſſe & nos hon nêtetés, prennent leur ſourc dans le cœur; elles doivent êt ſinceres, humaines & raiſonn bles; autrement, ce n'eſt qu' corce, qu'hypocrisie, que dehors; & de même que les pierres fausses & l'or faux ne sont nullement estimés, les politesses & les honnêtetés fausses & hypocrites, ne sont point du goût des vrais honnêtes gens, & des vrais Chrétiens. Une certaine sincérité doit accompagner nos complimens & nos discours de politesse, autant qu'il se peut: Oui, le cœur doit suivre les paroles, & les faire naître; autant, dis-je, qu'il se peut; parce qu'il est tout vrai que les sentimens du cœur & les complimens de la bouche, ne peuvent pas toujours, pour ainsi parler, marcher d'un pas égal: les façons de parler civiles & honnêtes, admettent & exigent même de certaines exagérations, que le cœur ne peut pas toujours suivre de près: mais que ce soit au moins de loin, & autant qu'on le peut, selon les régles de la prudence & de la sagesse. Le Supérieur, l'homme égal se disent & se nomment souvent les serviteurs humbles & obéissans de ceux à qui ils écrivent, ou avec qui ils conversent : si le cœur n'est nullement de la partie. Ce n'est qu'un air battu, ce n'est rien. Si le cœur s'en mêle, & que l'on veuille véritablement honorer la personne à qui s'adressent ces honnêtetés, c'est-là le vrai point, c'est ce qu'il faut.

Des vûes de foi doivent diriger nos politesses. La charité doit en être la source & la mere : l'humilité doit en être la bâse & le fondement : l'esprit de douceur & d'affabilité doit en être le pere : une prudente sagesse doit en être la directrice & la régle. C'est ainsi que les premiers

Chrétiens

Chrétiens exerçoient l'honnêteté à l'égard de tout le monde, ſurtout à l'égard des étrangers, envers qui ils étoient ſi exacts & ſi religieux, par rapport au devoir de l'hoſpitalité : C'eſt ainſi que les Solitaires recevoient ceux qui les venoient viſiter : c'eſt ainſi que les Religieux qui habitent les forêts, reçoivent encore aujourd'hui les Etrangers qui viennent s'édifier auprès d'eux : c'eſt ainſi que nombre de Chrétiens fervens & parfaits en uſent, même dans le monde, faiſant tout actuellement dans des vûes de foi, de piété, d'amour de Dieu & du prochain : c'eſt ainſi que d'autres Chrétiens, moins parfaits, élevent cependant leurs politeſſes, leurs honnêtetés, & les rendent mêritoires devant Dieu, en les offrant tous les matins, avec le corps & le total de leurs actions au Seigneur, à qui tout appartient, & à qui nous devons tout rapporter, comme à la derniere fin, & au principe premier de toutes choses. (*a*)

Je sçai que l'esprit mondain n'entend pas volontiers de telles maximes. Les mondains veulent être polis, parce qu'il le faut être ; parce que c'est la mode, parce que sans cela on passe pour des gens de néant, & des personnes de la lie du peuple. Ces vûes pourroient être supportables dans des payens ; mais chez les Chrétiens, ces motifs ne sont pas de mise, du moins étant seuls & principaux. Il faut avoir des vûes plus relevées, plus grandes, plus pieuses & plus chrétiennes, avec lesquelles on mérite une récompense excessive. Qu'en coû-

(*a*) *Ego sum Alpha & Omega, principium & finis.* Apocalyp. ultim.

te-t'il ? un mouvement de cœur. On peut mériter & s'enrichir à peu de frais. A toutes ces réflexions sur la politesse, j'ajoute celle-ci ; qui est, que d'être façonnier & poli à l'excès, comme certaines gens, dont les façons ne finissent point, c'est tomber dans un défaut, ou plûtôt dans une extrêmité, qui n'est guéres moins blâmable, que le manque de sçavoir vivre & d'honnêteté. La vertu, le point à désirer, consiste dans le milieu. En France, surtout on ne veut point tant de façons, tant de grimaces, tant de gestes ; une honnête liberté plaît à notre Nation, & je pense que c'est le meilleur parti. Politesse, honnêteté, civilité. Rien de mieux : Mais sans excès, sans trop d'affectation, sans trop de gêne.

Monsieur le Chevalier prit

dans cet inſtant la parole, & s'adreſſant, de même que Monſieur le Commandeur ſon Oncle, au Pere Romain, il le pria de lui décider certaines difficultez qui lui fatiguoient l'eſprit. Le Pere Romain répondit à Monſieur le Chevalier avec cette politeſſe qui ne le quitte point, & qui lui eſt comme naturelle : or les doutes de M. le Chevalier étoient tels.

Le jeu eſt-il oppoſé au titre de vrai Chrétien, convient-il à l'honnête-homme ?

Les ſpectacles ſont-ils abſolument à éviter, & ne peut-on pas y aſſiſter ſans crime ?

La danſe eſt-elle indigne d'un honnête-homme ?

Que doit-on penſer de la Muſique ? Ne peut-on pas l'aimer, & s'y adonner ſans bleſſer les loix d'une piété ſolide & d'une vraie honnêteté ?

Vous me taillés bien de l'étoffe, Monſieur le Chevalier, lui dit alors le Pere. Peut-être viendrai-je à bout de la coudre en entier ; mais ſera-ce à votre goût ? C'eſt ce que j'ignore. Souffrés que j'aye l'honneur de vous répondre ſans trop m'étendre, & d'un ſtile concis. Mon Pere, reprit le Chevalier, vous me ſervirés à mon goût : Un ſtile diffus m'ennuyeroit, nous trouvans ſur-tout ſur le penchant de la Converſation.

Le jeu conſideré en lui-même & dans ſa nature, n'eſt ni péché, ni vertu : il eſt dans l'ordre des choſes qui ſont indifférentes d'elles-mêmes. Qu'on joue dans des circonſtances louables & dans de bonnes vûes, on mérite. Joue-t-on par paſſion, avec excès à des jeux défendus ? on péche. Un jeu d'habitude, d'occupation, un jeu continuel ne convient ni au Chrétien, ni à l'honnête-Homme. Un jeu d'intervalle, de délaſſement, plaît, & il eſt néceſſaire du moins à pluſieurs. La paſſion du jeu eſt ruineuſe. Loin de nous enrichir, elle nous appauvrit. Elle nous dérobe beaucoup de tems : elle nous enleve la liberté : elle vuide notre bourſe : elle fouille notre conſcience. Un grand d'Eſpagne devenu un grand Saint, l'aſſuroit de même. Et les joueurs de bonne foi ne me démentiront point. Le Chrétien peut joue[r] un peu pour ſe délaſſer, & pou[r] vaquer avec plus d'ardeur au[x] bonnes œuvres. L'Honnête Homme peut jouer quelquefoi[s] dans la vûe de ſe récréer & d[e] mieux remplir les devoirs ſérieux de ſon emploi. La piété bien priſe ſouffre le jeu par raiſon. La vraie honnêteté permet & inſpire même de tems en tems le jeu par bienſéance. Toutefois aux conditions ſuivantes: que l'avarice & la paſſion pour le gain; que la colere & l'emportement, que l'injuſtice & la fourberie; que l'oiſiveté & la perte du tems; que l'amour & l'immodeſtie; (*a*) que l'impoliteſſe & la déſobéiſſance aux loix de l'Etat ne ſe trouveront jamais de la partie. Encore deux mots ſur le jeu.

L'Honnête Homme qui joue, (car il eſt bien d'honnêtes gens qui ne jouent point, & ils n'en ſont par là que plus dignes d'eſtime), l'Honnête-Homme, dis-je, qui joue doit faire enſorte

[*a*) *Ludendo ſæpè paratur amor.* Ovid.

qu'on puisse dire de lui avec vérité : c'est un beau joueur, c'est un noble joueur, c'est un joueur poli. Il en est qui montrent de l'avarice & de la bassesse ; il en est qui sont comme renfermés dans l'enceinte du cercle joueur, ou plutôt de leurs cartes & de leur jeu. Ils oublient le cercle de la conversation ; les personnes qui ne sont pas de la partie sont à trois mille pas de leur esprit & de leur cœur. Joueurs bien différens du portrait d'après nature, que fait Monsieur de Claville dans son Traité du vrai mérite ; (*a*) où il expose au public les belles qualitez réelles d'une Dame du plus haut rang, qu'il avoit connue, & qui sçavoit joindre en jouant au milieu d'une Compagnie nombreuse les manieres les plus

(*a*) Tom. I. p. 205. 3. edit.

nobles ; l'attention au jeu la plus parfaite, & les politesses les plus gracieuses à l'égard de tout le monde. Modéle à suivre, mais qu'on ne suit guéres.

Les Spectacles sont-ils défendus ? Est ce donc un crime, que d'y assister ? Deuziéme difficulté de Monsieur le Chevalier. J'y réponds en peu de mots : l'homme de Monastere, l'homme de Désert ne paroît point dans les Spectacles. Il a raison d'en user ainsi : la piété lui défend ces brillantes assemblées, & le public, s'il y paroissoit, ne le lui pardonneroit pas. L'homme d'Eglise, de quelque rang qu'il soit, doit par son état de séparation du monde, & de dévoûment au Ministere sacré de nos Autels, éviter avec exactitude les assemblées mondaines dont il s'agit. Quelques Abbés de Cour s'éleveront peut-être contre cette maxime : mais qu'importe ? Elle n'en est pas moins constante, ni moins du goût des vrais Ecclésiastiques & des honnêtes gens du siécle. Le vrai point de la difficulté se réduit donc aux gens du monde. L'homme du monde qui est mondain & déreglé court aux Spectacles : Il s'y plaît, il s'y livre à la joie, il s'y divertit à l'excès : mais c'est aux dépens de sa conscience. Pourquoi ? C'est que les Spectacles sont à son égard des occasions prochaines & comme infaillibles de péché, de sentimens vicieux, d'attachemens dereglés aux Créatures. Ciel ! quel désordre ! Vendre, pour s'exprimer ainsi, sa conscience au prix de deux ou trois heures d'amusement. L'homme du monde en qui l'esprit de piété domine, ſuit avec feu les Spectacles, perſuadé que la vraie dévotion ne trouvât jamais là, ni d'aiguillon pour ſe ranimer, ni d'aliment pour s'entretenir, ni de rempart pour ſe défendre contre les incurſions & les attaques de ſes ennemis déclarez, qui ſont le monde, qui triomphe dans les Spectacles. Le démon qui y regne. La paſſion ſur-tout de l'amour, qui s'y allume, qui s'y nourrit, qui s'y fortifie ſans peine & ſans obſtacle. Qui revint jamais de l'Opera ou de la Comedie plus pieux & plus dévot? Combien au contraire qui en ſont revenus moins chrétiens, moins chaſtes, moins Vierges & moins purs! L'homme du monde qui n'eſt ni déreglé, ni des plus pieux, aſſiſte de tems en tems aux Spectacles, pour s'y délaſſer, pour s'y réjouir;

pour y voir mieux le ridicule d'un vice ; mais est-ce sans vice & sans péché qu'il y assiste ? Qu'il est difficile que cela soit ! qu'il est mal aisé que la conscience n'y fasse des pertes ! qu'elle soit aussi contente après que devant, & qu'elle ne dise à l'oreille du cœur : Accuse-toi au plutôt dans le sacré Tribunal d'une telle pensée, d'un tel sentiment, d'un tel regard.......... Concluons, que le vrai parti à prendre en fait des Spectacles, c'est de se brouiller avec eux, & de choisir quelqu'autre maniére de délassement, où il y ait moins de trouble pour la conscience, & moins de dangers pour le salut : tels sont les plaisirs honnêtes & innocens de la promenade, d'une visite d'ami, d'une partie de chasse ou de pêche..... En vérité, en vérité les Spectacles sont très-dangereux : tous les Saints Peres les ont frappés du glaive de l'éloquence chrétienne : singulierement les Cypriens, (*a*) les Chrysostômes, (*b*) les Augustins, (*c*) les Tertulliens, (*d*) les Salviens. (*e*) Seneque même ne les épargne pas, il dit en termes formels, qu'il n'est rien de plus pernicieux aux mœurs que d'assister aux Spectacles. (*f*) Car c'est par

(*a*) *Dum post Christum, ad Diaboli spectacula vadunt, Christo, tanquam Diabolo renuntiant.* Saint Cypr. de Spect.

(*b*) *Publicum incontinentiæ Gymnasium, Scholaque luxuriæ.* S. Cris. Hom. Rom. 56. ad pop. Anth.

(*c*) *Theatra Caveæ turpitudinum, & publicæ flagitiorum professiones.* Lib. 1. de consensu Evang. 33.

(*d*) *Consistorium Impudicitiæ ars omnium turpitudinum.* Tert. lib. de Spect. c. 10.

(*e*) *In spectaculis quadam apostasia fidei est* Salv. lib. 5.

(*f*) *Nihil tam damnosum moribus, quàm in aliquo Spectaculo desidere, tunc enim per voluptatem vitia subrepunt.* Senec. Ep. 7.

ce canal agréable, ajoute-t-il, que les vices se glissent dans nos ames. Il faut l'avouer, les Spectacles contre lesquels les Peres de l'Eglise ont si fort invectivés, étoient & plus cruels & plus obcénes que les nôtres. La chose est sûre, mais les Spectacles de nos jours ne sont ils pas des rejettons de ces arbres mauvais? ne sont-ils pas des copies trop ressemblantes de ces funestes originaux? qu'on ait un peu lû & un peu vû, on en conviendra. Les Spectacles des Payens étoient des écoles publiques d'impudicité. Les nôtres enseignent plus délicatement le vice, peut-être hélas! aussi efficacement du moins dans mille occasions : Concluons encore un coup, qu'il convient infiniment de rompre avec les Spectacles & les Acteurs, qui ne ſeroient pas tels ſi nous n'étions ce que nous ſommes à leur égard. Jamais les Spectacles ne me plûrent, je ſouhaite fortement que Monſieur le Chevalier & tout Chrétien honnête-homme ſoit dans les mêmes ſentimens. On n'en ſera pas conſtamment fâché à l'iſſue de la vie, & à la fin des ſiécles.

Que vous dirai-je, mon cher Chevalier, de la Danſe & de la Muſique?

On peut danſer ſans pécher; on peut pécher en danſant. David danſe devant l'Arche de l'Ancienne Alliance; loin de pécher il mérite. Les Iſraëlites danſent autour du Veau d'or; loin de mériter ils péchent. Danſer avec des perſonnes du même ſexe dans la vûe de ſe recréer un peu, c'eſt un plaiſir innocent & permis. Le fréquent ufage n'eft pourtant pas louable : l'excès ne vaut rien, il gâte tout. Danfer dans certains lieux & en certains tems, où il ne convient nullement de le faire, par rapport à la bienféance & à l'édification que l'on doit au prochain, c'eft une faute dont il faut avoir du repentir. Danfer avec des perfonnes d'un fexe différent, il eft dangereux : fouvent la confcience y perd, & l'ennemi du falut y gagne. C'eft avec raifon que les zélés Pafteurs de l'Eglife s'élevent contre cet abus. Quelle eft l'origine des Danfes, fur-tout dans les Bals, dans les affemblées publiques ? C'eft, dit S. Ephrem (a) la malice de Satan, c'eft la haine qu'il a contre les hommes, c'eft le défir qu'il a de les

(a) Lib. de Lud. Refp. 2.

perdre.

perdre. Le Bal, dit un Auteur moderne, qui parle d'après ſes expériences, eſt le tombeau de la pudeur, le théâtre de toutes les vanitez mondaines, le triomphe des paſſions, & un précis vif & piquant de toutes les tentations; ce qui ne doit nullement ſurprendre, puiſque, ſelon ſaint Chryſoſtôme, Satan, l'eſprit tentateur ne manque pas de s'y trouver, & d'y faire tous ſes malins efforts. Je tiens qu'il ne faut point aller au Bal quand on eſt Chrétien, dit Monſieur le Comte de Buſſi, dans le diſcours qu'il adreſſe à ſes enfans, & je crois que les Directeurs feroient leur devoir s'ils exigeoient de ceux dont ils gouvernent les conſciences, qu'ils n'y allaſſent jamais. Le même Auteur, dans le même endroit, s'exprime de cette ſorte: Ce ne ſont d'ordinaire que de jeunes gens qui compoſent ces ſortes d'aſſemblées, leſquels ont aſſez de peine à réſiſter aux tentations dans la ſolitude, à plus forte raiſon dans ces lieux, où les beaux objets, les flambeaux, les violons & l'agitation de la Danſe échaufferoient des Anacoretes. Je ne puis me perſuader qu'il ſe trouve des perſonnes, ſoit du grand monde, ſoit du bas peuple, qui oſent recuſer le témoignage d'un Auteur de ce poids, de ce caractere, de ce crédit.

Improuver l'art de danſer, ne point l'apprendre dans ſon tems, ne point le faire apprendre à ceux qui nous touchent de près; c'eſt ou un ſcrupule très-mal fondé, ou une indifférence blâmable, ou une avarice honteuſe & peu ſupportable. L'art de danſer régle & perfectionne les attitudes du corps, donne des facilitez & des graces à marcher, à ſaluer, à ſe préſenter dans une compagnie d'honnêtes gens, à exercer les Cérémonies ſacrées....... Si l'honnête homme ignore cet art en entier, comment dans certaines occaſions, où la bienſéance ſemble l'exiger, pourra-t-il l'exercer? & s'il ne le peut pas, qu'en penſera-t-on? Je l'avoue, l'ignorance en ce fait, enviſagée du côté du Ciel, n'eſt ni vice, ni imperfection; mais regardée du côté des hommes, du côté de la politeſſe & de l'éducation, c'eſt un vuide, c'eſt un quelque choſe qui manque.

La Muſique eſt un des plaiſirs permis, des plus exquis & des plus innocens. Le Chrétien peut goûter ce plaiſir ſans ſe rendre digne de blâme. L'honnête-homme qui ne le goûte pas, sort en cela de sa sphere. Le Chrétien aime l'ordre & la régle : L'honnête-homme en est partisan. Qu'est-ce que la Musique ? C'est un chant mélodieux où tout est régle, ordre, arrangemens, mesures, fidelité à les observer. La Musique réjouit l'homme chagrin ; elle appaise l'homme emporté ; elle tranquillise les humeurs, sur-tout lorsqu'elle est accompagnée & soutenue de ses agréables instrumens ; elle dispose aux opérations saintes de la Grace, ainsi qu'on le voit dans un trait de l'Ecriture, qui regarde le Prophete Elisée. (a) La Musique rend les saints Offices plus éclatans, plus magnifiques, plus saintement pompeux. La Musique

(a) *Adducite mihi psalten, cùmque canceret psaltes, facta est super eum manus Domini, & ait: Hæc dicit Dominus.* 4 Reg. 3. 15.

plaît aux Rois, comme aux Sujets : aux plus grands, comme aux plus petits ; aux opulens, comme aux miſérables : elle plaît à tous, même à l'homme immortel & bienheureux : quelle mélodie dans les Cieux ! quelle Muſique charmante ! La Muſique avec tous ſes avantages n'eſt pourtant pas ſans écueils & ſans abus. Il ne convient pas de l'aimer avec paſſion, de s'y attacher, de s'y adonner avec excès, la foi le défend & la raiſon ne le veut point. La Muſique eſt bonne pour faire diverſion ; mais elle ne doit point faire le fonds & le corps de nos occupations, à moins qu'on ne fût Muſicien par état. Il ne convient nullement de chanter des airs tous mondains, qui ne contiennent que des maximes Antichrétiennes : Encore moins de chanter des pieces sales & obcénes, qui ne tendent qu'à l'acquisition de l'amour profane par la perte de l'amour divin. C'est là le plus grand abus de la Musique. Il ne convient pas de chanter en évaporé, en fanfaron, en homme dissipé, en petit maître, cela est tout clair. Il ne convient pas de chanter comme par force, en se faisant trop prier, ni non plus de le faire jusqu'à l'ennui, en chantant trop: deux défauts que le favori de Mœcenas n'oublia pas de censurer dans ses Satyres. (a) Enfin il ne convient pas qu'on chante en présence des personnes affligées, & lorsqu'on se trouve en compagnie avec des personnes qui pleurent, qui gémissent sur la perte d'un parent,

(a) *Nunquam inducunt animum cantare rogati, injussi nunquam desistunt.* Hor. lib. 1. Sat. 3.

d'un ami, d'un procès : la charité exige qu'on pleure avec ceux qui pleurent, qu'on se réjouisse avec ceux qui se réjouissent : (a) La politesse l'exige de même, elle fait les mêmes leçons. Voilà les principaux écueils de la Musique. Le Chrétien & l'Honnête-Homme tâchent de les éviter, & de les faire éviter par ceux qui leur sont soumis.

Je ne sçai si mes réponses plaisent à Monsieur le Chevalier, dit alors le Pere, en se tournant vers lui avec grace ; s'il en est content, ajouta-t-il, j'en suis charmé ; s'il n'en est pas satisfait, il peut s'adresser à quelqu'autre plus habile. Mon goût seroit bien dépravé, mon Révérend Pere, lui dit le Chevalier, si je n'étois content de vos judi-

(a) *Flere cum flentibus, gaudere cum gaudentibus.* Rom.

cieuſes réponſes : je ſuis plus que ſatisfait. Vous connoîtrés à l'avenir par ma conduite, que je parle de cœur & ſans compliment.

Monſieur le Commandeur parût auſſi ſatisfait des réponſes du Pere aux queſtions & aux difficultez qu'il lui avoit propoſées, au commencement de la Converſation. Au ſurplus il lui demanda en grace de lui faire part d'un Ouvrage en vers que ce Pere avoit fait depuis peu; où les maximes du Chrétien & de l'Honnête-Homme ſont contenues en précis. Ajoutant que la lecture de cet Ouvrage ſerviroit comme de repriſe & de concluſion à toutes nos Converſations & à tous nos Entretiens. Le Révérend Pere ne ſe fit pas prier deux fois : il prit ſon Ecrit en main, & lût ce qui ſuit.

MAXIMES

MAXIMES
DU VRAI CHRE'TIEN ET DU PARFAIT HONNESTE-HOMME.
VERS SUIVIS.
Un Pere à son Fils.

LEs prémices du cœur sont dûes au Très-
Haut. (*a*)
Il faut être à son Dieu, même dès le berceau :
N'attendez pas, mon fils, le froid de la vieillesse,
Vouez-vous au Seigneur dès la tendre jeunesse.
Souvenez-vous toujours de votre Créateur,
Rendez-lui vos devoirs, aimez-le de grand cœur. (*b*)

(*a*) *Primitiæ meæ erunt.* Pent.
(*b*) *Corde magno & animo volenti.* 2. Macab. 1. 3.

Gardez toutes ses loix, remplissez tous ses ordres,
Les enfreindre seroit le plus grand des désordres.
Prenez-garde sur-tout au dépôt de la foi;
De croire simplement, faites-vous une loi:
N'abandonnés jamais l'orthodoxe créance;
C'est-là, mon fils, un point de grande conséquence.
Vos mœurs doivent répondre à la foi du Chrétien;
Il faut croire le dogme, il faut faire le bien:
Au péché déclarés une éternelle guerre;
Craignez le Dieu du Ciel, redoutez son tonnerre:
Sur le pécheur impie il le lance souvent,
Il le juge, il le livre au pouvoir de Satan.
Fuyez donc, mon cher fils, le détestable vice;
Méprisés du démon l'effort & l'artifice;
Tournez-vous du côté de l'aimable vertu;
Voyés, voyés le vice à ses pieds abbatu.
Prenez-la pour épouse & compagne fidéle;

Bienfait, honneur & paix, tout nous vient avec elle.
L'homme possede un bien que l'on nomme raison;
Qu'elle guide vos pas dans la jeune saison;
Dans un âge avancé, dans la vieillesse extrême;
Qu'elle soit en tout tems votre regle suprême:
Mais j'entends la raison, saine & droite en tout point,
Dépendante du Ciel, & marquée au bon coin.
Réflechissés souvent avant que d'entreprendre;
Au dessein proposé soyez lent à vous rendre:
L'avez-vous bien conçû? faites tous vos efforts;
Promptement remuez machines & ressorts;
Employés, s'il le faut, jusqu'au sang de vos veines,
Et soyez largement prodigue de vos peines.

Ne prenez vos conseils que chez l'homme
éclairé,
Par-tout soyez modeste, en tout fort mo-
deré,
Timothée autrefois reçût du grand Apô-
tre
Un avis important, préferez-le à tout au-
tre :
Conservez, lui dit-il, chaste & pur votre
esprit,
Votre cœur, votre corps, qui reçoit JESUS-
CHRIST :
Imperceptiblement la volupté se glisse,
Sans s'en appercevoir, on se voit dans le
vice ;
Fuyez, fuyez d'abord du mal l'occasion,
Ecartez loin de vous ce trop mortel poison :
Ce crime est trop souvent l'écueil de la jeu-
nesse,
Quelquefois, ô malheur ! même de la vieil-
lesse.
. . . Je le redis, fuyez,
Ce point est capital ; mais en fuyant, priez
Sans vous plaindre, souffrez tous les maux
de la vie ;

Regardez du prochain tous les biens ſans envie.
Brouillez-vous pour toujours avec l'eſprit hautain,
Soyez humble & ſoumis, bien-tôt vous ſerez ſaint.
Pourriez-vous à votre âge aimer cette humeur noire,
Qui rend l'homme chagrin? Je ne ſçaurois le croire;
Soyez gai, mon cher fils, & peinez nullement;
La peine de l'eſprit eſt un cruel tourment.
Banniſſez de chez vous la lenteur pareſſeuſe,
Si froide pour le bien, ſi peu laborieuſe:
Etant jeune agiſſez, travaillez fortement,
Sans rien précipiter hâtez-vous lentement. (a)
Faites de votre mieux, laiſſez parler le monde,
Fixez l'œil ſur le Pôle, & laiſſez flotter l'onde:

(a) *Feſtina lentè.* Hor. art Poet.

Mettez-vous au-dessus de tous respects humains.
Que le qu'en dira-t'on, n'arrête point vos mains.
Offrés tout au Seigneur, discours, œuvre & pensée,
Et désormais en tout cherchez la destinée,
Dont tout homme doit être ardemment désireux,
Et qui seule peut rendre à jamais bienheureux.
Ne jettés pas le bien, n'en faites pas fanfare;
Mais qu'on ne puisse aussi vous taxer d'homme avare,
Servez-vous de vos biens, comme n'en usant pas
Ne vous laissés point prendre à leurs mortels appas.
Chez vous tout comme ailleurs soyez bon, doux, affable,
La douceur fit toujours le caractere aimable.
Evités les façons de parler & d'agir,
Qui sentent l'impoli, qui font du déplaisir;

Soyez civil, honnête, aimez la politeſſe,
Sans donner cependant dans l'indigne baſſeſſe.
Ne vous vangez jamais du plus grand ennemi,
Procurez-lui du bien vous ferés un ami;
Pardonnez, oubliez toute injure reçûe,
Et fermez votre cœur à la haine qui tue.
Soyez droit, ſoyez juſte, & rendez à Céſar
Ce que vous lui devez ſans attendre trop tard.
Chériſſez tendrement de Jesus-Christ les membres,
Loin de les éviter cherchez-les dans leurs chambres.
Comme un riche mauvais ne laiſſez pas gémir
Le Lazare indigent, il faut le ſecourir;
Ouvrez-lui votre cœur, ſoulagez ſa miſere,
Ayez à ſon égard des entrailles de pere,
Donnez beaucoup, ou peu, ſelon vos facultez:
Sans pourtant compter trop, vos dons, vos charitez.
Parlez peu, parlez bien: jamais mal de perſonne,

Et d'un air gracieux louez ce qu'on vous donne.
Quand un homme a promis, c'eſt un nouveau devoir,
Promettez rarement, & jamais ſans prévoir.
Evitez le tracas, aimez la ſolitude;
Priez-y le Seigneur, ou vaquez à l'étude.
Chaque choſe a ſon tems, converſez quelquefois
Avec des gens d'eſprit & des amis de choix.
Soyez d'un air aiſé, ſecouez la contrainte,
Elle ferme la bouche, elle inſpire la crainte.
Ne tenez pas pourtant ſans ceſſe le haut bout;
Parlez à votre tour, & non pas coup ſur coup.
Quiconque parle bien, & ſçait l'art de ſe taire,
Ne peut en converſant qu'édifier & plaire.
Il faut rire à propos, car trop de ſérieux
Vous mettroit à niveau de l'homme curieux,
Qui voudroit tout ſçavoir, qui toujours eſt à charge,

Et qu'on voudroit par tout voir courir vîte au
large.
En jouant n'ayez point trop en vûe le gain ;
De délasser l'esprit que ce soit votre fin.
Soyez homme d'honneur, ami sincere &
tendre.
Ferme quand il le faut, sçachez aussi vous
rendre.
Soyez grand, généreux, & d'un cœur libé-
ral
Faites du bien à tous, à personne aucun
mal.
Comme un vieillard chagrin, ne soyez point
critique,
Sous peine, mon enfant, d'être bientôt éti-
que.
Corrigez vos défauts, supportez ceux d'au-
trui ;
Réglez vos passions, bannissez tout ennui.
Evitez avec soin la fourbe & le mensonge ;
On fait cas d'un menteur, comme on le fait
d'un songe.
Soyez à chaque pas prudent & cinconspect,
Rendez aux supérieurs l'honneur & le res-
pect.

Aimez vos inférieurs, & d'un acueil facile,
Ecoutez tous leurs vœux & soyez leur utile.
La haine de soi-même, & l'amour fraternel,
Menent l'homme à la paix, au bonheur éternel.
N'aimez point la discorde, évitez la chicanne,
Redoutez les procès, comme un valet la canne.
En deux mots, mon cher fils, joignez l'homme Chrétien,
A celui que l'on nomme
Le parfait honnête-homme.
Ces deux titres sont bons, bien pris, ne gâtent rien :
Mais comment les unir ? Par l'union aimable
D'une vertu solide, avec un air affable.
Par le canal aisé de l'utile Oraison :
Par des soins des efforts qu'inspire la raison,
En mettant à profit le talent de la grace,
En ayant dans le cœur de MARIE une place.
En approchant en Saint, des divins Sacremens.
En veillant sur son cœur, & sur ses mouvemens.

Enfin en contemplant ces grandes destinées,
Qui commencent après la fin de nos années.

Promenez-vous, mon fils, dans le champ
des leçons,
Que je viens d'exposer à votre cœur docile;
Cultivez-le ce champ en toutes les façons;
Le fruit ne peut qu'en être infiniment
utile.

Nous fîmes, mon cher Théophile, mille remercimens au Révérend Pere Romain, de la bonté qu'il avoit eû de nous faire part de son Ouvrage édifiant, & tout propre à former un jeune homme selon Dieu & selon le monde poli & reglé, surtout si les maximes qui y sont contenues, sont gravées dans sa mémoire, & bien avant dans son cœur. Je priai sa Révérence de me prêter son Manuscrit, dans le dessein de lui faire un pieux vol : il me le donna en ſouriant, comprenant fort bien ma penſée. Après quelques inſtans d'entretien, Madame la Marquiſe nous fit rafraîchir, & nous prîmes congé de cette illuſtre Dame, qui ſçait joindre une piété des plus tendres & des plus ſolides, avec les belles maniéres, & le vrai ſçavoir vivre.

Fin du dernier Tome.

ERRATA du Tome premier.

P. 326. lig. 12 liſez, de déference.

p. 331. l. 1. liſ. Monſieur de Saint-Evremont. On a imprimé Madame de Saint-Evremont, tome 6 de ſes ouvrages ; or Madame de Saint-Evremont n'a jamais écrit, c'eſt ſon fils Monſieur de Saint-Evremont, qui a beaucoup écrit.

ERRATA du Tome ſecond.

P. 20 liſez mon très, au lieu de. montrés.

p. 43. l. der. l. *in nobis*.

p. 93 l. 15 & 16 liſez des plus agréables, & des plus ſpirituelles.

p. 98 l. 10, liſez louables.

p. 127 l. 19 les ſuſpendra.

p. 130 l. d. l. *ultimus*.

p. 207 l. 12 liſ. dommage.

p. 209 l. 10 liſ. avez-vous-là ?

p. 238. l. 23 liſez le tems.

p. 252. l. 15. liſez l'éternité des biens eſt infiniment.

p. 320. ligne 3 lisez, sensible.

p. 322. ligne 16. lisez au lieu de les.

p. 323 l. 5 l. endure.

p. 326. ligne 22 lisez *descendamus*.

p. 365. ligne 14 lisez leur, l. 15 l. suprême.

p. 372 ligne 13 lisez parens.

p. 397 ligne der. lisez louanges.

p. 436. ligne 20 lisez déplût, & non pas ce qui déplut.

p. 438. ligne derniere, lisez *nec laudo*.

p. 453. lig. 17 lis. pour un si grand bienfait.

p. 440 ligne 18 lisez ubérieures.

p. 485 ligne 14 lisez diminué.

APPROBATION.

J'AY lû par ordre de Monseigneur le Chancelier, un Manuscrit intitulé : *Le Chrétien honnête homme*, dans lequel je n'ai rien trouvé de contraire à la foi & aux mœurs. J. TAMPONNET, Docteur, & ancien Syndic de la Faculté de Théologie de Paris.

PRIVILEGE DU ROI.

LOUIS par la grace de Dieu, Roi de France & de Navarre, à nos amez & féaux Conseillers les Gens tenans nos Cours de Parlement, Maîtres des Requêtes ordinaires de notre

Hôtel, Grand Conseil, Prevôt de Paris, Baillifs, Sénéchaux, leurs Lieutenans Civils & autres nos Justiciers qu'il appartiendra, SALUT : Notre amé GABRIEL VALLEYRE, Imprimeur & Libraire à *Paris*, Nous a fait exposer qu'il désireroit faire imprimer & donner au Public un Ouvrage qui a pour titre : *Le Chrétien Honnête-Homme*, s'il Nous plaisoit lui accorder nos Lettres de Permission pour ce nécessaires. A CES CAUSES, voulant favorablement traiter l'Exposant, Nous lui avons permis & permettons par ces Presentes de faire imprimer ledit Ouvrage en un ou plusieurs Volumes, & autant de fois que bon lui semblera ; & de le vendre faire vendre & débiter par tout notre Royaume pendant le tems de trois années consécutives, à compter du jour de la datte desdites Présentes : Faisons défenses à tous Libraires, Imprimeurs & autres personnes de quelque qualité & condition qu'elles soient, d'en introduire d'impression étrangere dans aucun lieu de notre obéissance ; à la charge que ces Presentes seront enregistrées tout au long ſur le Regiſtre de la Communauté des Libraires & Imprimeurs de Paris, dans trois mois de la date d'icelles : Que l'Impreſſion dudit Ouvrage ſera faite dans notre Royaume & non ailleurs, en bon papier & beaux caracteres conformément à la feuille imprimée attachée pour modele ſous le contreſcel deſdites Preſentes ; que l'Impétrant ſe conformera en tout aux Réglemens de la Librairie, & notamment à celui du 10 Avril 1725. qu'avant de l'expoſer en vente, le Manuſcrit qui aura ſervi de copie à l'impreſſion dudit Ouvrage, ſera remis dans le même état où l'Approbation y aura été donnée ès mains de notre très-cher & féal Chevalier le ſieur Dagueſſeau, Chancelier de France, Commandeur de nos Ordres ; & qu'il en ſera enſuite remis deux Exemplaires dans notre Biblioteque publique, un dans celle de notre Château du Louvre, & un dans celle de notredit très-cher & féal Chevalier le ſieur Dagueſſeau, Chancelier de France ; le tout à peine de nullité deſdites Preſentes : Du contenu deſquelles vous mandons & enjoignons de faire jouir ledit Expoſant & ſes ayans cauſe pleinement & paiſiblement, ſans ſouffrir qu'il leur ſoit fait aucun trouble ou empêchement. Voulons qu'à la copie deſdites Preſentes qui ſera imprimée tout au long au commencement ou à la fin dudit Ouvrage, foi ſoit ajoutée comme à l'Original. Commandons au premier notre Huiſſier ou Sergent ſur ce requis, de faire pour l'exécution d'icelles tous Actes requis & néceſſaires ſans demander autre permiſſion, & nonobſtant clameur de Haro, Charte Normande & Lettres à ce contraires; Car tel eſt notre plaiſir. Donné à Paris le quinzieme jour du mois de Novembre, l'an de grace mil ſept cens quarante-neuf, & de notre Regne le trente-cinquiéme. Par le Roi en ſon Conſeil. SAINSON.

Et ledit ſieur VALLEYRE a fait part du préſent Privilege au ſieur Huart & Moreau, Garnier & Langlois, ſuivant l'accord fait entre eux.

Regiſtré, enſemble la Ceſſion, ſur le Regiſtre XII. de la Chambre Royale des Libraires & Imprimeurs de Paris, N. 3165. fol. 225. conformément aux anciens Réglemens confirmés par celui du 28 Fevrier 1723. A Paris le 2[illegible] Novembre 17[illegible].

LE GRAS, Syndic.

www.ingramcontent.com/pod-product-compliance
Lightning Source LLC
LaVergne TN
LVHW011242110826
845149LV00001B/28

* 9 7 8 2 0 1 9 5 6 7 9 5 8 *